电子商务专业"十四五"精品教材

电子商务概论

主　编　周琳紫　任　艳　何　岳
副主编　梁瑞明　陈宇君　杨洁萍　赵　原
　　　　黄倩倩　罗　鑫　苏宇欣　唐　迈　李　婧

天津出版传媒集团

天津科学技术出版社

内容简介

本书共十章，主要包括电子商务概论、电子商务商业模式、电子商务新业态、电子商务技术基础、电子商务安全、电子商务支付、电子商务物流管理、网络营销、电子商务大数据、电子商务法律法规。

本书结构严谨、逻辑性强、易教易学，既可作为电子商务专业、信息管理专业以及其他经济、管理类专业电子商务课程的教材，也可作为从事电子商务相关工作的管理人员和技术人员以及对电子商务感兴趣的参考书。

图书在版编目（CIP）数据

电子商务概论 / 周琳紫，任艳，何岳主编. -- 天津：天津科学技术出版社，2023.4

ISBN 978-7-5742-0840-7

I. ①电… II. ①周… ②任… ③何… III. ①电子商务－高等职业教育－教材 IV. ①F713.36

中国国家版本馆 CIP 数据核字（2023）第 030718 号

电子商务概论

DIANZI SHANGWU GAILUN

责任编辑：	张　冲
出　　版：	天津出版传媒集团
	天津科学技术出版社
地　　址：	天津市西康路 35 号
邮　　编：	300051
电　　话：	（022）23332372
网　　址：	www.tjkjcbs.com.cn
发　　行：	新华书店经销
印　　刷：	唐山唐文印刷有限公司

开本 787×1092　1/16　印张 14　字数 287 000

2023 年 4 月第 1 版第 1 次印刷

定价：49.80 元

前　言

电子商务是在因特网开放的网络环境下，基于客户端/服务端应用方式，实现消费者的网上购物、商户之间的网上交易和在线电子支付及各种商务活动、交易活动、金融活动和相关的综合服务活动的一种新型的商业运营模式。电子商务从20世纪后期出现，在短短几十年的时间里成了信息化时代的标志性事物。从本质上来说，电子商务是人类追求高的工作效率，促使商务活动信息化不断发展的结果，在企业、市场甚至是国家经济运行中扮演着越来越重要的角色。互联网技术不仅改变了人们的商务模式，也改变了人们的生活。在此背景下，电子商务也逐渐成为人们必须适应的新的商务交易模式。电子商务存在的价值就是让消费者通过网络在网上购物、网上支付，节省了客户与企业的时间和空间，大大提高了交易效率。

党的二十大报告指出，加快建设制造强国、质量强国、航天强国、交通强国、网络强国、数字中国。推动战略性新兴产业融合集群发展，构建新一代信息技术、人工智能、生物技术、新能源、新材料、高端装备、绿色环保等一批新的增长引擎。中国电子商务在近10年间跑出了加速度，网络零售、跨境电商、移动支付等新业态、新模式、新场景不断涌现，线上线下消费加快融合，不仅成为经济增长的重要引擎，也深刻改变了中国老百姓的日常生活。电子商务创新升级不断加速，也为新一代信息技术应用提供了丰富的场景。5G、区块链、人工智能等新一代信息技术迅速发展。

本书共十章，主要包括电子商务概论、电子商务商业模式、电子商务新业态、电子商务技术基础、电子商务安全、电子商务支付、电子商务物流管理、网络营销、电子商务大数据、电子商务法律法规。本书以理论为引入，拓展案例作补充和提高，结构完整，条理清楚，内容翔实、新颖，实务性强，应用性强，理论与实践相结合，引发学生的学习兴趣，可使学生开放学习思路，拓宽知识面。

本书由周琳紫（甘肃省陇南师范高等专科学校电子商务学院）、任艳（西安城市交通技师学院）和何岳（无锡商业职业技术学院）担任主编；由梁瑞明（河源职业技术学院）、陈宇君（广东省城市技师学院）、杨洁萍（广东生态工程职业学院）、赵原和黄倩倩（信阳航空职业学院）、罗鑫（天柱县中等职业学校）、苏宇欣（广东省外语艺术职业学院）、唐迈（湖南化工职业技术学院）和李婧（齐齐哈尔理工职业学院）担任副主编。在本书编写过程中，电子教研室全体教师审阅并提出许多宝贵意见，在此谨向他们表示由衷感谢。本书相关资料可扫封底微信二维码或登录www.bjzzwh.com下载获得。

由于编者知识水平有限，书中错误和不当之处在所难免，敬请广大师生和读者批评指正并提出宝贵意见。

编　者

目 录 CONTENTS

第一章 电子商务概论 ·· 1
第一节 电子商务导论 ·· 2
第二节 电子商务的概念 ·· 7
第三节 电子商务的分类 ··· 13
第四节 电子商务的应用及影响 ······································· 16
第五节 电子商务的发展 ··· 22

第二章 电子商务商业模式 ·· 27
第一节 电子商务商业模式概述 ······································· 28
第二节 B2B 电子商务模式 ·· 31
第三节 B2C 电子商务模式 ·· 38
第四节 C2C 电子商务模式 ·· 41
第五节 其他电子商务商业模式 ······································· 46

第三章 电子商务新业态 ·· 51
第一节 新零售 ··· 52
第二节 社交电商 ··· 55
第三节 跨境电子商务 ··· 59
第四节 直播电子商务 ··· 63
第五节 农村电子商务 ··· 64

第四章 电子商务技术基础 ·· 69
第一节 计算机网络 ··· 70
第二节 互联网技术及应用 ··· 71

第三节	Web 开发技术	……	80
第四节	电子商务系统建设	……	83

第五章　电子商务安全 …… 87

第一节	电子商务安全概述	……	88
第二节	电子商务安全保障技术	……	91
第三节	电子商务安全协议	……	96
第四节	电子商务安全管理	……	101

第六章　电子商务支付 …… 105

第一节	电子商务中的电子支付	……	106
第二节	网上银行	……	110
第三节	第三方支付	……	112
第四节	移动支付	……	116
第五节	微信支付	……	119

第七章　电子商务物流管理 …… 121

第一节	电子商务物流概述	……	122
第二节	电子商务物流管理模式	……	126
第三节	电子商务物流技术	……	140

第八章　网络营销 …… 149

第一节	网络营销概述	……	150
第二节	网络市场调研	……	153
第三节	网络消费者行为分析	……	156
第四节	网络营销方式	……	159

第九章　电子商务大数据 …… 171

第一节	电子商务大数据概述	……	172
第二节	电子商务大数据技术	……	176
第三节	电子商务大数据应用	……	183

第十章　电子商务法律法规 ……………………………………………… 189

第一节　电子商务法概述 ………………………………………… 190
第二节　电子商务税收制度 ……………………………………… 195
第三节　电子商务中的知识产权保护 …………………………… 201

参考文献 ……………………………………………………………… 216

第一章 电子商务概论

本章导读

互联网技术不仅改变了人们的商务模式，也改变了人们的生活方式。在此背景下，电子商务也逐渐成为人们必须适应的新的商务交易模式。电子商务在20世纪后期出现，在短短几十年的时间里成为了信息化时代的标志性事物。从本质上来说，电子商务是人类追求高的工作效率，促使商务活动信息化不断发展的结果，也是一种新的经济形态。在企业、市场甚至是国家经济运行中扮演着越来越重要的角色。

1. 具备良好的辩证法思维和职业道德理念，实现精准筛选信息。
2. 树立对市场的前瞻性眼光，投身社会经济发展建设。

案例导入

聚焦2021中国电子商务大会

互联网的广泛应用，推动数字产业化、产业数字化高度融合。电子商务已经成为推动经济社会发展、改变人们生产生活的重要驱动力。9月3日，2021中国电子商务大会在北京开幕，这是2021年中国国际服务贸易交易会期间举行的一项重要活动。大会以"数育新机·商引未来"为主题，由商务部、北京市人民政府主办，众多国内外专家、企业代表参会，共同探讨电子商务发展的新方向。

商务部副部长任鸿斌表示，"十三五"期间电子商务在促消费、促融合、促振兴、促开放四个方面取得突出成绩。"十四五"期间，商务部将做好深化创新驱动、引领消费升级、推进商产融合、服务乡村振兴、倡导开放共赢、加强国际合作、推动效率变革、统筹发展安全等八个工作重点，持续发挥电子商务在建设现代化经济体系中的重要作用。

北京市政协副主席燕瑛表示，电子商务在拉动首都经济增长等方面起到了重要作用，电子商务实现跨越式发展，网络消费成为拉动首都经济增长的新引擎；电子商务成为助力消费升级、品牌创新的驱动器，各行业各领域企业纷纷触网；跨境电商成为拉动贸易增长的新路径，各相关业态蓬勃发展，势头强劲。

海内外政府代表、知名专家学者围绕电子商务发展的核心议题展开深入讨论，分析国际数字经济合作的新机遇。

在电商领域，国家电子商务示范基地在培育和孵化中小微电商企业、促进新技术应用和传统产业转型升级、带动创业就业、促进消费升级等方面发挥重要作用。

电子商务的概念；电子商务的分类；电子商务的应用及影响；我国电子商务的发展趋势。

第一节　电子商务导论

本节将对电子商务的形成与发展、我国电子商务的发展历程及发展趋势进行介绍，让读者对电子商务有一个基本的了解。

电子商务

一、电子商务的形成与发展

早在 1839 年，人们就开始运用电子手段进行商务活动讨论。20 世纪 70 年代，电子数据交换（electronic data interchange，EDI）和电子资金转账（electronic funds transfer，EFT）作为企业间电子商务应用的系统雏形诞生。随着 20 世纪 90 年代因特网（Internet）的快速发展、计算机和网络应用在全球范围内的普及，以及全球经济一体化的趋势，电子商务的生命力逐渐旺盛。特别是进入 21 世纪后，随着信息技术的不断更新，信息资源成为重要的生产要素、无形资产和社会财富，互联网成为人们工作和生活不可缺少的载体。

总的来说，电子商务的发展主要包括 3 个阶段：基于电子资金转账和电子数据交换技术的电子商务阶段、基于互联网的电子商务阶段、E 概念电子商务阶段。

（一）基于电子资金转账和电子数据交换技术的电子商务阶段

随着计算机在金融领域的应用，电子资金转账于 20 世纪 70 年代出现在金融市场中，它是以电子交易的方式实现金融机构之间及少数大型企业之间的资金转移。以银行为例，银行在一定程度上能将现钞、票据等实物表示的资金，转变成由计算机中储存的数据表示的资金，将现金流动、票据流动转变成计算机网络中的数据流动。这种以数据形式存储在计算机中并能通过网络使用的资金被称为"电子货币"。电子货币赖以生存的银行计算机网络系统，即电子资金转账系统。

直到20世纪70年代后期至20世纪80年代早期，电子数据交换成为电子商业贸易的一种工具，将订单、发票、货运单、报关单和进出口许可证等商业文件，按统一的标准编制成计算机能够识别和处理的数据格式，从一台计算机传输到另一台计算机，其目的是消除处理延迟和避免数据的重新录入。

电子数据交换技术将电子交易活动从单一的金融领域扩展到其他领域，企业范围也不断扩大，囊括了制造业、零售业等多种类型的企业，股票交易系统、旅游预订系统等应用也相继出现并得到广泛应用。电子数据交换技术通过减少纸质工作并增加自动化工作流程的模式，已经具备了互联网电子商务的主要特征，可以视为电子商务的初级阶段。

但由于交易的安全，以及早期网络技术的局限性，电子数据交换技术都建立在功能单一的专用网络上，这类网络被称为增值网（value added network，VAN）。增值网的使用费用极为昂贵，对技术、设备和人员等都有较高的要求，因此只有一些发达国家和地区的大型企业才会使用，其应用范围和普及程度并不高。

（二）基于互联网的电子商务阶段

20世纪90年代中后期，互联网在全球得到迅速普及和发展，逐步进入企业和普通家庭，其功能也从信息共享演变为一种大众化的信息传播工具。随着全球网民人数的逐年递增，到1999年年底，全球互联网用户就达到了1.5亿人，这也引发了大量的企业开拓互联网业务，更多的商业应用开始融入互联网领域，电子商务开始成为互联网的热点应用，并得到了广泛认可。

基于互联网的电子商务，最初主要是利用互联网的电子邮件（E-mail）功能进行日常商务通信。从1995年起，企业逐渐突破用电子邮件进行日常通信的应用范围，而依靠互联网发布企业的信息，让公众可以通过互联网来了解企业的情况，并让用户直接通过网络来获得企业的产品或有关的服务，从而形成以Web技术（Web技术是指开发互联网应用的技术总称，一般包括Web服务端技术和Web客户端技术）为代表的信息发布系统迅速地成长起来，并成为互联网的主要应用系统。1996年6月，联合国国际贸易法委员会通过了《中华人民共和国电子商务示范法》，这标志着真正的电子商务阶段的开始。1998年，IBM以一个响亮的广告"你准备好迎接电子商务了吗？"在全世界掀起了电子商务的热潮，如网络直销企业戴尔（Dell）公司、搜索引擎谷歌（Google）等都是这一时期通过互联网提供产品或服务而发展起来的。

（三）E概念电子商务阶段

2000年以后，人们对电子商务的认识逐渐提高到E概念的高度。E概念是将电子信息技术与各项社会活动相结合的综合运用，如电子信息技术与医疗结合产生了远程医疗；与教育结合产生了远程教育；与金融结合产生了电子金融业务，如在线银行和在线证券交易；与军事结合产生了远程指挥；与政务结合产生了电子政务等。

二、我国电子商务的发展历程

我国电子商务的发展在一定程度上也体现了网上购物的发展。相比较而言，电子商务的起步早于网上购物，覆盖面大于网上购物。总体来说，我国电子商务的发展过程大致可分为以下4个阶段。

（一）电子商务雏形期

电子商务雏形期（1990—1997年）是以政府为主导的电子商务基础建设和应用阶段。我国从20世纪90年代开始开展基于电子数据交换的电子商务应用，1991年由原国务院电子信息系统推广应用办公室牵头组织成立"中国促进EDI应用协调小组"，并以"中国EDIFACT委员会"的名义参加亚洲EDIFACT理事会，以加快改革开放的步伐，加速对外贸易，并寻求与国际标准进行接轨。1993年底，我国正式启动了国民经济信息化的起步工程——"三金工程"，即"金桥工程""金卡工程""金关工程"。其中，"金桥工程"是指建立一个覆盖全国的国家共用经济信息网；"金卡工程"是指推广使用"信息卡"和"现金卡"的货币电子化工程；"金关工程"是指对国家外贸企业的信息系统进行联网，推广电子数据交换技术，实行无纸贸易的外贸信息管理工程。

在电子商务雏形期，我国的计算机技术和互联网建设还处于起步阶段，个人互联网用户数量很少，大多是政府部门、科研部门通过专线连接到互联网。虽然这一阶段的电子商务硬件条件还很缺乏，但国家的政策出台及推行为电子商务的发展提供了契机和条件。

（二）电子商务发展期

电子商务发展期（1998—2001年）是以互联网企业为主导的电子商务应用阶段，在这一阶段里中国上网用户增长速度快，远远超过了全球的平均水平。因为有前期我国的政策铺垫及网络用户的增长，同时受美国互联网电子商务应用的影响，我国出现了很多专业的互联网公司，如新浪、搜狐、网易、阿里巴巴等。自此以后，网络服务商们开始大举进入电子商务领域，但受全球经济总体形势的影响，2001年世界IT业遭遇了严重挫折，我国网络经济也不例外，此时大量市场条件不成熟、资金不雄厚的电子商务类公司逐渐消亡。

在电子商务发展期，我国的电子商务经历了"快速发展→盲目扩张→受创"的过程。根据CNNIC的调查，截至2001年12月31日，我国网民达到3 370万人，网络用户的上升为电子商务的发展提供了最基本的条件。虽然受整个经济的影响，电子商务公司受到重创，不少公司纷纷倒闭，但是这些"血的教训"也让后期电子商务市场的发展更加理性。

（三）电子商务加速期

在电子商务加速期（2002—2009年），全球电子商务"由阴转晴"，显示出旺盛的生命力，交易额持续增长。我国从2002年开始，B2C市场发展迅速，企业自建B2C交易平台与第三方B2C交易平台大量涌现，2008年我国电子商务B2C市场交易额达到1 776亿元，同比增长51.4%。2009年，我国电子商务市场继续保持稳定增长的势头，同时随着中央经济会议一系列文件的出台，电子商务对国家整体经济发展与调整的支撑作用日益明显。

在电子商务加速期阶段，无论从硬件、软件、法制环境，还是从政府及国内、外厂商来看，我国电子商务的发展均显示出健康、蓬勃、积极的一面。同时，各电子商务巨头服务商纷纷涉足不同的交易模式，进一步打破了B2B、B2C和C2C之间的界限，政府对电子商务的发展逐渐重视。

（四）电子商务成熟期

电子商务成熟期（2009年至今），我国电子商务行业发展迅猛，产业规模迅速扩大，电子商务信息、交易和技术等服务企业不断涌现。2011年我国电子商务市场交易总额再创新高，达到6万亿元；2012年我国电子商务市场交易规模为8.11万亿元，同比增长33.2%；2013年我国电子商务市场交易额突破10万亿元，同比增长28.23%；2014年我国电子商务市场交易额为16.39万亿元，同比增长57.62%；2015年我国电子商务市场交易额为21.79万亿元，同比增长32.95%；2016年我国电子商务市场交易额为26.1万亿元，同比增长19.78%；2017年我国电子商务市场交易额为29.16万亿元，同比增长11.7%。2018年，我国电子商务市场交易规模继续扩大，全年实现电子商务市场交易额31.63万亿元，同比增长8.5%（进入成熟期后，增速有所放缓）；网上零售额达到9.01万亿元，同比增长23.9%；跨境电子商务进出口商品总额为1 347亿元，同比增长50%；农村电子商务交易额为1.37万亿元，同比增长30.4%；全国快递服务企业业务量累计达到507.1亿件，同比增长26.6%；电子商务从业人员达4 700万人，同比增长10.6%。2019年我国电子商务市场交易额为34.81万亿元，比2018年增长6.7%，增速进一步放缓；全国网上零售额达10.63万亿元，其中实物商品网上零售额达8.52万亿元，占社会消费品总额的比重为20.7%。

2020年我国电子商务市场交易额为37.21万亿元，同比增长4.5%，网上零售额达11.76万亿元，同比增长10.9%。2021年我国电子商务市场交易额为42.3万亿元，同比增长19.6%；网上零售额达13.1万亿元，同比增长14.1%，实物商品网上零售额10.8万亿元，占社会消费品零售总额比重达24.5%；跨境电商进出口额达1.92万亿元，5年增长近10倍。

2018年，《中华人民共和国电子商务法》正式出台，并于2019年1月1日起正式实施，成为我国电子商务发展史上的里程碑。在国家政策的大力扶持下，"互联网+"概念的提出，推动了移动互联网、云计算和大数据等技术的创新，提高了电子商务企业的运营水平，支撑了线上线下融合新业态快速发展。随着电子信息技术的发展和社会需求的不断增加，电子信息技术将应用到更多的新领域，创造出更多的新技术和新应用。

三、我国电子商务的发展趋势

随着我国电子商务的不断发展，电子商务完成了最原始的用户积累及市场铺垫。电子商务的基础设施和相关法律法规的日趋完善，以及新技术的不断涌现，使得我国电子商务逐渐向深层次和多元化的方向发展。具体而言，我国电子商务的发展趋势体现在以下9个方面。

(一)移动电子商务将持续发展

随着智能手机的普及,移动电子商务已成为各大电商的"战场"。目前各大电商几乎都有自己的平台APP,如何更好地服务移动购物用户,让通过移动设备购物的用户有更好的购物体验,是所有电子商务企业需要努力做好的事情。

(二)大数据分析发展成为一种常态

大数据分析在如今或是未来很长一段时间都将是一种常态,大数据系统将作为各电商平台的竞争法宝,使电子商务市场能够更加精确地获得用户群,并通过用户的购物习惯、喜好、价格等因素得到精准的数据,从而更好地服务用户、绑定用户,使其成为企业的长期用户。

(三)O2O线上线下一体化进一步深入

电子商务O2O模式是电子商务深入发展的一个结果,各大电商开始打造本地生活圈,发展线上网店、线下实体商铺的模式,向生活服务类及农产品类扩张,让用户有更好的购物体验,也让电子商务深入人们的生活中。

(四)跨境电子商务快速发展

随着我国人均购买力的不断提高,互联网的普及、现代智能物流体系的优化升级,线上支付环境和生态系统的不断创新和完善,以及政策法规的保驾护航,都成为跨境电子商务发展的推动力量。未来,跨境电子商务将呈现快速发展势态,在我国进出口贸易中也会扮演越来越重要的角色。同时,在国内电子商务竞争愈加激烈的情况下,跨境电子商务也成为很多大型电商平台的新"战场"。

(五)电子商务平台化

越来越多的电子商务企业都开始拥有自己的电商平台,并通过电商平台充分利用自身的流量、商品和服务来实现效益最大化。通过电商平台,电子商务企业还可以利用第三方卖家的资源丰富自身商品的品类,提高企业服务质量和消费人群的覆盖范围。

(六)多区域全面渗透

如果说前期的电子商务发展重点在于扩展一、二线大型城市,完成主流消费人群的建立,那么后期的电子商务发展除了维护这一重要群体外,还需引领开发三、四线城市及非线性城市和农村市场。

(七)社交化购物

如今的网上购物市场,消费者深受好友意见和社交媒体推荐的影响,将朋友的推荐作为购物的重要参考。未来这种态势将进一步扩散,消费者相信朋友口碑胜于一切,社交媒体上的种种推荐、分享,刺激着围观用户的好奇心和购买欲。

(八)个性化服务

消费者的需求随着电子商务的高速发展急剧增加,现在的消费者越来越注重个性化服务。依托于网络服务系统，电子商务企业能够依据各种渠道对资源进行收集、整理和分类，向消费者提供和推荐相关信息，以满足消费者的需求。

（九）融合化发展

电子商务网站正在逐渐走向新的融合，一是同类网站之间的兼并，目前大量的网站定位和业务内容相同或相似，最终只有少数电子商务企业在竞争激烈的环境下胜出，处在弱势状态的电子商务企业免不了会被吞并或出局；二是不同类别网站的兼并，一些电子商务企业虽然在资源、用户规模等方面具有较大优势，但是与国内、国外处于领先地位的电子商务企业相比，仍然存在较大差距，因此这些具备良好基础和发展前景的企业在不断发展壮大的过程中，必然会采取互补性的收购策略；三是战略联盟，由于每个电子商务企业在资源方面是有限的，而用户的需求又是全方位的，所以不同类型的电子商务企业将以战略联盟的形式进行相互协作。

第二节 电子商务的概念

电子商务是网络技术、电子技术、数据处理技术在商贸流通领域中应用的产物，是当代高新技术手段与商贸实务、营销策略相结合的结果。由于信息技术与网络技术的发展与应用，商务活动的内容正在发生质的变化。电子商务作为网络经济商务往来的主要交易模式，日益成为信息经济发展的动力和新的经济增长点。

一、电子商务的定义

电子商务是指在互联网上进行的商务活动。"商务"是指一切与买卖商品或服务相关的商业事务，解决做什么的问题，而"电子"则解决怎么做的问题。从宏观上讲，电子商务是计算机网络的第二次革命，是通过电子手段建立的一个新的经济秩序，它不仅涉及电子技术和商业交易本身，还涉及诸如金融、税务、教育等其他社会层面。从微观上讲，电子商务是指各种具有商业活动能力的实体（生产企业、商贸企业、金融机构、政府机构、个人消费者等）利用网络和先进的数字化传播技术进行的各项商业贸易活动。

目前，国际上对电子商务尚无统一的定义，许多学者、IT企业、政府和国际组织根据实践提出了自己的观点。

（一）学者对电子商务的定义

美国经济学家托马斯·马龙教授最早提出电子商务这一概念，并把电子商务分为狭义和广义的电子商务。前者指的是在电子化的买与卖的过程中，卖方找到潜在的买方并了解其需求，而买方找到潜在的卖方并了解其商品的销售条件等。后者指的是商业活动中的所有方面都得到了信息技术的支持，这些活动不仅包括买和卖，还包括设计、制造和管理等。

西安交通大学李琪教授在其《中国电子商务》一书中将电子商务分为广义和狭义的电子商务。广义的电子商务为使用各种电子工具从事商务或活动。狭义的电子商务为主要利用互联网从事商务或活动。电子商务是在技术、经济高度发达的现代社会里，掌握信息技术和商务规则的人系统化地运用电子工具，高效率、低成本地从事以商品交换为中心的各种活动的总称。

（二）IT 企业对电子商务的定义

IT 企业是电子商务相关技术的直接提供者、积极的推动者和参与者。

IBM 公司认为，电子商务是在互联网等网络的广泛联系与传统信息技术系统的丰富资源相结合的背景下应运而生的一种相互关联的动态商务活动。它强调在网络计算环境下的商业化应用，强调买方、卖方、厂商及其合作伙伴在网络计算环境下的完美结合。

定义公式：电子商务 = 信息技术 +Web+ 业务。

惠普公司认为，电子商务是指从售前服务到售后服务的各个环节实现电子化、自动化。其认为，电子商务以电子手段完成商品或服务的等价交换，它包含真实世界中销售者和购买者所涉及的所有服务行动，而不仅仅是订货和付款。

定义公式：电子商务 = 电子化的市场 + 电子化的交易 + 电子化的服务。

联想公司认为，电子商务不仅是一种管理手段，而且触及企业组织架构、工作流程的重组乃至社会管理思想的变革。企业电子商务的发展是一个循序渐进、从基础到高端的过程，包括构建企业的信息基础设施，实现办公自动化，建设企业核心的业务管理和应用系统（包括 ERP 和外部网站），优化企业经营的 3 个直接增值环节，设计和实施客户关系管理（customer relationship management，CRM），供应链管理（supply chain management，SCM）和产品生命周期管理（product lifecycle management，PLM）。

（三）有关组织、政府对电子商务的定义

国际商会于 1997 年 11 月在巴黎举行的世界电子商务会议上将电子商务定义为整个贸易活动的电子化。他们认为电子商务从外延方面看，是交易各方以电子的方式，而不是通过当面或直接面谈的方式进行的商业交易。从技术方面，电子商务是一种集成了多种技术的集合体，包括数据交换、数据获取和数据自动捕获等。而电子商务涵盖的业务内容包括信息交换、售前和售后服务、销售、电子支付、运输、组建虚拟企业和贸易伙伴以共同拥有和运营共享的商业方法等。

中国政府在 2019 年 1 月 1 日起施行的《中华人民共和国电子商务法》中将电子商务定义为：电子商务是通过互联网等信息网络销售商品或者提供服务的经营活动。

美国政府于 1999 年在《全球电子商务纲要》中将电子商务定义为：电子商务是通过互联网进行的各项商务活动，包括广告、交易、支付、服务等活动。

综上所述，电子商务的定义包含以下几点：采用多种电子方式，特别是互联网；实现商品交易、服务交易（含人力资源、资金、信息服务等）；既包含企业间的商务活动，也包含企业内部的商务活动（生产、经营、管理和财务等）；涵盖交易的各个环节，如询价、

报价、订货、支付和售后服务等；采用电子方式是形式，跨越时空、提高效率是主要目的。本书认为，电子商务实质上就是在商务活动中，交易双方借助现代信息与通信技术支持商业流程及商品或服务的交换，实现商务活动各阶段的电子化，从而降低人、财、物等资源的消耗，提高商务活动的经济效益和社会效益的一系列新型商务模式的集合。

二、电子商务的特征

电子商务是在传统商务的基础上发展起来的，因为有了信息技术的支撑，电子商务呈现出一些新的特征。

（一）高效率

作为一种电子通信手段，互联网的信息传输速度快、传输的信息量大、费用低。互联网上的 Web 站点能够在无人值守的情况下 24 小时运行。

（二）全球化

在互联网上，计算机与计算机之间、客户与服务器之间能够方便地进行信息的双向传输，从而实现信息的快速交换。正是由于这种交互性，电子商务活动才能够在不同地点的不同人之间非面对面地进行，这就是电子商务的虚拟性。它将传统实体市场的地域性转换为网上虚拟环境的全球性。可以说，电子商务的市场是商业全球化的大市场。

（三）网络化

随着金融网络化的发展，电子商务中买卖双方的结算行为可以通过互联网方便、高效地进行，这就是网上支付。在网上支付中，各种资金信息的传输与交换都是通过计算机网络进行的，这对计算机网络的安全性提出了很高的要求。

（四）快捷化

以电子技术为载体的电子商务交易过程，除了物流配送环节，一切都在网络环境下进行，信息和资金数据不但传输速度快，而且具有交易方便、快捷的特征。售后服务也可通过网络进行，并做到及时响应。

（五）个性化

由于信息的存储和数据库技术的进步，大量的消费者信息存储在计算机数据库中，大数据、人工智能等技术使商家可以满足消费者潜在的个性化消费需求。

（六）低成本

网络环境下的电子商务减少了交易过程中的中间环节，在时间和空间上降低了交易成本，成为商务活动中人们普遍采用的一种有助于经济增长的商务模式。

三、电子商务的功能

电子商务可提供网上交易和管理等全过程的服务，因此它具有广告宣传、咨询洽谈、商品订购、电子支付、电子账户、服务传递、意见征询、交易管理等功能。

（一）广告宣传

个人和企业可凭借 Web 服务器和客户的浏览，在互联网上发布各类商业信息。客户可以借助检索工具迅速找到各类商品信息。在网络环境下，信息发布的实时性、方便性及信息传播的广泛性是传统媒体无法比拟的。与其他各类广告相比，网络广告具有成本低廉、双向交流和信息量大等优点。

（二）咨询洽谈

电子商务使商家可借助非实时的电子邮件、新闻组和实时的讨论组、洽谈软件等技术来了解市场和商品信息、洽谈交易事务。网上的咨询和洽谈能超越面对面洽谈的限制，提供多种方便的异地洽谈形式。

（三）商品订购

在电子商务网站上，商品介绍页面通常会提供十分详细的订购提示信息和加入购物车功能，方便客户在线订购。当客户填完订购单后，系统通常会提供确认信息单来保证订购信息的收悉，同时订购信息会被加密，这样客户和商家的信息就不会被泄露了。

（四）电子支付

电子商务要成为一个完整的过程，电子支付是一个重要的环节。虽然电子商务也可通过传统的支付方式（如货到付款）进行，但是网上支付、电子现金转账和移动支付等电子支付方式显然更优越。客户和商家之间采用电子支付方式可节省开销，但电子支付需要可靠的安全控制措施以防止欺骗、窃听和冒用等非法行为的发生。

（五）电子账户

电子支付必须有网络金融系统的支持，银行或信用卡公司及保险公司等金融机构可以提供网上金融服务，而电子账户管理是该类服务的基本组成部分。信用卡号或银行账号都是电子账户的一种标志，其可靠性需以必要的技术措施来保证，如数字证书技术、数字签名技术、加密技术和区块链等的应用可提高电子账户操作的安全性。

（六）服务传递

服务传递是指对已成交的客户订单，商家需要将商品或服务尽快地传递到客户手中。无形商品可以通过网络直接传递到客户手中，如软件、电子读物、电子音乐、信息服务等；实体商品则需要通过物流配送的方式进行传递。

（七）意见征询

电子商务能十分方便、快捷地收集客户对商品或服务的反馈意见，这样可使企业的市场运营形成一个封闭的回路。客户的反馈意见不仅能提高售后服务的水平，还能使企业获得改进商品、拓展市场的商业机会。

（八）交易管理

电子商务的交易管理涉及人、财、物等方面，包括企业和企业、企业和客户及企业内部等各方面的协调和管理。因此，交易管理是涉及商务活动全过程的管理。电子商务的发展将提供一个良好的网络环境及多样化的应用服务系统，这样能保障电子商务获得更广泛的应用。

四、电子商务系统的一般框架

电子商务的出现改变了传统的市场组成结构，出现了信息商品、信息服务和电子支付等新兴的贸易形式，人们进行贸易活动的载体发生了变化，从而使得整个贸易过程呈现出更加多样化的面貌。要完成电子商务环境下的贸易活动，需要理解电子商务系统的一般框架。从宏观角度上看，电子商务系统的一般框架是指实现电子商务从技术到一般服务层次所应具备的完整的运作基础，也指实现电子商务的技术保证和电子商务应用所涉及的领域。完整的电子商务体系需要有相应层面的基础设施和众多支撑条件构成的环境，它们主要包括4个层次（网络层、信息发布与传输层、电子商务服务层、电子商务应用层）和两大支柱（国家政策及法律法规、技术标准和网络协议）。为了更好地理解电子商务环境下的市场结构，可参考图1-1所示的框架图，它简洁地描绘了这个环境中的主要因素。

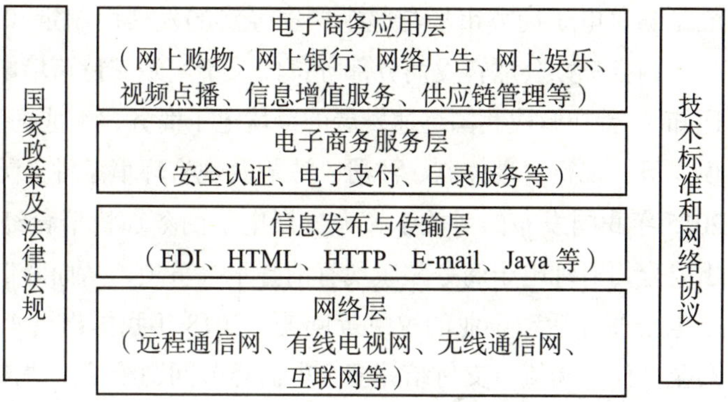

图1-1 电子商务系统的一般框架

（一）网络层

网络层指网络基础设施，它是实现电子商务的最底层的硬件基础设施，主要包括远程通信网（Telecom）、有线电视网（Cable TV）、无线通信网（Wireless）和互联网（Internet）等。这些网络都在不同程度上提供了电子商务所需的传输路线，是电子商务贸易活动的基础和最重要的部分。

（二）信息发布与传输层

信息发布与传输层用于解决电子商务活动在网络上进行信息传输的问题，通过网络层提供的信息传输路线，进行文本、数据、声音、图像和动画等信息的传输。目前较为常用的信息传输方式是超文本标记语言（hyper text mark-up language，HTML），文件传输方式是 E-mail、EDI 或点对点文件传输等。

（三）电子商务服务层

电子商务服务层是为了电子商务交易而提供的网上商务活动服务，包括电子认证（CA

认证）、电子支付、客户服务和商品目录服务等。其中，电子认证（CA认证）是电子商务服务层的核心，因为CA认证保证了电子商务交易活动的安全，它通过给参与交易者签发数字证书，来确认互不谋面的交易双方的身份，然后通过加密和解密的方法实现网上安全的信息交换与安全交易。

（四）电子商务应用层

电子商务应用层是指电子商务在人们生活和工作中的实际应用，主要包括网上购物、网上娱乐、供应链管理、企业资源计划和客户关系管理等各种实际的信息系统，以及在此基础上开展的企业知识管理与竞争情报活动等。

（五）国家政策及法律法规

俗话说："无规矩不成方圆。"不管是传统的商业活动，还是电子商务活动，都需要一定的政策与法律法规的约束，以维持市场的稳定并起到制约和规范的作用。国家政策一般是随着电子商务市场与整个国家经济的发展而制定和颁布的。例如，2013年我国发布的《国务院办公厅转发商务部等部门关于实施支持跨境电子商务零售出口有关政策意见的通知》，旨在解决我国迅速发展的跨境电子商务，特别是跨境电子商务企业对消费者（B2C）模式下，现行管理体制、注册、法规及现有环境条件已无法满足其发展要求的实际问题。2015年我国发布的《关于大力发展电子商务加快培育经济新动力的意见》文件中，就提出要全面清理电子商务领域现有前置审批事项，从而降低了准入门槛，以及合理降低了从事电子商务活动企业的税赋等问题。2018年我国出台了《电子商务法》，对电商经营者乃至仓储、物流、支付结算多个电商环节问题给予了法律层面的界定。

成熟、统一的法律法规能够为电子商务活动提供稳定的环境，对买卖双方的贸易纠纷提供解决办法，对违反规定的人予以制裁，保证交易的顺利进行，并且还能有效遏制侵权商品或仿冒产品的销售，有力打击侵权行为。总的来说，电子商务活动必须要遵守国家的相关法律、法规，活动的参与者还应该有道德和伦理的自我约束和管理，这样才能使商务活动更加稳定、有序。

（六）技术标准和网络协议

一个完整、安全的电子商务系统，必须有一个安全、可靠的通信网络，技术标准和网络协议就是一个这样的存在。技术标准是信息发布、传递的基础，定义了用户接口、传输协议和信息发布标准等技术细节，保证了网络信息的一致性。

网络协议使网络上各种设备能够相互交换信息，它是计算机网络通信的技术标准，是计算机在网络中进行数据交换而建立的规则、标准或约定的集合。网络的各层中存在着许多协议，必须保证接收方和发送方同层的协议一致，才能识别发出的信息。目前Internet环境下计算机使用的网络协议为传输控制协议／互联网协议（transmission control protocol/lnternetProtocol，TCP/IP），它是Internet采用的一种标准网络协议。

第三节　电子商务的分类

按照交易主体、交易对象、网络类型，电子商务可以分为不同的类别。

一、按交易主体分类

根据交易主体的不同，电子商务一般分为以下5种主要类型。

（一）企业与企业之间的电子商务（Business to Business，B2B）

B2B是指企业与企业之间通过互联网或专用网络等现代信息技术手段，以电子化的方式开展的商务活动。通俗地说，B2B指电子商务交易的双方都是商家，他们使用互联网技术或各种网络商务平台，完成商务交易活动中的供求信息发布、商务洽谈、订货及订货确认、合同签订、票据的签发及传送和接收、货物的配送及监控等全部或部分工作。

（二）企业与消费者之间的电子商务（Business to Customer，B2C）

B2C是指企业以互联网为主提供服务的主要手段，实现公众消费，并保证与其相关的付款方式的电子化的商务模式。这种模式基本等同于电子化的零售，随着Web的出现迅速地发展起来。目前，互联网上提供的从鲜花、书籍到计算机、汽车等各种消费商品和服务。

（三）消费者与企业之间的电子商务（Customer to Business，C2B）

C2B是指消费者提出需求，生产企业按需求组织生产的商务模式。通常情况下，企业为消费者定制商品和价格，或使消费者主动参与商品的设计、生产和定价。这一模式改变了原有的生产者和消费者的关系，使之成为消费者贡献价值（Create Value）、企业和机构消费价值（Customer Value）。C2B模式的核心是以消费者为中心。

（四）企业与政府之间的电子商务（Business to Government，B2G）

B2G覆盖企业与政府间的各项事务。例如，政府通过互联网进行工程的招投标或政府采购，以及为企业办理征税、报关、出口退税、商检等业务。这样可以提高政府的办事效率，使政府的工作更加透明、廉洁。

（五）消费者与消费者之间的电子商务（Consumer to Consumer，C2C）

C2C是指消费者与消费者之间进行的电子商务或网上事务合作活动，这类电子商务或网上事务合作活动主要借助一些特殊的网站在个人与个人之间开展事务合作或商业交易，如网上物品拍卖、个人网上事务合作和网上跳蚤市场等。这里所说的个人可以是自然人，也可以是商家的商务代表。借助C2C，个人通过网络满足自己的个性化需求的机会大大增加，同时社会各类资源，包括物资资源与智力资源，也能得到更广泛、更充分的利用。

二、按交易对象分类

根据交易对象的不同,电子商务可分为有形商品电子商务和无形商品电子商务。

(一)有形商品电子商务

有形商品指的是三维空间中的实体商品,这类商品的交易过程中所包含的信息流和资金流可以完全实现网上传输。卖方通过网络发布商品广告、供货信息及咨询信息,买方通过网络选择欲购商品并向卖方发送订单,买卖双方在网上签订购货合同后可以在网上完成货款支付和收取。但交易的有形商品必须由卖方通过某种运输方式送达买方指定的地点。有形商品电子商务由于三流(信息流、资金流、物流)不能完全在网上传输,因此这类电子商务属于非完全电子商务。

(二)无形商品电子商务

无形商品是指一切有形资源通过物化和非物化形式转化而成的具有价值和使用价值的非物质的劳动商品及有偿经济言行等。无形商品包括软件、电影、音乐、电子读物、信息服务等可以数字化的商品,无形商品电子商务模式与有形商品电子商务模式的区别在于前者可以通过网络将商品直接送到买方手中。也就是说,无形商品电子商务的全部过程都可以在网络上实现,因而这类电子商务属于完全电子商务。

(三)按网络类型分类

根据网络类型的不同,电子商务目前主要分为以下3种类型。

1. 电子数据交换

电子数据交换(electronic data interchange,EDI)就是按照商定的协议,将商业文件标准化和格式化,并通过计算机网络,在贸易伙伴的计算机网络系统之间进行数据交换和自动处理。

EDI 主要应用于企业与企业、企业与批发商、批发商与零售商之间的批发业务。相对于传统的订货和付款方式,EDI 不但大大节省了时间和费用,而且较好地解决了安全保障问题。这是因为其使用者均有较可靠的信用保证,并且 EDI 有严格的登记手续和准入制度,加之多级权限的安全防范措施,从而实现了包括付款在内的全部交易工作的计算机化。

2. 互联网商务

互联网商务是现代国际商业的主要形式,它以计算机、通信、多媒体、数据库技术为基础,通过互联网实现营销、购物服务。它突破了传统商业生产、批发、零售以及进、销、存、调的流转程序与营销模式,真正实现了低投入、低成本、零库存、高效率,避免了商品的无效搬运,从而实现了社会资源的高效运转和最大节余。消费者可以不受时间、空间、厂商的限制,广泛浏览、充分比较,以较低的价格获得较为满意的商品或服务。

3. 移动商务

移动商务是一种通过移动通信网络进行数据传输，并且利用移动信息终端参与各种商业经营活动的新型电子商务模式，它是新技术条件与新市场环境下的电子商务形态。移动商务是在移动通信网络和互联网技术的基础上发展起来的，主要通过手机、平板电脑和其他移动智能终端设备进行商务活动。与其他电子商务相比，移动商务拥有更加便捷的操作方法和更为广泛的用户基础，是目前主流的电子商务类型。

拓展案例

电商平台地推引流 甄别电商传销陷阱

"其他平台只能在网上获取优惠券，网购时获得返利，但我们是唯一一个可以在线下门店使用优惠券的，比如某网红奶茶，只要你付账的时候通过我们这个平台首页的'扫一扫'付款，就会自动减免 3～5 元……"近期，有市民向记者反映自己在等车时，有自称经销商的人员推销花生日记 APP。此外，在微博、抖音等社交平台上也能频繁刷到诸如此类的广告，这种普遍的引流模式是否暗藏玄机、涉及潜在的法律风险呢？

单层级获客方式不违规

浙江圣港律师事务所某律师说："这是互联网公司常见的一种地推行为，抽奖领取优惠券线下消费，是很正常的吸引用户下载 APP 的引流行为，单纯的获客手段跟传销还是有所区别的，像口碑、美团、饿了么等都是采取类似方式引流。大家不要戴着有色眼镜去看待，但是涉嫌多层级返利、拉人头肯定是违反法律规定的。"

目前，诸如返利网、淘粉吧等平台的盈利模式类似，本质上都是赚取淘宝联盟上商家拿出来的推广费用。

社交电商为何频触传销红线

当前，国内社交电商模式大致分以下 4 大类：拼团模式、分销模式、SAAS 工具模式及社群模式。

其中最具争议的是第二类分销模式。在分销模式下，每一个用户都可以成为分销客，通过传播，发展下级分销客，从而赚取佣金，云集、花生日记、环球捕手等都是这类电商平台。

"花生日记"曾因涉嫌传销被广州市市场监管局开出了 7 456.58 万元的天价罚单，这是迄今为止国内社交电商最大的一笔罚单。无独有偶，社交电商"达人店"和"云集微店"此前也因模式被认定为传销，并被处以不菲的经济处罚。

发展火爆的社交电商为何频触传销红线，有专家认为社交电商商业模式要彻底与传销切割干净很难。

究其缘由，一是社交属性的销售裂变增长速度太诱人；二是自认为已经做了有效的规避措施。事实上，关于传销刑法意义上的"传销"与工商行政执法层面的"传销"有很大区别。商业行为即便被认定为《禁止传销条例》所规定的"传销活动"，也不一定构成组织、领导传销活动罪。

如何避免落入传销"陷阱"

由于野蛮生长、层级不清，导致良莠不齐，分销开店型社交电商平台频频遭到涉嫌传销争议与质疑。网络传销因手段隐蔽、涉众群体广、标的虚拟化、违法成本低、首脑高智化等特征，游离于监管"灰色地带"。

作为普通互联网用户如何避免落入传销的"坑"？网经社—电子商务研究中心特约研究员认为，拥有直销牌照的企业，也要具体剖析其模式是否超出直销的范畴，不同于传统传销采取拘禁等人身限制手段，部分社交电商通过互联网渠道发展传销，往往通过商业利益吸引和说服等形式"捆绑"下线。社交电商是否涉嫌传销存在几个判断标准：是否需要交纳或变相交纳入门费；是否分层级，直接或间接发展下线；是否根据下线获利，上线从直接或间接发展下线的人员数量或销售业绩中计提报酬或"返佣"。

第四节 电子商务的应用及影响

电子商务作为一种新型且发展迅速的交易方式，它将企业和消费者带入了一个网络经济增长迅猛的新世界，同时它对企业和个人消费者也产生了广泛且深刻的影响，下面将分别介绍电子商务的应用及影响。

一、电子商务的应用

电子商务的应用非常广泛，主要包括以下9个方面。

（一）信息服务

通过网络平台提供各类信息服务，如新闻资讯、天气预报、房屋租赁信息和法律咨询服务等。

（二）网络教育

网络教育是指以多媒体技术为基础，利用网络平台进行的即时教育服务，主要形式有网络学校与网络图书馆等。

（三）网络商城

随着电子商务的发展，网络商城作为电子商务的一个重要应用，如今已逐渐成为用户上网的主要活动之一。用户可以在淘宝、京东等大型购物商城进行在线购物，如购买服装、家电、数码产品，鲜花预定和快餐订购等。除了传统的商品类购物外，其还包括房产交易、拍卖、装修，以及电子书刊和音像出版等业务。网上商城改变了用户传统的购物方式，为

第一章　电子商务概论

用户提供了更加方便和快捷的服务。

（四）金融服务

金融服务是指商业银行、证券公司、金融机构开展和提供的互联网信贷、供应链金融、预售订单融资、跨界合作金融、中间业务、货币汇兑、移动支付等金融方面的服务。电商金融以网络平台为依托，使金融服务具备了透明度更高、参与度更强、协作性更好、中间成本更低、操作上更便捷等一系列特征。

（五）物流服务

电子商务物流服务通过电子商务技术，包括计算机技术和信息技术对传统物流管理进行改造，以计算机网络技术为支撑进行物流运作与管理，实现企业间物流资源共享和优化配置。

（六）网络营销服务

简单地说，网络营销服务就是以互联网营销为主要手段，为达到一定营销目的的一系列网络营销服务活动。随着电子商务的发展，网络营销的手段和方式也更加多样化。总的来说，网络营销是电子商务的基础，在互联网时代，没有网络营销，企业开展电子商务将寸步难行。

（七）旅行服务

旅行服务行业，如酒店、宾馆、航空公司等，通过互联网提供订票、订房间、信息发布等一系列服务。

（八）无线医疗服务

医疗服务一直是备受关注的领域，随着医疗技术与无线技术的进步，无线医疗技术开始逐步出现并融入全球医疗系统。通过无线医疗系统，医疗机构可以实现不同医疗机构之间的信息共享，加快疾病诊断和治疗方案的确认速度；方便远程监控病患，确保医疗机构及时了解患者的情况。

（九）电子政务

电子政务是指政府机关部门应用现代信息技术、网络技术及办公自动化技术等进行网上办公、管理，为社会提供公共服务的一种全新的管理模式，如电子税收、电子商检、电子海关、电子政府管理等。

二、电子商务对社会经济的影响

（一）电子商务促进了经济增长模式的改变

首先，电子商务使经济增长模式由物质资源密集型转向信息资源密集型，该转变促使生产要素重新配置和组合。传统经济所需要的土地、矿产、资本等资源开始退居次要位置，而数据、信息、知识等非物质资源逐步占据主导地位。其次，电子商务使商务物质模式由封闭型转向开放型。作为网络经济代表的电子商务，波及范围广、辐射作用强，这就使许多服务业具有转移性，许多社会性服务行业更加信息化、便捷化。最后，电子商务使经济市场由实物市场转向虚拟市场，消费者与企业可以通过网络建立联系，并随时进行交易。

（二）电子商务促进了国民经济信息化的发展

国民经济信息化是指以信息作为基本的生产要素，提高物质、能源的使用效率和劳动、资本的投入产出效益。具体来说，国民经济信息化就是通过对信息技术的推广、渗透，以及电子商务的应用来实现信息经济的发展。在电子商务的运营过程中，企业能够运用现代信息网络技术开展商务活动，这对企业的信息化水平提出了新的要求，实现了企业的经济结构战略性调整，促进了国民经济信息化的发展。

（三）电子商务优化了产业结构

电子商务的发展对产业结构的调整具有重要影响，其中对第三产业的影响最大。一方面，电子商务的发展是建立在信息产业基础之上的，电子商务的发展必然对信息产业的发展产生巨大的推动力，促使以服务为主的新行业，如网络交易中心、电子商场、电子商务咨询公司、信息服务公司等产生和发展。另一方面，电子商务的发展促进了传统行业的信息化改造，尤其是促进了传统行业与电子商务产业的融合，包括对一些与生产过程密切相关的服务业，如物流、金融等行业的融合。另外，电子商务的出现使得第三产业内部结构不断得到更新调整，对第三产业的发展及结构的调整都产生了深远的影响；与此同时，也使得第三产业在国民经济中的规模不断扩大、比重不断提高。

（四）电子商务促进了企业的商务活动和传统的经营运作方式的改变

电子商务的商业模式不同于传统商务的商业模式，前者不再需要交易双方直接见面，而是在计算机网络平台上开展商务活动，商家与消费者的沟通都在网上进行，这为交易双方提供了方便、快捷的体验。在网络经济时代，企业所面临的将是消费者需求和购买行为的全新变化，所以企业需要全面转向以消费者为中心的思维方式，要考虑从最终消费者的角度来重新设计作业的流程，而传统的经营运作方式已无法适应这种变化。为了保持竞争优势，越来越多的企业开始发展电子商务，这也给企业的商务活动和传统的经营运作方式带来了改变。

（五）电子商务将转变政府的行为

政府承担着大量的社会、经济、文化的管理和服务的功能，其作为宏观经济的调控者与管理者，在调节市场经济运行、防止市场失灵方面起着很大的作用。目前，在企业应用电子商务进行生产经营、银行实现金融电子化及消费者实现网上消费的同时，政府管理行为同样会发生变化，电子政府或网上政府将随着电子商务的发展而成为一种重要的社会角色。

（六）电子商务是乡村振兴的重要手段

电子商务的出现为乡村振兴提供了新的途径和思路。《国务院关于促进乡村产业振兴的指导意见》中明确指出要发展乡村信息产业。深入推进"互联网+"现代农业,加快重要农产品全产业链大数据建设,加强国家数字农业农村系统建设。全面推进信息进村入户,实施"互联网+"农产品出村进城工程。推动农村电子商务公共服务中心和快递物流园区发展。十三届全国人大常委会第五次会议表决通过了《电子商务法》,鼓励各类社会资源加强合作,促进了农村电子商务的发展,发挥了电子商务在乡村振兴中的作用。

拓展案例

扶贫牵手电商脱贫筑梦"云端"

"一个以购代捐套装300元,七彩木兰电商平台上线10天,成交额突破70万元。"这是记者在木兰县采访时,县委副书记徐向峰向记者做的一个展示,这就是木兰县开展"以购代捐"电商扶贫举措取得的阶段性成果。而这一举措的实际受益者是3 258户贫困户。

在黑龙江省扶贫办主任工作会议上,明水县扶贫办主任张天喜走上台前,做了关于发展电商扶贫的典型发言。他介绍,明水县通过把电子商务与庭院经济紧密结合,以"我在乡村有块园、我在明水有亩田、我在明水有基地"系列活动为载体,通过企业订制、电商销售、帮扶责任人助销等私人订制形式,建立稳定销售渠道,使明水县8 753户建档立卡贫困户受益,走出了一条电商搭台、政府服务、贫困户持续稳定增收的特色扶贫之路。

以购代捐 电商"爱心汇聚"

为了更好地推动脱贫攻坚,创新脱贫方式,木兰县打造了"七彩木兰"线上平台,"以购代捐"电商扶贫行动上线15天,线上成交额113万余元。"七彩木兰"微商城的上线,对于木兰来说不仅是一个全新的电商销售平台的推出,更是一种崭新扶贫模式的开启。通过这个平台,一方面可以为哈尔滨市民提供放心食品,达到优质优价目的。另一方面,可持续保障农民增收,实现贫困户稳定脱贫。

电商连接乡村,成为贫困户脱贫的一个可操作形式。据了解,在"七彩木兰"平台"以购代捐"专区,礼盒中的农产品都是经过严格筛选和严苛检验的。网民每购一套礼盒,将有10%的费用用于扶贫众筹款捐给贫困户。以1月中旬的"以购代捐"活动为例,购买人数为3 978人,农产品销售额119万余元,提取扶贫专项资金11.9万余元,共有1 705户贫困户拿到收益。

网端延伸庭院经济促脱贫

作为黑龙江省"互联网+精准扶贫"第一个试点县,明水县积极探索贫困户增收渠道,县扶贫办主任说,明水县的电商扶贫是以搭建电商销售平台,把电子商务与庭院经济紧密结合开展的。一根网线连接的是市民与田间地头,一块园田地承载的是田野里的脱贫希望。

张天喜介绍,明水县以基地建设为基础,开辟了贫困户增收途径。推行了由一个新型农业经营主体领办，具备规范化生产标准、全程监测和追溯体系、品牌和"三品一标"认证、龙头企业依托、线上线下营销渠道、O2O企业直采直供和金融扶持体系等"1+7"基地建设模式。

电商扶贫经济和思想"双脱贫"

发展农村电商，不但要搭建网络平台，更要健全物流网络。在明水县兴仁镇石仁村，开网店的脱贫户于某将电商做得红红火火。几年来，他从销售自家小园的农产品到为村民代销"小园菜"，从贫困户变身脱贫户，还带动了更多村民参与到农村电商中来。明水县永兴镇永兴村村淘服务站合伙人李某的"站点"生意也很火。她说，最大的感触就是农村的物流网络越来越健全了，才让农村电商插上了腾飞的翅膀。

电商扶贫让贫困乡村的创业者不离地不离乡实现创业梦，让贫困人群守家在地搭上脱贫快车。通过开展电商扶贫，不但激发了贫困人群的内生动力，更培养了他们看市场拓眼界的"眼力"。电商扶贫带给贫困乡村的不但是行动上的大阔步，更是思想上的大变革。电商扶贫，让空间上的万水千山变为网络里的近在咫尺，而线上线下的"脱贫故事"更有借鉴意义和示范效应。

三、电子商务对企业的影响

电子商务作为一种竞争战略，在一定程度上可以增强企业对抗某一股竞争力量时的竞争优势。

（一）电子商务对企业采购的影响

第一，通过电子商务，企业可以在互联网上快捷地于众多供应商中找到合适的合作伙伴，及时了解供应商的商品信息，如价格、交货期、库存等，并可以获得较低的价格。第二，通过电子商务，企业可以加强与主要供应商之间的协作关系，并形成一体化的信息传递和信息处理体系，从而降低采购费用，这样一来采购人员也可以把更多的精力和时间集中在价格谈判和改善与供应商的关系上。

（二）电子商务对企业生产加工过程的影响

第一，网络将企业和消费者联系在一起，使消费需求信息得以快捷地传达给企业，企业据此组织生产，从而实现由大批量、规格化的典型工业化生产方式向消费者需求拉动型生产方式的转变。第二，电子商务缩短了企业生产与研发周期。第三，电子商务减少了企业库存，提高了企业的库存管理水平。

（三）电子商务对企业销售的影响

第一，电子商务降低了企业的交易成本。第二，电子商务使企业销售突破了时间与空间的限制。传统企业通过各种媒体打广告，是一种销售方处于主导地位的强势营销，而电子商务环境下的网络营销是一种企业对客户的软营销。第三，电子商务降低了企业对实物基础设施的依赖。传统企业的创建一般需要实物基础设施的支撑，如仓库、店铺、办公楼、展厅等,而电子商务的虚拟性可降低企业对这些实物基础设施的依赖。第四,企业通过电子商务能全方位地展示商品,促使消费者理性购买。

(四)电子商务对企业客户服务的影响

第一,电子商务使企业与客户的互动更加方便,改善了客户服务的质量。第二,电子商务有利于企业为客户提供个性化服务。企业可以根据客户需求提供特定的商品或服务,使商品或服务具有很强的针对性和时效性,极大地满足客户需求。通过互联网和大数据,企业能以低廉的成本为客户提供个性化服务。

四、电子商务对消费者的影响

如今,电子商务已经成了一种生活常态,它对消费者的生活产生了巨大的影响,这些影响具体表现在以下4个方面。

(一)改变消费者获取信息的方式

在电子商务模式下,人们除了从电视、广播、书籍、报纸和杂志等传统媒体中获取信息以外,还可以从网络媒体中获取所需信息。网络传递信息不但更快、更直观、更有效,而且有着双向性的特点,消费者可以根据自己的需求获取信息,而不受时间、空间的限制。

(二)改变消费者的购物方式

电子商务的推广,已经使家庭购物成为现实。消费者只要打开手机、平板电脑或计算机,就能方便地进入网上商店,查看成千上万种不同的商品,并从中挑选自己想要的,查看其规格和性能。随着多媒体技术的发展,消费者还可以通过电子设备查看商品的照片甚至视频。对于选定的商品,消费者只需填写订单并进行网上支付,商家收到订单后就会安排物流送货。

(三)改变消费者的教育方式

网络与电子商务的发展促使教育方式发生了改变。随着互联网的广泛应用,网络学校应运而生。它属于现代远程教育的一种形式,以计算机通信技术和网络技术为依托,采用远程实时多点、双向交互式的多媒体现代化教学手段,可以实时传送声音、图像、电子课件和教师板书,使身处两地的师生能像现场教学一样进行双向视听问答,因此是一种打破了时间和空间限制的教育手段。中华人民共和国商务部数据显示,2020年中国在线教育销售额同比增长逾140%。

(四)改变消费者的娱乐、休闲方式

如今,人们不但可以足不出户就在网络上购买并观看各个国家制作的电影和电视节目,购买并欣赏自己喜欢的音乐家、歌唱家演奏和演唱的曲目,也可以在网络上体验种类繁多的游戏,而且可以通过网络与他人在游戏中交流、互动。如果你愿意,你就可以在网络这个广阔天地中找到志趣相投的朋友,你们可以对感兴趣的话题推心置腹地聊个痛快。网络

甚至还可以成为红娘，使你找到自己的终身伴侣。在网络上，你还可以做现实生活中无法做的事情，如喂养你喜欢的宠物，种花植树，成为农夫辛勤地播种、耕耘以获得丰收的喜悦。当然这一切都是虚拟的，都是网络给人们提供的新的休闲方式。

第五节　电子商务的发展

从20世纪70年代到现在，电子商务已有50多年的历史，大致经历了3个发展阶段。如今，电子商务已经成为国家发展、社会活动及人们生活不可分割的组成部分。

一、电子商务的发展阶段

根据使用网络的不同，电子商务的发展可分为3个阶段：基于EDI的电子商务阶段、基于互联网的电子商务阶段和基于新技术融合的移动电子商务阶段。

（一）基于EDI的电子商务阶段

EDI在20世纪70年代产生于美国。美国国家标准局对EDI的解释是：在相互独立的组织机构之间所进行的具有标准格式、非模糊的、具有商业或战略意义的信息的传输。EDI能大大减少纸张票据的使用，因此基于EDI的电子商务也被人们形象地称为"无纸贸易"。EDI条件下贸易单证的传递方式如图1-2所示。

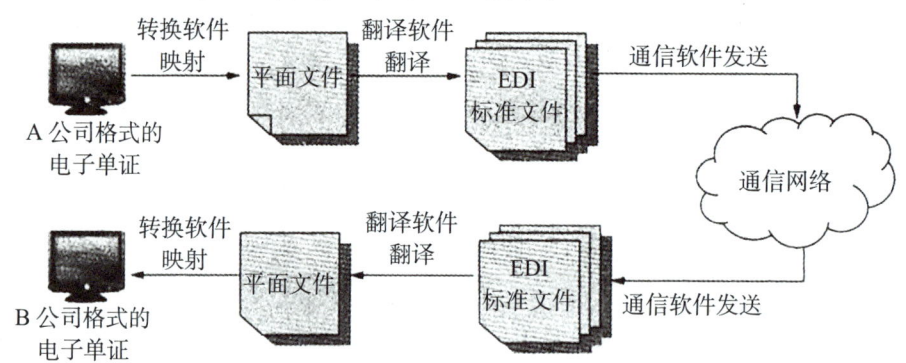

图1-2　EDI条件下贸易单证的传递方式

EDI系统的三要素分别为数据标准、EDI软件及硬件和通信网络。第一，数据标准。1987年，联合国欧洲经济委员会综合了经过10多年实践的美国ANSI X.12系列标准和欧洲流行的技术数据交换（TDI）标准，制定了用于行政、商业和运输的电子数据交换标准（electronic data interchange for administration commerce and transport，EDIFACT）。第二，EDI软件及硬件。EDI软件包括格式转换软件、翻译软件和通信软件。EDI硬件主要就是计算机、网线（或专线）。第三，通信网络。EDI采用增值网络（value added network，VAN）进行通信。

EDI 将电子交易活动从单纯的金融领域扩展到其他领域，如制造、零售等领域，股票交易系统、旅游预定系统等也相继出现并得到广泛应用。基于 EDI 的电子商务通过减少纸张的消耗、减少许多重复劳动并增加自动化工作流程的模式，已经具备了互联网电子商务的主要特征，所以基于 EDI 的电子商务阶段可被视为电子商务的初级阶段。

（二）基于互联网的电子商务阶段

20 世纪 90 年代，互联网在全球得到迅速普及和发展。截至 1999 年底，全球互联网用户达 15 亿人。截至 2020 年底，全球网民突破 50 亿人，我国网民达 9.4 亿人。这也引发了大量企业开拓互联网业务，更多的商业应用开始融入互联网领域，电子商务开始成为互联网的热点应用并得到了广泛认可。互联网企业的资产规模日益增长，截至 2021 年 1 月，亚马逊市值达 1.64 万亿美元，阿里巴巴市值达 7 100 亿美元，京东市值达 1 480 亿美元。

基于互联网的电子商务与 EDI 的电子商务相比，具有以下明显的优势。

（1）费用低廉。耗费的资金较少，中小企业适合采用这种模式。

（2）覆盖面广。互联网几乎通达全球，用户通过电话线等多种入网方式可以方便地与贸易伙伴传递商业信息和文件。

（3）功能全面。互联网电子商务可以全面支持不同类型的用户实现不同层次的商务目标，如发布电子商情、在线洽谈、建立网上商店、进行网上支付和提供网络服务等。

（4）使用灵活。基于互联网的电子商务不受特殊数据交换协议的限制，用户可以直接填写与现行的纸面单证格式一致的电子单证，该电子单证不需要再进行翻译，任何人都能看懂或直接使用。

基于互联网的电子商务克服了基于 EDI 的电子商务的不足，也便于中小企业使用。在互联网的基础上建立的各类电子商务系统，既成本低廉，又使用方便。因此，基于互联网的电子商务才称得上是真正意义上的电子商务。

（三）基于新技术融合的移动电子商务阶段

移动电子商务就是利用手机、平板电脑等无线终端进行的 B2B、B2C、C2C 或 O2O 的电子商务。它结合了互联网、移动通信技术、短距离通信技术及其他信息处理技术，使人们可以在任何时间、任何地点进行各种商贸活动。

近年来，5G、物联网、人工智能、大数据、区块链、云计算、虚拟现实、地理信息系统（geographic information system，GIS）和机器人等新信息技术层出不穷，并和移动电子商务交叉融合发展，极大地提高了移动电子商务应用的便利性、安全性和高效性。

5G 时代移动电子商务应具备以下特点。

（1）智能化。5G 时代，在人工智能技术的助力下，"智能化虚拟导购机器人"在未来的电子商务网站中可以依托云计算等技术对网站大量数据资源进行智能化处理，从而为消费者提供更加人性化的服务。同时，利用人工智能技术，人们能够实现多种跨平台信息的有效迅捷的融合，如根据消费者在操作过程中所表现出的操作特性及历史操作数据分析，有针对性地生成优化方案，及时迅速满足消费者的个性化需求，最终提升消费体验、消费转化率、消费者满意度及电子商务网站的黏性。

（2）平台多样化。5G时代将不会存在纯粹的电子商务平台。或者说，任何与"云"有关的平台都有电子商务的属性。在很大程度上，用户需要什么、选择什么、决定什么并非取决于用户的自我选择，更多的是数据的集合。用户自我选择的是算法，而不是商品或服务本身。

（3）用户多元化。5G时代虚拟现实、增强现实技术的成熟和应用，能够帮助商家对商品进行全方位的展示，可以让用户足不出户实现对商品的试用试穿，从而最大限度地加深用户对于商品信息的了解，使商家为用户提供更加优质的购物体验。

（4）法制化。在5G环境下，电子商务所有的交易数据都将被存储在云端，通过区块链、大数据、物联网、人工智能等一系列新技术进行数据处理、分析，可以方便迅速地查出违法交易，锁定违法者。

2018年5G开始在我国试点应用，2019年6月6日中华人民共和国工业和信息化部宣布正式为中国移动、中国联通、中国电信和中国广电4家企业发放5G商用牌照，这意味着这4家企业可以在合乎法规的前提下开展和5G有关的运营工作，这也标志着我国移动电子商务正式进入5G时代。

二、我国电子商务的发展趋势

电子商务在我国发展得相当迅速，到目前为止，已经初步形成了功能完善的业态体系。我国电子商务的发展趋势主要体现在以下5个方面。

（一）纵深化趋势

电子商务的基础设施将日益完善，支撑环境逐步趋向规范，企业发展电子商务的深度进一步拓展，个人参与电子商务的深度也将得到拓展。目前，三网合一的潮流势不可当，高速宽带互联网将扮演越来越重要的角色，制约我国电子商务发展的网络瓶颈有望得到逐步突破，我国电子商务的发展将具备更加良好的网络平台和支撑环境。

（二）个性化趋势

个性化定制信息的需求将会越加强劲。互联网的发展和普及本身就是对传统秩序型经济社会组织中个人的一种解放，为个性的张扬和创造力的发挥提供了一个更加有利的平台，并使消费者权益的实现有了更有效的技术保障。在这个方面，个性化定制信息的需求将成为主流，消费者的个人偏好会渗透到商品的设计和制造过程中。对所有面向个人消费者的电子商务来说，提供多样化的、个性化的服务，是其今后获得发展的关键因素。

（三）区域化趋势

立足我国国情发展特点采取重点的区域化战略是有效扩大网络营销规模和提高效益的必然途径。我国电子商务的区域化趋势与国际化趋势并不矛盾。区域化趋势是就我国国情而言的，我国是一个人口众多、幅员辽阔的大国，社会群体在收入、观念、文化水平等很多方面都有不同的特点。我国虽然总体上仍然属于发展中国家，但地区经济发展的不平衡所反映出来的经济发展的阶段性，使收入结构的层次十分明显。在可以预见的今后相当长的时间内，网民仍将集中于一二三线城市。B2B 的电子商务模式的区域性特征也非常明显，以这种模式为主的电子商务企业在进行资源规划、配送体系建设、市场推广等都必须充分考虑这一现实，并采取重点的区域化战略，以有效扩大网络营销规模和提高效益。

（四）国际化趋势

我国电子商务企业将随着国际电子商务环境的规范和完善逐步走向世界，我国企业可以同发达国家的企业站在同一起跑线上，将我国在市场经济轨道上的后发劣势变为后发优势。电子商务的迅速发展有利于我国的中小企业开拓国际市场和利用好国外各种资源。同时，国外电子商务企业将努力开拓中国市场。随着世界电子贸易平台与世界贸易组织、世界经济论坛的合作，我国电子商务国际化的步伐越发加快。

（五）融合化趋势

电子商务网站在最初的全面开花之后将走向新的融合。一是同类网站之间的合并。目前大量网站属于"重复建设"，定位相同或相近，业务内容相似。大量同类网站激烈竞争的结果只能是少数网站最终胜出，处于弱势地位的网站最终免不了被"吃掉"或者"关门"。二是同类别网站之间互补性的兼并。具备良好基础和发展前景的网站在扩张的过程中一般会采取收购策略，主要为互补性收购。三是战略联盟。由于个性化、专业化是电子商务发展的两大趋势，每个网站所拥有的资源总是有限的，客户需求却是全方位的，所以不同类型的网站以战略联盟的形式进行协作将成为必然。

总之，随着经济全球化和信息技术与信息产业的迅速发展，电子商务将成为今后信息交流的热点，成为各国争先发展、各个产业部门最为关注的领域之一。我国电子商务虽然还处在初始阶段，面临着技术、管理等诸多问题，但是已迈出可喜的一步。我们只有具备战略性和前瞻性的眼光，适应全球经济一体化的趋势，才能努力发展出适合我国国情的电子商务。

本章小结

本章通过对电子商务导论、电子商务的概念、电子商务的分类、电子商务的应用及影响、电子商务的发展等内容进行讲解，使读者了解电子商务基础知识，认识电子商务，为后面的课程学习打下基础。

电子商务概论

本章习题

1. 简述电子商务的发展历程及发展趋势。
2. 电子商务有哪些功能?其基本组成要素有哪些?
3. 电子商务系统的一般框架包括哪些方面?
4. 简述电子商务的分类及具体内容。
5. 电子商务给企业和社会经济带来了哪些影响?
6. 电子商务经历了哪几个发展阶段?

第二章 电子商务商业模式

本章导读

电子商务模式是在网络环境下基于一定技术基础的商务运作方式和盈利方式。研究和分析已有的电子商务模式，有助于挖掘新的电子商务模式，为电子商务模式创新提供途径，也有助于企业制定特定的电子商务策略和实施步骤。

1. 时刻保持对电子商务信息的警惕性和敏锐性。
2. 培养良好的分析和解决实际问题的能力，开拓思维，培养创新能力。

案例导入

昔日"国内第一大电商网站"，运营 23 年终落幕

近日，上海盈实信息技术有限公司发布公告称，由于公司调整运营策略，决定停止易趣网络平台运营，关闭易趣网站。

公告称，到 2022 年 8 月 12 日 24：00，易趣网将关闭网站所有商品、商铺的交易功能，关闭易趣网用户注册、登录、充值功能，关闭网站服务器。同时，在公告发布期内，易趣网也为用户开通客服邮箱，专项解答账户余额退回问题。资料显示，易趣网成立于 1999 年，至今已有 23 年历史，是中国第一家 C2C 网站。2003 年 6 月，全球最大的电子商务网站美国 eBay 以 1.5 亿美元全资控股易趣。根据 CNNIC 发布的数据，2005 年，eBay 易趣网仍是我国第一大电商，占据国内近六成的市场份额，但 2006 年 eBay 易趣网市场份额下滑至 29%。随后若干年，虽然易趣还是有机会，进入到上海市电商示范企业的名单，但慢慢其代表性渐弱，不再入围。几次易手后，易趣网逐渐淡出中国电商江湖。

上海财经大学电子商务研究中心主任劳帼龄表示，作为中国电商 20 多年的跟踪研究者，几乎一路见证了易趣的起起伏伏。作为中国 C2C 模式的首创者，易趣网诞生

之初便受到极大的关注，在模式上主要是模仿 eBay，虽然互联网环境相似，但在当时的市场环境之下，消费者对于"收费服务"的接受度，国内外却是不一样的。所以完全照搬带来的水土不服，不仅是当时易趣遇到的困惑，其他一些早期互联网公司也同样遇到了。这让大家看到了再好的模式也不能完全照搬，中国电商由此开启了引进再消化、创立中国电商自有模式的新阶段。

商业模式；电子商务商业模式；B2B；B2C；C2C。

第一节 电子商务商业模式概述

研究和分析已有的电子商务商业模式，有助于企业探索新的电子商务商业模式，为电子商务商业模式的创新提供基础，也有助于企业制定适应自身发展的电子商务商业模式。

一、电子商务模式的内涵

影响一个电子商务项目绩效的首要因素是它的商业模式。电子商务模式是电子商务项目运行的秩序，是指电子商务项目所提供的产品、服务、信息流、收入来源，以及各利益主体在电子商务项目运作过程中的关系和作用的组织方式与体系结构。它具体体现在电子商务项目现在如何获利，以及在未来长时间内的计划。电子商务模式主要包括以下内涵。

（一）战略目标

一个电子商务项目要想成功并持续获利，必须在商业模式上有明确的战略目标，这种战略目标本质上表现为这一项目的客户价值，即企业不断地向客户提供有价值的、竞争者又不能提供的产品或服务，才能保持竞争优势。换句话说，战略目标就是企业价值的社会定位，即企业使命。比如，阿里巴巴的战略目标是为中小企业提供一个销售和采购的贸易平台，让全球范围内的中小企业通过 Internet 寻求潜在的贸易伙伴，并且彼此沟通和达成交易。"让天下没有难做的生意"成为阿里巴巴的使命。

按照迈克尔·波特的竞争优势理论，电子商务运营商对客户提供的价值可以表现为产品或服务的差异化、低成本和目标集聚战略上。

（1）产品或服务的差异化战略。产品或服务的差异化战略主要表现在产品特征、产品上市时间、客户服务差异化和品牌形象等四个方面。

（2）低成本战略。低成本战略是一种先发制人的战略，这意味着一家企业提供的产品和服务比其竞争者让客户花费更少的金钱。这种成本的降低表现在生产与销售成本的降低上。一方面，企业通过电子商务方式与供应商和客户联系，大大提高进货和销货效率，使订货、配送、库存、销售等成本大幅度降低。另一方面，通过互联网，企业可以为客户提供更加优质的服务，甚至可以让客户通过互联网进行自我服务，大大减少了客户服务成本。电子商务在减少企业的产品或服务成本的同时，也可以大大降低客户的交易成本。

（3）目标聚集战略。目标聚集战略是一种具有自我约束能力的战略。当企业的实力不足以产生更广泛的范围内竞争时，企业可以利用互联网以更高的效率、更好的效果为某一特定的战略对象服务，往往能在该范围内超过竞争对手。比如，在竞争异常激烈的保险经纪行业中，有的保险经纪人利用互联网专门为频繁接触互联网而社交范围比较窄的研究人员、开发人员提供保险服务，取得了良好的经营业绩。

（二）目标用户

电子商务模式的目标用户一般是指在市场的某一领域或地理区域内，基于这种商务模式建立的网站浏览者、建设者、使用者和消费者。企业电子商务模式的目标用户定位是提升网站流量、吸引客户的重要步骤。

目标用户可以是广大个人用户，即通常所谓的网民，也可以是企业客户，即所谓的网商。对目标用户的界定，一方面要从地域范围界定，即判定用户的地理特征；另一方面还要从用户的性别、年龄、职业、受教育程度、生活方式和收入水平等人口学特征来划分。

（三）产品或服务

当企业或网站确定目标用户后，必须决定向这些用户提供什么产品或服务。例如，一家定位于大学生用户群体的互联网企业必须决定满足大学生的哪些需求。比如，可以在基本的链接服务、社交、电影、音乐、游戏、网上教学和考研答疑等方面来选择要提供的服务内容，这些针对性的产品或服务能够大大提高网站的黏度，提升网站的人气。

（四）盈利方式

在线下的市场中，很多企业直接从其销售的产品中获得收入和利润，或者从其提供的服务中获得收入和利润。但是，在电子商务市场中，因为互联网的一些特性，企业利用互联网从事电子商务的收入和利润来源变得更加复杂。例如，从事网络经纪电子商务模式的企业收入来源至少有交易费、信息和建议费、服务费、佣金、广告费等；而一个采取网络直销模式的企业的收入则主要来自于对客户的直接销售，也可以来自广告、信息服务和产品发布费，还可以通过削减直接向客户提供服务的成本或减少配送环节来增加利润。

从向客户提供的产品或服务中获得利润的一个非常重要的环节是对提供的产品或服务正确地定价。在电子商务市场中，大多数产品或服务是以知识为基础的，以知识为基础的产品一般具有高固定成本、低可变成本的特点，因而产品或服务的定价具有较大的特殊性，企业定价的目标不在于单位产品的利润率水平，而更加重视产品市场占有率的提高和市场的增长。这种产品还具有能够锁定消费者的特点，使许多消费者面临着较高的转移成本，使已经在竞争中占有优势的企业不断拉大与其竞争者的距离。

对于传统企业，在利用电子商务来创建、管理和扩展商业关系的过程中，可能很难计算其直接的收入和利润，但是仍然可以分析其盈利模式。电子商务模式的盈利模式在很大程度上表现为电子商务对企业价值链结构的改变。基本活动中的信息处理部分，如商品信息发布、客户沟通、供应商和分销商的订单处理乃至支付都可以通过电子商务在网上完成，带来大量的成本节约，产生电子商务收益递增利润；基本活动中的采购、进货、发货和销售等环节的物流活动，则可以通过第三方物流加以完成或通过信息技术提高运作效率，将大大减少企业的经营成本，因而产生收益；辅助活动中的人力资源管理和技术开发中的部分活动也都可以通过电子商务方式在网上完成，将会使企业的管理成本大幅度下降，进而产生间接收益。

（五）核心能力

核心能力是相对稀缺的资源和有特色的服务能力，它能够创造长期的竞争优势。核心能力是企业的集体智慧，特别是把多种技能、技术、流程集成在一起以适应快速变化的环境的能力。

电子商务对信息和联盟具有很强的依赖性，而且要持续不断地进行创新。因此，需要一种能综合考虑以上所有因素的分析工具，将企业的技术平台和业务能力进行集成。经过集成后的企业核心能力应该包括以下3个方面。

（1）资源。企业需要有形的、无形的及人力资源来支持向客户提供有价值的一系列关键活动。有形资源包括厂房、设备及现金储备。而对于从事电子商务的企业来说，有形资源主要表现在企业的网络基础设施，以及电子商务软、硬件建设水平上。无形资源包括专利权、商誉、品牌、与客户和供应商的关系、雇员间的关系及以不同形式存在于企业内部的知识，例如含有重要客户统计数据的数据库及市场研究发现的内容。对于从事电子商务的企业来说，这类资源往往包括企业自行设计的软件、访问者或客户的登录信息、品牌和客户群等。

（2）竞争力。竞争力是企业将其资源转化为客户价值和利润的能力，它需要使用和整合企业的多种资源。根据哈默（G.M. Hamel）和普拉哈拉德（C.K. Prahalad）的观点，当企业遇到客户价值、竞争者差别化和扩张能力3个目标时，企业的约束力就是企业的核心能力。客户价值目标要求企业充分利用其核心能力加强其向客户提供的价值。如果企业在多个领域使用其竞争力，那么这种竞争力是可扩展的。

（3）竞争优势。企业的竞争优势来源于企业所拥有的核心能力，其他企业获得或模仿这些能力的难易程度决定了这些优势保持的难易程度。这些核心能力难以取得或模仿，往往是由于拥有这种优势的企业在发展进程上处于领先位置，或者这些核心能力的形成需要较长的时间，模仿者难以在短期内获得。

二、电子商务模式的分类

针对电子商务的特点，国内外学者从不同的视角研究出了很多种分类方法，就影响比较大的几种分类方式进行介绍。

（一）基于电子交易参与主体分类

基于电子交易参与主体的不同，电子商务可分为下列模式。

（1）企业对消费者（B2C）的电子商务模式。

（2）企业对企业（B2B）的电子商务模式。

（3）个人对个人（C2C）的电子商务模式。

（4）政府对企业（G2B）的电子商务模式。

（二）基于成功案例的模式分类

基于成功案例将电子商务的模式分为直接面向顾客模式（网络直销）、内容提供商模式、整体企业模式、信息中介模式、联合研发模式、共享采购平台模式、共享销售平台模式、全服务提供商模式、价值网集成者模式、虚拟社区模式、供应商管理库存模式、联合管理库存模式等。

（三）基于体现收入、利润角度的模式分类

基于体现收入、利润角度将电子商务模式分为代理模式、广告模式、信息中介模式、商贸模式、制造商模式、会员模式、社区模式和订阅模式等。

（四）基于价值链的模式分类

基于价值链将电子商务模式分为电子商店、电子采购、电子拍卖、电子集市、第三方市场、虚拟社区、价值链服务供应商、价值链集成者、合作平台、信息代理商、信用服务等。

在以上几种分类中，第一种分类标准是最早的分类方式，也是比较成熟的分类方法，逐渐得到风险投资商及企业管理者们的重视，因此本章主要讨论基于电子交易参与主体分类标准下的模式，即电子商务的交易模式。

第二节 B2B 电子商务模式

B2B 电子商务从交易规模上来看占据四大交易模式之首，因此我们通常认为它是电子商务的主流模式，也是传统企业降低成本、提高效率、改善竞争条件、建立竞争优势的重要方法。

一、B2B 电子商务的含义

企业对企业（B2B）电子商务是指企业与企业之间依托互联网等现代信息技术手段进行的交易活动。B2B 电子商务模式主要包括企业与供应商之间的采购，企业与产品批发商、零售商之间的供货，企业与仓储、物流

B2B 电子商务

公司之问的业务协调等。

B2B 电子商务的内涵是企业通过 Internet 将面向上游的供应商的采购业务和下游代理商的销售业务有机地联系在一起开展商务活动的运行模式，其基本结构如图 2-1 所示。

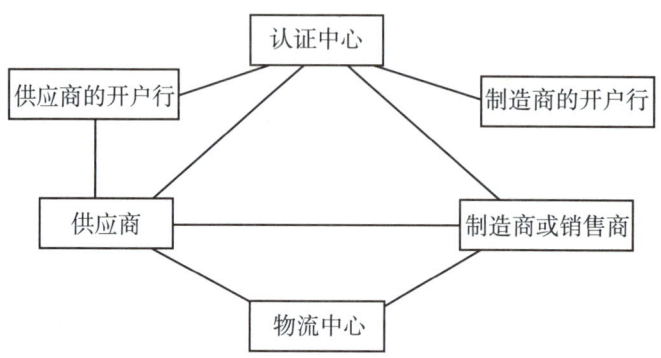

图 2-1　B2B 电子商务的基本结构

由图 2-1 所示可以看出 B2B 电子商务包括以下实体。

（一）制造商或销售商

B2B 电子商务平台支持在线向企业客户销售产品和服务。这种商业模式下进行销售的企业为 B2B 电子商务过程中的销售商。

（二）供应商

供应商以 B2B 电子商务作为媒介，使得供货变得更为方便，通过 Internet 能降低供应成本，缩短供货周期。为了实现 B2B 电子商务，从供应管理的角度来看，卖方主导的市场可以在该模式中发挥作用。卖方向潜在的采购商发布相关的供应信息，以获取竞争优势。

（三）网上银行

网上银行参与 B2B 的交易流程，主要负责资金流的支持，即完成资金支付任务，要做到以下几点。

（1）网上银行在 Internet 上实现传统的银行业务，突破时间和地点的限制，使普通用户在世界的任何地方都可以查看和管理自己的账户，使企业用户不必进入银行营业厅就能得到每周 7 天、每天 24 小时的实时服务，减少银行在修建和维护营业场所、保安、支付人员费用等方面的开销，大大提高银行的办公效率。调查表明，普通的传统银行一笔交易成本约为 1.07 美元，而 Internet 交易成本约为 0.1 美元，同时又能提供传统银行难以做到的个性化服务。

（2）网上银行与信用卡公司等通力合作，提供多样化的网上支付手段，为电子商务交易中的用户和商家服务。由于金融信息的重要性，网上银行与企业、个人用户之间的信息传输就更要保证安全、完整、不可更改。

（3）网上银行在提供在线服务的同时，还要确保内部网络和数据的安全。

（四）认证中心

认证中心是一些不直接从电子商务交易中获利的受法律承认的权威机构，负责发放和管理电子证书，使网上交易的各方能互相确认身份。电子证书的管理不仅要保证证书能有效存取，而且要保证证书不被非法获取。这是一项非常复杂的工作，通常通过以下环节加以保证。发放证书遵循一定的标准，证书的存放管理应遵循 X.509 或其简化版本 LDAP 协议、管理密钥和证书的有效期限等。认证中心内部的网络及数据安全也极为重要。

（五）物流中心

物流中心是指承担将有形货物配送给用户的企业或部门组织，运送无法从网上直接得到的商品，并跟踪商品流向。

综上所述，B2B 电子商务涉及供应商、制造商、销售商等实体，使这些实体之间的业务通过电子商务活动来进行。因此，B2B 电子商务活动的特点之一是同供应链管理联系在一起。一个实体企业最理想的电子商务模式应该是供应链的整体搬迁到 Internet 上，从而达到优化供应链的目的。

二、B2B 电子商务的特点与优势

（一）B2B 电子商务的特点

相对于 B2C 和 C2C 电子商务来说，B2B 电子商务有以下特点。

（1）交易金额较大。企业与企业之间的交易规模大，一般是大额交易，而以普通消费者为交易对象的 B2C 和 C2C 多以日用、休闲、娱乐等消费品为主，往往是单笔交易，购买数量、金额都较小。企业间的电子商务相对于 B2C 和 C2C 来说交易次数少，但每次的交易金额都较大，交易对象比较集中。

（2）交易操作规范。企业间的电子商务活动一般涉及的对象比较复杂，因此，对合同格式的要求比较规范严谨，注重法律的有效性。企业和企业之间开展电子商务的条件比较成熟，未来发展潜力巨大。

（3）交易过程复杂。企业间的电子商务活动一般涉及多个部门的不同层次的人员，因此，信息交互和沟通比较多，对交易过程的控制比较严格，而且交易过程相对比较复杂。

（4）交易对象广泛。相对而言，B2C 和 C2C 交易一般集中在生活消费用品方面，而在 B2B 交易平台上交易的商品覆盖种类广泛，既可以是原材料，也可以是半成品或产成品，交易商品的种类几乎不受限制。

（二）B2B 电子商务的主要优势

开展电子商务将使企业拥有一个商机无限的发展空间，这是企业生存、发展的必由之路，它可以使企业在竞争中处于更加有利的地位。Internet 的互动性、几乎无所不在的中介和多向的信息流的有机结合，将成为社会发展的最大价值来源。而基于 Internet 的 B2B 电子商务将会为企业带来更低的价格、更高的生产效率、更低的劳动成本和更多的商业机会。

与传统商务活动相比，B2B电子商务具有下列竞争优势。

（1）改善供应链管理。供应链是从采购原材料开始，到生产中间产品和最终产品，最后由销售网络把产品送到消费者手中的，将供应商、制造商、分销商直到最终用户连成一个整体的功能网链结构模式，是企业赖以生存的商业循环系统，同时也是企业间电子商务的重要内容。B2B电子商务可以降低供应链的成本，动态维系企业的供货、制造、分销、运输和其他贸易伙伴之间的关系，真正建立高效的全球供应链系统。

（2）使买卖双方信息交流低廉、快捷。信息交流是买卖双方实现交易的基础。传统商务活动的信息交流是通过电话、电报或传真等工具，这与Internet信息以超文本（包含图像、声音、文本信息）的传输不可同日而语。

（3）降低企业间的交易成本。首先，对于卖方而言，电子商务可以降低企业的促销成本。即通过Internet发布企业相关信息（如企业产品价目表、新产品介绍、经营信息等）和宣传企业形象，与传统的电视、报纸广告等方式相比，可以更省钱、更有效。因为在网上提供企业的照片、产品档案等多媒体信息有时胜过传统媒体的"千言万语"。据互联网数据中心（international data center，IDC）调查，在Internet上做广告促销，可使销售数量提高10倍，而费用只是传统广告方式的1/10。其次，对于买方而言，电子商务可以降低采购成本。传统的原材料采购是一个程序烦琐的过程，而企业利用Internet可以加强与主要供应商之间的协作，将原材料采购和产品制造过程有机地结合起来，形成一体化的信息传递和处理系统。据通用电气公司的报告称：利用电子商务采购系统，可以节约采购费用30%，其中人工成本降低20%，材料成本降低10%。另外，企业借助Internet还可以在全球市场上寻求价格最优的供应商，而不会只局限于原有的几个商家。

（4）减少企业的库存。企业为应对变化莫测的市场需求，通常须保持一定的库存量。传统企业高库存政策将增加资金占用成本，且不一定能保证产品或材料是适销货品；而企业低库存政策，则可能使生产计划受阻，交货延期，因此寻求最优库存控制是企业管理的目标之一。以信息技术为基础的电子商务则可以改变企业决策中的信息不确切和不及时问题，通过Internet可以将市场需求信息随时随地地传递给企业，以此来制定生产决策，同时也可以把需求信息及时传递给供应商而适时得到补充供给，从而实现真正意义上的零库存。

（5）缩短企业生产周期。一个产品的生产往往是许多企业相互协作的结果，产品的设计开发和生产销售可能涉及许多关联的企业，通过电子商务有助于改变过去由于信息封闭而导致的等待现象，因此缩短企业生产周期。

（6）增加商业机会，有利于开拓新市场。传统的交易受到时间和空间的限制，而基于Internet的电子商务则是一周7天、一天24小时不间断运作，网上的业务可以开展到传统营销人员和广告促销所达不到的市场范围。同时随着电子商务各类基础设施的完善，越来越多的企业将加入该领域，从而大大地增加商业机会，有利于开拓新市场。

（7）改善信息管理和决策水平。通过开展B2B电子商务，丰富、准确的信息和交易审计跟踪营造了更好的决策支持环境，协助企业发现潜在的大市场。

三、B2B 电子商务商业的经营模式

（一）面向制造业或商业的垂直型 B2B 电子商务商业模式

垂直型 B2B 电子商务有两个方向，即上游和下游。生产商或商业零售商可以与上游的供应商之间形成供货关系，如戴尔公司与上游的芯片和主板制造商就是通过这种方式进行合作的。生产商与下游的经销商可以形成销货关系，如思科与其分销商之间进行的交易。简单地说，这种模式下的 B2B 网站类似于在线商店，这一类网站其实就是企业网站，即企业在自己的网站上大力宣传自己的商品，用更快捷、更全面的手段让更多的客户了解自己的商品。

（二）面向中间交易市场的水平型 B2B 电子商务模式

这种模式将各个行业中相近的交易过程集中到一个场所，为企业的采购方和供应方提供了一个交易的机会，从而进行信息交流、广告促销、拍卖竞标、商品交易、仓储配送等商业活动，如阿里巴巴等都为传统企业提供网上中介服务。这种模式之所以称为水平型 B2B 电子商务商业模式，是因为利用这种模式的行业广泛、企业众多，很多行业和企业都可以在同一个网站上进行商务贸易活动。水平型 B2B 电子商务商业模式成功的关键因素在于，业务处理流程的标准化程度较高、拥有业务及作业流程自动化处理的专业知识、拥有深层次自动化处理业务和根据行业差异定制业务处理流程的能力。

（三）自建型 B2B 电子商务商业模式

自建型 B2B 电子商务商业模式是行业龙头企业基于自身的信息化建设程度，搭建以自身商品供应链为核心的行业化电子商务平台。行业龙头企业通过自身的电子商务平台，串联起行业的整条产业链，供应链上下游的企业通过该平台实现资讯、沟通、交易。但此类电子商务平台过于封闭，缺少产业链的深度整合。

（四）关联行业型 B2B 电子商务商业模式

关联行业型 B2B 电子商务商业模式是相关行业为了提高电子商务交易平台信息的广泛度和准确性，整合垂直型 B2B 电子商务商业模式和水平型 B2B 电子商务商业模式而建立起来的跨行业的电子商务平台。

拓展案例

慧聪网的特色产品与服务

慧聪网成立于 1992 年，是国内优秀的 B2B 电子商务服务提供商，专注于电子商务、金融、地产及防伪 4 大领域。慧聪网目前注册的企业用户已超过 1 600 万，覆盖行业超过 70 个。慧聪网之所以有如此大的用户基数，是因为该平台为企业和消费者提供了多样的特色商品或服务，主要包括以下 5 种。

（1）买卖通。买卖通是慧聪网为企业量身定制的线上诚信平台，买卖通会员不仅可以通过自己的商务中心查询符合自己需要的采购信息，还可以通过在线洽谈会、IM即时通信工具获得第一手采购信息，进行洽谈交易。同时，企业用户可以通过买卖通建立网络商铺，进行产品展示、企业推广等，帮助中、小企业通过互联网开启电子商务市场。

（2）慧付宝。慧付宝是支持买卖双方在线完成交易的支付服务工具，主要提供货款代收代付服务，其作用与阿里巴巴的支付宝类似。慧付宝服务支持11家银行的个人网银付款、16家银行的企业网银付款；支持25家银行的个人或企业银行卡提现。

（3）互通宝。互通宝是慧聪网买卖通会员通过广告后台自主设定多维度目标关键词，免费展示商品信息，并通过大量曝光来吸引潜在买家的一种操作灵活、按点击付费的营销模式。推广管理包含基础推广、定向推广、一键推广等形式。

（4）慧聪友客。慧聪友客为用户提供多种获取销售线索的方式（下游企业、订阅线索、筛选线索），并帮助用户从中获取有价值的销售线索，完成销售线索从获取、跟进、转化到留存的全生命周期管理。

（5）慧企通。慧企通是慧聪网携手腾讯于2018年12月推出的一款全新产品——企业工作台。慧企通采用自动值守方式，访客进店时发送消息提醒至慧企通客户端，并自动进行访客记录；一键复制QQ好友至慧企通可帮助企业更好地管理客户；慧聪网与腾讯携手，帮助企业把店铺开到QQ上，将企业信息与商品展示给访客，让访客在沟通中即可了解企业信息；通过慧企通服务后台动态更新每一位潜在客户的跟进状态，让潜在客户的转化和流失有迹可循，根据丰富的客户信息和跟进状态，适时地针对不同客户执行二次营销，不遗漏任何销售机会。

四、B2B电子商务商业模式的盈利模式

B2B电子商务商业模式的盈利模式有以下7种。

（一）会员费

企业想要通过第三方电子商务平台参与电子商务交易，必须注册成为B2B网站的会员，每年缴纳一定的会员费，才能享受网站提供的各种服务。目前，会员费已成为我国B2B网站最主要的收入来源之一。

（二）广告费

网络广告是门户网站的主要盈利来源，同时也是B2B网站的主要收入来源之一。B2B网站一般根据广告在首页的位置及广告的类型来收费。

（三）竞价排名

企业为促进商品的销售，都希望自己的商品在B2B网站的信息搜索结果中排名靠前，

而B2B网站在确保信息准确的基础上，会根据会员交费的不同对其排名顺序做相应的调整。例如，阿里巴巴的竞价排名是诚信通会员专享的搜索排名服务，当买家在阿里巴巴搜索商品信息时，竞价企业的商品将排在搜索结果的前3位，会在买家搜索时被优先看到。

（四）佣金

B2B网站在促使买卖双方达成交易后可收取费用，即佣金。例如敦煌网采取佣金制，免注册费。佣金比例一般为2%～7%。

（五）增值服务

B2B网站通常除了为企业提供贸易供求信息，还会为企业提供一些独特的增值服务，包括企业认证、独立域名、行业数据分析报告、搜索引擎优化等。例如，现货认证是针对电子行业提供的一项特殊的增值服务，因为电子采购商通常比较重视库存。

（六）线下服务

线下服务主要包括开办展会、期刊、研讨会等。通过展会，供应商和采购商可以面对面地交流，一般的中小企业都比较青睐这种模式。期刊主要是提供行业资讯等信息，其中也可以植入广告。例如，环球资源网开办展会的收入占其总收入的1/3左右。

（七）按询盘付费

区别于传统的会员包年付费模式，询盘付费模式是指从事国际贸易的企业不按时间付费，而是按海外推广的实际效果，也就是按海外买家实际的有效询盘来付费。成功获得有效询盘并辨认清楚询盘的真实性和有效性后，供应商只需在线支付询盘费用，就可以获得与海外买家直接谈判成单的机会，将主动权完全掌握在自己手里。这种模式适用范围广、效果容易测评，越来越受到B2B电子商务企业的青睐。

五、B2B电子商务商业模式的业务流程

商业客户向销售商订货，首先要发出"用户订单"，该订单应包括商品名称、数量等一系列与商品有关的信息；销售商收到"用户订单"后，根据"用户订单"的要求向供货商查询商品情况，并发出"订单查询"；供货商在收到并审核完"订单查询"后，给销售商返回"订单查询"的回答，基本上是回答有无货物等情况；销售商在确认供货商能够满足商业客户的"用户订单"的要求的情况下，向运输商发出有关货物运输情况的"运输查询"；运输商在收到"运输查询"后，给销售商返回运输查询的回答，例如有无能力完成运输及有关运输的日期、线路、方式等要求；在确认运输无问题后，销售商即可给商业客户的"用户订单"一个满意的回答，同时要给供货商发出"发货通知"，并通知运输商运输货物；运输商接到"运输通知"后开始发货，接着商业客户向支付网关发出"付款通知"，支付网关和银行结算票据等；最后支付网关向销售商发出交易成功的"转账通知"。B2B电子商务商业模式的业务流程如图2-2所示。

步骤	具体操作
客户发出订单	该订单包括商品名称、数量等一系列与商品有关的信息
销售商查询订单	销售商根据"用户订单"的要求向供货商查询商品情况
销售商查询运输	销售商向运输商查询运输情况
销售商回复客户	销售商给商业客户的"用户订单"一个满意的回答
发货、运输、付款	供货商——发货通告；运输商——运输通知；客户——付款通知
交易成功	支付网关向销售商发出"转账通知"

图 2-2　B2B 电子商务商业模式的业务流程

第三节　B2C 电子商务模式

B2C 电子商务是消费者广泛接触的电子商务模式，也是电子商务应用最普遍、发展最快的领域之一。目前，在 Internet 上遍布的各类网上商城、电子商城、商业中心都属于这种类型的商务模式。

一、B2C 电子商务的含义

B2C 电子商务即企业与消费者（也称商家与个人用户或商业机构与消费者）之间的电子商务活动。它是指企业、商业机构或公司与消费者通过计算机网络发生的一切商务活动。在这种模式下，企业通过 Internet 为消费者提供产品和服务。该模式基本等同于网上商店或在线零售商店，是人们最为熟悉的一种电子商务类型。

该模式主要包括，售前售后服务（产品服务说明、使用技术指南、回答顾客意见和要求等），销售（询价、下订单等），使用各种电子支付工具付款等活动。从长远来看，随着 Internet 用户的快速增长，B2C 电子商务将会取得长远发展，并将最终在电子商务领域占据重要地位，成为推动电子商务发展的主要动力之一。

目前，在 Internet 上遍布各种类型的零售商场，提供各种有形和无形商品的电子商务服务。有形商品主要有鲜花、书籍、药品、食品、计算机、汽车等。无形商品主要有各种电子出版物、电子书刊、计算机程序和软件等。如美国的亚马逊、我国的京东就是纯粹从事网上零售业务的典型企业，是 B2C 电子商务模式的探索者。

二、B2C 电子商务的功能与优势

B2C 模式依托 Internet 上的虚拟商店进行零售，是伴随着电子商务的兴起而出现的一种新型零售方式。B2C 网上零售构建了更为方便、快捷、经济的购物模式，具有传统零售无法比拟的优点，但在商品的选择上也存在一定的局限性。

（一）B2C 电子商务的基本功能

可以从不同角度对 B2C 电子商务网站的基本功能进行划分，下面从消费者和网站经营者两种主要的角度对其进行阐述。

1. 从消费者的角度来看，B2C 电子商务网站应具有如下功能

（1）负责为消费者提供在线购物场所，方便消费者浏览、查找、挑选、比较各种类型的商品。

（2）负责为消费者所购商品进行配送，方便快捷地将消费者所购置的商品发送到消费者手中。

（3）负责消费者身份的确认及货款结算。

2. 从网站经营者角度，B2C 电子商务网站可分为前台与后台两大系统

（1）前台系统。一般提供以下功能，会员注册、会员信息、商品搜索、在线购物、订单查询、浏览商家信息、信息反馈、购物指南等。

（2）后台系统。一般提供以下功能，提供企业进销存管理系统、网站经营报表管理、日常业务处理、综合查询、商品管理、供应商管理、账务处理、网上订单接收、对销售商品进行统计与分析、对会员购买商品进行统计与分析等功能。

（二）B2C 电子商务的优势

B2C 电子商务给零售商带来的优势主要体现在以下几方面。

（1）有助于提升零售商的品牌价值。B2C 网上零售商借助于网站，在 Internet 上向消费者介绍自己的品牌，进行商品宣传和广告促销，能够使消费者迅速了解零售商的经营理念，并树立良好的品牌形象。

（2）有助于零售商进行市场信息的收集。消费者利用 Internet 可以十分方便地访问国际网站，因此 B2C 网上零售商可以轻松获得具有价值的市场信息，做到知己知彼，在市场竞争中处于有利的位置。

（3）能够提高对客户的服务水平。B2C 网上零售通过 Internet 的信息反馈系统，可以更有效地与客户建立互动联系，及时、直接地进行信息交换，从而提高对客户的服务水平。

（4）使零售商能够快速实施国际市场战略。Internet 克服了传统零售的地理和时间障碍，B2C 网上零售商可以直接建立国际分销渠道和销售商品，使本土公司快速地变为全球公司。

（5）有助于降低零售商的经营成本。传统零售商依靠预测消费者需求组织进货，因此不仅要有大量库存，而且如果预测不准确，还会造成商品积压，抬高经营成本。而 B2C 网上零售商可以根据消费者的订单从供应商处进货，不仅不存在商品积压问题，而且可以提高库存和资金周转率，降低零售商的经营成本。

拓展案例

国内领先的职业发展平台——智联招聘

智联招聘是我国领先的职业发展平台，为用户的整个职业生涯提供相关职业及发展机会，包括网络招聘、报纸招聘、校园招聘、猎头服务、招聘外包、企业培训及人才测评等，并在中国首创了人力资源高端杂志《首席人才官》，是拥有政府颁发的人才服务许可证和劳务派遣许可证的专业服务机构。近年来，智联招聘积极进行战略转型，以覆盖求职者整个职业生涯为出发点，打造"3的三次方"产品模型，即为学生、白领、高端人才（专业人士或管理人士）匹配3类产品——测评（我是谁）、网络招聘（我能干什么）、教育培训（我如何进步），并通过线上、线下、无线3个渠道，为职场人士的全面发展打造平台，从而实现从"简历仓库"到"人才加工厂"的战略转型，为中国人才市场打造一个闭环生态链。

此外，智联招聘大数据报告拥有20余年的人力资源数据积淀，覆盖中国各地区全行业范围，采用大数据分析、调查报告结合的研究方法，被众多国内、外媒体誉为"中国职场风向标"。报告长期受到国内、外各大媒体的广泛关注，每份报告的平均报道量均在千篇以上，在为政府提供决策参考，帮助HR把握人才趋势和宏观动态，给求职者职业选择和职业发展提供指导等方面，提供了强有力的支撑。总体来说，智联招聘的优势可总结为以下几点。

（1）服务专业。成立于1994年的智联招聘，是国内首屈一指的人力资源服务商，致力于发展国内的人力资源服务，率先将国际先进的人力资源服务理念与经验同我国的实际情况相结合，确保专业、迅速、准确地为企业找到合适的人才。

（2）覆盖面广。智联招聘通过与搜索引擎、联盟、社交网络等合作，全方位、多渠道锁定各职业发展阶段的求职人群；同时，在全国拥有近40家分公司，南北两大互动营销中心，覆盖200多座城市，形成"线上＋线下＋无线"联动的职业发展平台。

（3）人才数量大。20余年人才储备历史，使智联招聘拥有强大的白领人才库，数据显示，智联招聘目前职场用户达2.3亿，日活跃用户数为630万，累计合作616万家企业，日均在线职位数为780万个。平均学历及综合素质在行业内领先，同时在优质人才群体中拥有极高的忠诚度。

三、B2C电子商务的购物流程

B2C电子商务的购物流程主要是以消费者的网上购买行为为模型进行设计的，图2-3显示了消费者网上购物的基本流程。

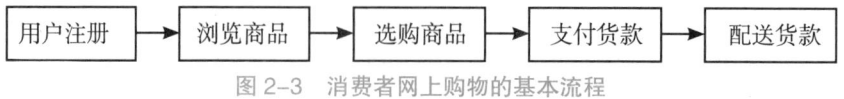

图2-3　消费者网上购物的基本流程

（一）用户注册

消费者若在 B2C 电子商务网站上进行购物，必须先在网站上注册姓名、电话、收货地址等用户信息，以便于网站进行相关的操作，这一点是电子商务与传统商务的不同之处。

（二）浏览商品

消费者通过 B2C 电子商务网站提供的多种搜索方式，如产品组合、关键字、产品分类、产品品牌或产品名称等多种方式进行产品的查询和浏览。

（三）选购商品

消费者找到所需的商品后，可以浏览商品的具体信息，如产品性能、市场价格等。如果想要购买该商品，单击"订购"按钮即可将该商品放入购物车中。在最后确定购买之前，消费者可以在购物车中查看选购商品的名称、数量、单价和总价等信息，还可以修改购买商品的数量等。

（四）支付货款

支付货款有多种形式，一般有货到付款、网上支付等。网上支付大多基于第三方支付、银行卡等电子方式。

（五）配送货物

消费者在确定购买的商品并付款后，商家即可进行商品的配送。一般的配送方式有自营配送、第三方配送等。

至此 B2C 电子商务的销售业务基本处理完成，用户在验收商品合格后，网站还要提供相应的售后服务。

第四节　C2C 电子商务模式

C2C 电子商务交易平台是一个非常灵活的在线交易平台，其用户数量巨大且不存在地域和时间的限制，目前，淘宝是中国最大的 C2C 电子商务交易平台。

一、C2C 电子商务的含义

C2C 电子商务是消费者（个人）对消费者（个人）的电子商务模式。这种模式的思想来源于传统的跳蚤市场。在跳蚤市场中，买卖双方可以进行一对一的讨价还价，只要双方同意，立即可以完成交易。而电子商务中的 C2C 模式的本质是网上拍卖，它的主要特点是一种平民之间的自由贸易，通过网上完成跳蚤市场的交易，从而实现个人之间商品的流通。

二、C2C 电子商务的特点

C2C 电子商务为买卖双方提供了网上信息交流的平台，以及一系列交易的配套服务。C2C 电子商务构成要素包括买卖双方和电子交易平台，其特点主要表现为用户数量多、商品种类多、交易次数多，这三者之间联系紧密、相辅相成，下面对其特点分别进行介绍。

（一）用户数量多

由于 C2C 电子商务平台具有开放性与免费性等特点，所以 C2C 电子商务用户数量多。从 C2C 电子商务网站的实际运营来看，几乎所有人都可以注册成为网站的用户，然后开设自己的网上店铺。

（二）商品种类多

C2C 电子商务平台的开放性，使得海量用户聚集平台，并且个人商家入驻门槛低，商家入驻量大，所以，在 C2C 电子商务模式下用于交易的商品种类非常丰富，但商品质量参差不齐。

（三）交易次数多

C2C 电子商务模式可以给消费者带来较便宜的商品，且其交易次数多、交易方式灵活，但单次交易的成交额较小。

三、C2C 电子商务的优势

C2C 电子商务是一种与传统商业模式完全不同的交易方式，不受时间、地域限制，下面对其优势进行介绍。

（一）降低成本

C2C 电子商务的一个优点就是交易环节的优化，它摒弃了传统商务活动中通过邮寄、传真或报纸等来传输信息的方式，大大降低了通信费用。同时，由于网上商店不需要店面租金，在很大程度上减少了卖家的资金投入，并且这种方式下卖家的存货量一般不会太多，可以随时更换商品或补充货物，不需要占压太多的资金，降低了卖家的成本风险。

（二）经营时间、规模不受限制

C2C 电子商务基于互联网提供的经营环境，可以在具备网络的前提下，随时、随地进行经营活动，无须聘请专人看店就可以将店铺打理得井井有条。同时，可以通过增加商品种类及网店页面来扩大店面的经营规模，比传统商业模式减少了很多的人力资源和装修成本。

（三）信息收集便捷

消费者在网店中购买商品时，会主动留下自己的联系方式，这是传统商业模式无法比拟的，大大提高了消费者信息收集的效率。

（四）扩大销售范围

在互联网环境下，C2C 电子商务模式不受地域范围的限制，商家面对的客户遍布全国甚至全世界，只要消费者具有上网的能力，都可能在互联网中搜索到你的网店，成为你的潜在客户。

四、C2C 电子商务的营利模式

C2C 电子商务平台是一种主要通过网站为个体商户和个人消费者提供网络化的购销平台，以便消费者进行商品的选购。同时，为了保障交易双方的利益，C2C 电子商务平台还提供了商品广告、第三方支付系统、交易监管和评级、网店装修等功能，这些服务和功能也是 C2C 电子商务模式的基本营利来源。C2C 电子商务的营利模式主要包括以下 5 项内容。

（一）会员费

会员费是大部分网站的营利方式之一。用户为了获得某些权限，如网上店铺出租、公司认证、产品信息推广等服务，需要注册为会员并付一定的费用。会员费一般采取第一年交纳、第二年续费的形式，若不再续费，该用户将变为免费会员，不再享受多种服务。缴费会员比免费会员能享受到更多、更高质量的服务，如特定或专供信息、增值服务等。

（二）网络广告费

网络广告费即将网站中有价值的位置用于放置各种广告，根据版面、形式、发布时长等因素来收取费用，如淘宝网中的竞价排名、直通车和智钻等。

（三）增值服务费

某些超过质保期商品的用户服务是有偿的服务，不仅需要收取成本费，还要收取一定数额的服务费，如辅助信息费、物流服务费和支付交易费等。

（四）特色服务费

特色服务费即商品或服务的特色展示费用，如淘宝网中的店铺装修工具、数据统计与分析工具等的费用。

（五）拍卖平台

拍卖平台的营利方式主要包括拍品信息费、保留价费用和佣金 3 种。拍品信息费是指拍品的信息登录费用；保留价费用是指拍卖交易不成功时，根据卖家事先设置的拍品保留价收取费用；佣金是指按拍品成交金额收取一定比例的费用。

以上只是 C2C 电子商务的部分营利模式，不同的 C2C 电子商务网站有所区别，但都是采用多种方式的结合来运营，以实现更高的网站流量、用户黏性和重复购买率等。值得注意的是，如果某个 C2C 电子商务企业创造了自己独一无二的营利模式，那么就将难以被其他竞争者复制或超越。

拓展案例

淘宝网营利模式分析

淘宝网自2003年5月10日创立至今，已成为中国最大的C2C电子商务购物平台，覆盖了中国绝大部分的网络购物人群，淘宝网通过大数据个性化、粉丝工具、视频和社区等工具来增加网购人群的黏性，采用聚划算、淘抢购和天天特价等活动来吸引消费者。目前，淘宝网占据国内C2C电子商务市场80%以上的份额。淘宝网之所以能够在庞大的电子商务市场中一路领先，主要依靠其独特的营利模式，如网络广告、插件租金收费、佣金和在线软件租金分成等。

1. 广告收入

淘宝网中的很多板块都可以打广告，如搜索页面的直通车关键词竞价排名、首页的焦点图和关联图等，都是淘宝网为卖家提供的各种宣传推广商品的方式，这也是淘宝网目前最主要的广告模式。

2. 插件租金收费

虽然淘宝网为卖家提供了免费开店的途径，但经营过程中需要使用各种插件，这些插件有些是免费的，有些需要收费，但若要更好地经营店铺，一般需要购买相关的插件，如图片空间、网店版本、装修工具、统计分析工具和促销工具等，这些插件基于淘宝网庞大的卖家群体，一经推出就会引起卖家试用，进而购买这些插件，为淘宝网带来了稳定的现金流。以淘宝网店铺版本为例，淘宝网目前的店铺版本有普通版、旺铺专业版和旺铺智能版。普通版不收费，可供卖家一直使用；若卖家等级低于1钻，可免费使用旺铺专业版和旺铺智能版，当店铺信用变为1钻后，店铺版本会恢复为普通版，需付费订购旺铺专业版或旺铺智能版。

3. 佣金

淘宝网开发的支付宝支付系统不仅能在淘宝网中使用，也能在其他购物网站中使用，但这些网站需要根据网上交易的比例缴纳费用。另外，淘宝网中的"消费者保障计划"需要卖家缴纳1000元的诚信押金，这些押金和支付宝上暂存的资金都可以存入银行，或进行其他的金融投资，以获取利润。

4. 在线软件租金分成

淘宝网中的插件软件并不全是淘宝网自己开发的，对应第三方软件开发公司开发的在线工具，若当年的累计销售淘宝网可按比例享有分成，这也是一笔不菲的收入。

五、C2C电子商务的交易流程

根据C2C电子商务的交易对象，交易流程可分为买家交易流程和卖家交易流程。下面以淘宝网为例，介绍在淘宝网中买家和卖家交易的流程。

（一）买家交易流程

根据买家在网店中购物的顺序，可以将买家的交易流程分为搜索和浏览商品、购买商品、付款、收货和评价。

（1）搜索和浏览商品。在淘宝网中购买商品需要买家根据自己的需要进行搜索，搜索完成后淘宝网将与买家搜索条件的商品展示在网页中，买家浏览查看这些商品后，若有满足自己需要的商品，就将其加入购物车。

淘宝网中提供了多种搜索商品的方法，除了在搜索框中输入关键字进行搜索外，还可以按照需要在商品类目中搜索。搜索后，在打开的页面中可以设置更加详细的搜索条件，如商品品牌、商品卖点、商品款式、商品用途和商品价格等；还可按照需要对搜索结果进行排序，目前淘宝网支持综合、销量、信用和价格排序。当有符合需要的商品时，单击商品图片或商品标题即可进行商品详情页的浏览。

（2）购买商品。在网上搜索并找到所需的商品后，可以将商品加入购物车并在购物车中进行结算，也可直接单击商品信息页面中的"立即购买"按钮进行购买。购买商品前需要注意，要先确认商品的信息，包括商品的颜色、规格、数量、送货方式和收货地址等。

（3）付款。确认收货信息后，即可进入支付页面，在该页面中可以利用淘宝网提供的第三方支付平台——支付宝进行付款。买家可以预先在支付宝中充值，或者通过网上银行、信用卡和货到付款等方式进行支付。

（4）收货和评价。当买家收到货物并确认无误后，即可返回淘宝网中确认收货，同时对商品的质量、卖家的服务和物流服务等项目进行评价。交易完成后，卖家即可收到买家支付的货款。

（二）卖家交易流程

卖家作为商品的销售方，需要先开设店铺，然后上传商品信息。下面对卖家的交易流程进行介绍。

（1）开设店铺并发布商品。在淘宝网中开设店铺需要先进行支付宝实名认证和开店认证，认证成功后，就可以在淘宝网中发布商品信息。信息发布后，买家即可在淘宝网中搜索到该商品。卖家在发布商品信息时，可选择一口价、个人闲置或拍卖的方式进行出售，"一口价"是指卖家以固定的价格出售宝贝。"个人闲置商品"是指已通过支付宝实名认证的淘宝网用户以"闲置"的方式发布的商品，通常是个人持有、自用的或从未使用的闲置物品，卖家可以根据自己的情况来进行选择。"拍卖"是指卖家出售宝贝时就设置宝贝起拍价、加价幅度。

不管采用哪种方式发布商品，发布前都需要准备商品资料，包括商品标题、图片、类别、价格、数量、送货方式、运费、有无发票和保修单等信息。

（2）发货。发布商品并被买家搜索购买后，卖家需要发货，发货要及时，并尽量按照买家的要求选择对应的快递公司，并将发货情况告知买家。

（3）收款及评价。买家收到商品并确认付款后，卖家即可收到支付宝中暂存的款项。此时，卖家可以对买家进行评价，评价信息将计入买家的信用等级。

（4）提现。淘宝网中的所有货款都存放在支付宝平台中，卖家需要进行提现操作才能将其中的资金转移到自己的银行账户中。

总体来说，在淘宝网中进行交易的流程可参考图2-4。

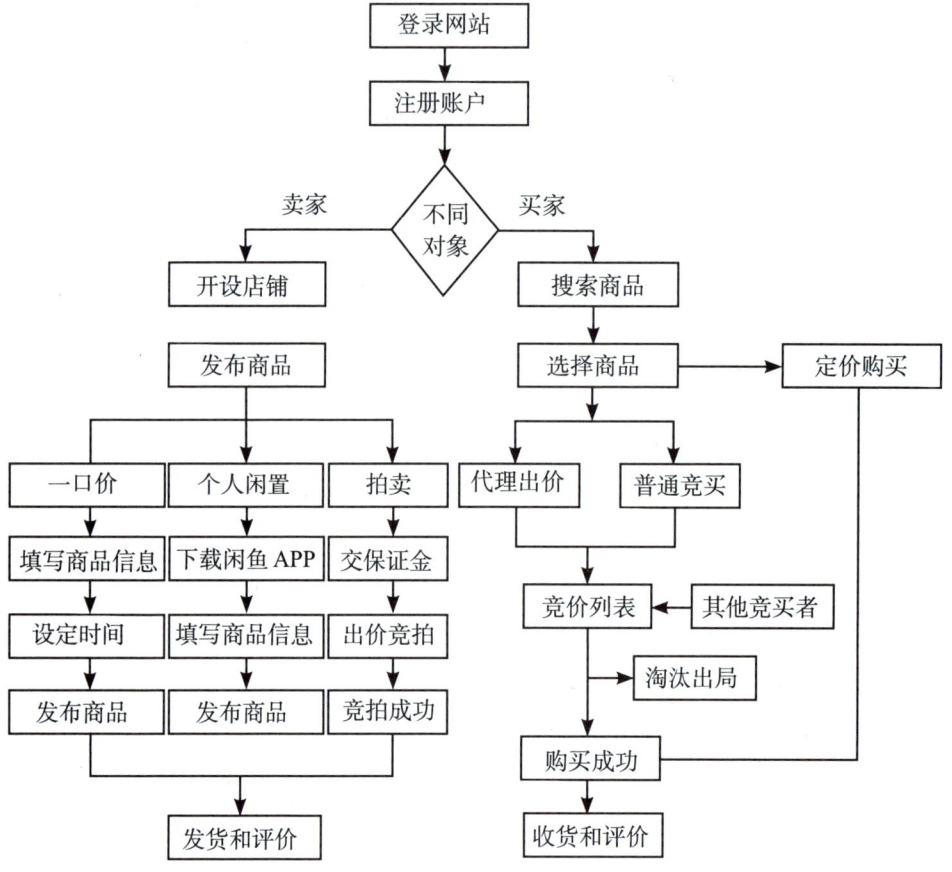

图2-4 淘宝网中买家和卖家交易的流程

第五节 其他电子商务商业模式

一、O2O电子商务商业模式

（一）O2O电子商务商业模式的概念

O2O是Online to Offline的英文缩写，其中文简称为"线上与线下"。O2O电子商务模式（以下简称"O2O模式"）是指将线下的商务机会与互联网结合，让互联网成为线下交易的平台。其前提条件是企业已经建有实体店（或体验店），如此企业可以在线揽客，消费者可以在线挑选服务、成交和结算，即可以实现全部信息流的网上传输。消费者通常在线上进行多方面的信息比较，同时也需要在线下进行体验，由于网络为消费者与企业的互动提供了高效且廉价的手段，因而线上营销功能得以实现。同时，O2O 模式还可实现不同商家的联盟。

代表网站：拉手网、苏宁易购、大众点评、窝窝团、百度糯米网等。

（二）O2O 电子商务商业模式的经营模式

（1）线上到线下。线上到线下（Online to Offline）是指从线上交易到线下消费体验，就是企业先搭建一个线上平台，以这个平台为依托和入口，将线下商业流导入线上进行营销和交易，同时消费者到线下享受相应的服务。这个平台是 O2O 运转的基础，应具有强大的资源流转化能力和促使消费者与平台进行线上线下互动的能力。在现实中，很多生活服务型企业都采用了这种模式。例如，腾讯凭借其积累的资源和经济基础，构建了 O2O 平台生态系统。在 O2O 布局上，腾讯已经构建起腾讯系大平台，并搭建了 O2O 生态链条。以微信平台为入口，后端有腾讯地图、微信支付等做支撑，中间整合本地生活服务，如餐饮由美团承接，打车以滴滴出行为主，电影票以猫眼电影为主等，由此构建起线上线下互动的闭环。

（2）线下到线上。线下到线上（Offline to Online）是指从线下营销到线上交易，就是企业先搭建一个线下平台，以这个平台为依托进行线下营销，让消费者享受相应的服务，同时将线下商业流导入线上平台，在线上进行交易，由此促使线上线下互动并形成闭环。在这种 O2O 模式中，企业需自建两个平台，即线下实体平台和线上互联网平台。其基本结构是先开实体店铺，后自建网上商城，再实现线下实体店铺与线上网上商城同步运行。在现实中，采用这种 O2O 模式的实体化企业较多，苏宁易购构建的 O2O 平台生态系统即是如此。在线下，苏宁易购目前拥有 1 600 多家自建的实体店铺。在线上，其搭建的苏宁易购网上商城已覆盖传统家电、3C 电器、日用百货等品类。

（3）线上到线下再到线上。线上到线下再到线上（Online to Offline to Online）是指从线上交易或营销到线下消费体验再到线上消费体验，就是企业先搭建一个线上平台进行营销，再将线上商业流导入线下实体店铺让消费者享受服务，然后让消费者到线上进行交易或消费体验。在现实中，很多团购、电商等企业都采用了这种 O2O 模式，如京东。京东的 O2O 生态链条是先自建线上京东商城，以其为平台进行营销，线下自营物流系统与实体店铺合作，让消费者享受其线下服务，再让消费者到线上京东商城进行交易。

（4）线下到线上再到线下。线下到线上再到线下（Offline to Online to Offline）是指从线下营销到线上交易再到线下消费体验，就是企业先搭建一个线下平台进行营销，再将线下商业流导入或借力第三方网上平台进行线上交易，然后让消费者到线下消费体验。在这种 O2O 模式中，企业选择的第三方网上平台一般是现成的、颇具影响力的社会化平台，如微信、大众点评等，且可同时借用多个第三方网上平台，这样就可以借力第三方网上平台进行引流，从而实现自己的商业目标。在现实中，餐饮、美容、娱乐等本地生活服务类

O2O 企业多采用这种模式，棒约翰就是如此。其 O2O 生态链条是消费者在线下的棒约翰门店通过线上 APP 和第三方网上平台进行线上支付，再在线下的棒约翰门店享用服务。具体来说，在线下，棒约翰目前在全球已开设了 4 000 多家连锁餐厅，这种模式是其起家和生存之本。在线上，一方面，棒约翰开发了自己的 APP，搭建有自己的网上订餐平台；另一方面，为借力第三方网上平台进行引流，棒约翰目前入驻了微信和大众点评等平台。

（三）O2O 电子商务商业模式的特点

（1）必须由线上和线下两个部分组成。O2O 从概念上讲是"Online"和"Offline"，即线上和线下。线上部分通过 APP 或社会化网络平台等形式为用户提供查询、预约等服务；线下部分是用户到指定的实体店完成消费。这两个部分是互动的，可能是线下触动线上，也可能是线上触动线下，但二者缺一不可，才能形成 O2O 的价值。

（2）服务标准在 C 端。O2O 相对于 C2B，两者的差异在于 O2O 的服务标准在 C 端，C2B 的服务标准在 B 端。C2B 与消费者的关系是一种教化与被教化的关系，如华为生产手机，只需要配有对应的说明书，指导消费者使用与保养即可，是典型的工业化生产模式。O2O 虽然也提供商品或者服务，但更多的是按消费者需求定制的，以满足消费者的个性化需求。

（3）B 端、C 端参与链交互延长。一般情况下，商家通过线下的服务来延长交易参与链，尽量通过自身的优势获取消费者，消费者则通过线上的信息获取来延长交易参与链，通过货比三家来选择最优的商品或服务。但不管是商家还是消费者，这种参与链的延长都依赖于彼此间的交互，并尽量减少第三方的参与以使得自身利益最大化。

二、C2B 电子商务商业模式

（一）C2B 电子商务的含义

C2B 电子商务是消费者对企业的电子商务模式，是互联网经济时代新的商业模式。在 C2B 模式下，应该先有消费者需求产生而后有企业生产，即消费者向企业提出需求，企业再根据需求组织生产。一般情况下，C2B 模式是消费者根据自身需求定制产品和价格，或主动参与产品设计、生产和定价。

（二）C2B 模式的细分

（1）聚定制模式。聚定制模式即通过聚合客户的需求组织商家批量生产，让利于消费者。其流程是提前交订金抢占优惠价名额，然后在活动当天交尾款，这是该模式最大的亮点。此类 C2B 模式对于卖家的意义在于可以提前锁定用户群，有效地缓解 B2C 模式下商家盲目生产带来的资源浪费，降低企业生产及库存成本，提升产品周转率，对于整个社会资源节约起到极大的推动作用。团购也属于聚定制模式的一种。

（2）模块定制模式。聚定制模式只是聚合了消费者的需求，并不涉及在 B 端产品环节本身的定制。模块定制为消费者提供了一种模块化、菜单式的有限定制，考虑到整个供应链的改造成本，为每位消费者提供完全个性化的定制还是有困难的，目前能做到的还是倾向于让消费者适应企业既有的供应链。

（3）深度定制模式。深度定制也叫参与定制，客户能参与到全流程的定制环节。厂家可以完全按照客户的个性化需求来定制，每一种产品都可以算是一个独立的库存量单位。目前深度定制最成熟的行业是服装类、鞋类、家具类等。深度定制的典型代表是定制家具的企业——尚品宅配。这家被称为"传统产业转型升级典范"的企业，将企业内部信息系统与互联网技术进行深度融合，通过其设计系统、网上订单管理系统、条码应用系统、混合排产及生产过程系统实现满足客户个性化需求的深度定制。

（三）C2B 模式的特点

（1）个性化定制。很多人将 C2B 模式和个性化定制直接画等号的最主要原因是个性化定制是 C2B 模式最主要的属性。C2B 模式下产品和服务肯定要满足用户多样化、个性化的需求，但前提是这些需求是可模块化、批量化的，否则太个性化会导致以下两个问题。一是用户不够专业无法选择；二是容易变成小众化、高成本的定制模式，从而背离了 C2B 模式的本质。最直观的例子就是组装电脑，将电脑模块化地分为显示器、主机、CPU 等。

（2）数据分析能力。对消费者数据进行大规模的收集、整理和分析，从而可以做到随需而定，最终实现成本结构发生变化，规模化地从事个性化生产使成本下降。通俗地讲，用户的需求是多样的，企业不可能满足用户的所有需求，这时就需要依靠企业的数据分析能力选取用户最广泛的需求。

（3）具有全产业链。个性化定制的本质是通过减少环节、减少库存等方式提高利润率，同时将中间环节损耗让利给用户，降低成本。以 C2B 模式的预售为例，通过预售可以将分散的用户需求集中起来，使得商家的供给可以正好与用户的需求相匹配，避免了资源浪费。对商家而言，即需即产实现了零库存，使库存成本趋零，而且由于事先已经掌握了需求分布，因此可以选择不同的生产地点进行生产从而降低运输成本。

三、C2M 电子商务商业模式

（一）C2M 电子商务商业模式的概念

C2M 是 Customer-to-Manufacturer 的英文缩写，其中文简称为"用户直连制造"。C2M 电子商务商业模式（以下简称"C2M 模式"）是一种新型的工业互联网电子商务的商业模式，又被称为"短路经济"。C2M 模式是在工业互联网这一背景下产生的，由必要商城创始人毕胜于 2013 年率先提出并实施。C2M 模式是现代制造业中由用户驱动生产的反向生产模式。

2015 年 7 月，全球首家 C2M 电子商务平台必要商城上线，这是 C2M 模式首次应用于互联网电子商务的实例。以必要商城为代表的 C2M 电子商务平台，正带动汽车、家居、箱包、服装、眼镜等行业的一批企业向 C2M 模式转型。

代表网站：必要商城、优必上、网易严选、曼威 C2M 平台、犀牛智造等。

（二）C2M 电子商务商业模式的特点

（1）省掉中间环节。C2M 模式实现了用户到工厂的直连，去除所有中间流通和加价的环节，直接连接设计师、制造商，为消费者提供"大牌品质、工厂价格"的商品。

（2）个性化定制。对于消费者而言，C2M 模式强调以消费者为中心，根据消费者的个性化需求组织生产，并吸引消费者参与产品设计环节，能有效激发市场活力和社会创造力。

（3）智能制造。对于制造型企业而言，C2M 模式提高了传统生产要素的生产率，推动企业生产线、供应链、内部管理制度乃至整个商业模式的变革，同时大大缓解了库存和资金的挤压问题。

（4）商品质量监管困难。C2M 模式目前存在的问题是由于没有中间商的监管，商品质量不能得到保证。

（5）商品品种有限。C2M 模式是直接对接厂商的，商品的种类不可能非常齐全。

本章小结

本章通过对电子商务商业模式概述、B2B 电子商务模式、B2C 电子商务模式、C2C 电子商务模式、其他电子商务商业模式等内容的讲解，可使读者了解当下存在的电子商务商业模式的种类，区别不同中与商务商业模式的特征，有助于制定适应自身发展的电子商务商业模式。

本章习题

1. 简述商业模式的关键要素，及该要素解决的关键问题。
2. 简述 B2B 电子商务的特点与优势。
3. 简述 B2C 电子商务的功能与优势。
4. 哪些商品适合于采用 B2C 模式销售？
5. C2C 电子商务的优势有哪些？
6. 简述 C2C 电子商务的交易流程。

第三章

电子商务新业态

本章导读

近几年,随着电子商务的不断发展和网购消费者对线上购物品质要求的提高,以及个性化的消费需求,催生出很多新兴的电子商务模式。以社交为主要特点的移动互联网时代,消费呈场景化、社交化趋势,同时消费人群更加细分,移动电商社交化成为一种趋势;为了实现不同国家间的商贸合作,跨境电子商务应运而生;网络直播技术的出现赋予了传统电商更丰富、更立体的商品展现形式;农村电子商务为解决"三农"问题提供了新的途径,已成为国家战略之一。

1. 培养较高的信息技术素质,提升对网络环境的敏锐观察力。
2. 善于团队合作、善于整合资源;注重学以致用。

案例导入

小红书:购物攻略

创办于2013年的小红书,最初定位为分享购物攻略,主要瞄准的是爱好出境游和海外购物的女性用户,尤其是一二线城市的白领。到2014年12月,当单纯的购物攻略已无法满足用户的需求时,小红书才正式上线了"福利社",开始向社区转型,让用户可以直接在社区内购买商品。小红书福利社采用B2C自营模式,直接与海外品牌商或大型贸易商合作,通过保税仓发货给用户。

从购物攻略分享转型为社区,再转型为电商,小红书获得了成功。其用户从一开始就呈爆炸式增长,广告投入较少,且每一次升级都是由用户驱动的,短短5个多月成交额便飙升到2亿元,转化率高达8%。50%的小红书用户是一线城市的"85后"

和"90后",以学生和白领居多,其中女性占比高达70%~80%。目前小红书每个月会新增100万条口碑,2000万个点赞,用户平均每月打开APP超过50次,使用时间达130分钟以上,平均1个用户会在APP内下单3次。

小红书选择社区分享的UGC模式。与其他社区相比,小红书最特别的一点是"挖到了真实用户",社区内容来自"种子"用户的真实分享。小红书包含两部分:第一是UGC社区,即社区内容全部来自用户的分享,用户通过一张图片加一组标签就能清晰地告诉其他人,某件海外商品是什么品牌的、多少钱、在哪儿买的,同时还会附上详细的购物或使用心得;第二是福利社,小红书基于海量用户分享内容及行为数据,分析出最受用户喜爱的商品,并保质保量地把它们送到用户手中,一并解决海外购物过程中"不知道"和"买不到"两大难题。小红书福利社实际是口碑和购物的结合,形成了海外购物的完整闭环。即将出国的人,可以借助小红书制定自己的购物清单,而暂时没有出国打算的人,也可以通过逛社区来增加经验,或者去福利社完成一次"海淘"。

小红书还融合了社区和电商功能,用户不仅可以通过社区拥有一群能帮着做决定的"海淘顾问",还能通过福利社直接买到不少好东西。同时,小红书的成功也源于它抓住了时下的"爆点",即以"90后""00后"的女性用户为代表的下一代消费者。

小红书的成功在于其在对市场的准确把握下的两次正确转型。跨境电商的一大特征就是创新,跨境电商企业需要不断探索,利用当前先进的电子商务技术和理念积极引流、进行创新营销。

新零售;社交电商;跨境电子商务;直播电子商务;农村电子商务。

第一节 新零售

一、新零售的概念

新零售是时下电子商务行业中被人们热议的新概念。大家普遍认为新零售是传统零售与"互联网+"相结合的产物,而"互联网+"就是"互联网+各个传统行业",但并不是简单地相加,而是利用信息通信技术及互联网平台,让互联网与传统行业进行深度融合,创造新的发展生态。下面分别介绍传统零售和新零售的概念。

(一)传统零售

传统零售是指包括所有向最终消费者直接销售商品或服务,以供其作个人及非商业性用途的交易活动。传统零售的产业链以商家为中心，便利店、购物中心、超市等零售业态都属于传统零售。传统零售具有以下特点。

（1）每笔商品交易的数量较少，但交易次数频繁。

（2）出售的商品属于消费资料，个人或社会团体购买后用于生活消费。

（3）交易结束后商品即离开流通领域，进入消费领域。

（二）新零售

对于新零售，目前常见的解释是，企业依托于互联网，通过运用大数据、人工智能等先进技术，对商品的生产、流通与销售过程进行升级改造，进而重塑业态结构与生态圈，并对线上服务、线下体验及现代物流进行深度融合的零售新模式。线上线下均拥有相应的店铺是新零售的必要条件。

此外，有学者也提出新零售就是将零售数据化。线上消费者信息能以数据化呈现，而传统线下消费者信息数据化难度较大。目前，在人工智能等技术的帮助下，能在线下门店进行消费者进店路径抓取、货架前交互行为分析等数据化转化，形成消费者标签，并结合线上数据优化消费者画像。

不管如何去定义新零售，新零售都可总结为"线上+线下+物流，其核心是以消费者为中心的会员、支付、库存、服务等方面数据的全面打通"。

在传统零售模式下，消费者与商家之间没有更多的双向沟通，主要是因为地理位置或者目标消费人群形成的购买力，无法扩大为更广范围的、更全面的零售规模。同时，消费者无法享受更多的高质量、个性化的服务，这就造成了消费者即买即走，无法创造附加价值的情况。而新零售模式真正实现了以消费者为中心的经营理念。通过消费者—零售商—品牌商—生产与研发的顺序结构，组成了数据化、个性化、定制化的生产链。同时，供应链方面也进行了变革，减少了中间层级结构，增加了多级仓库，在提供高效服务的同时节省了成本。

二、新零售的特点

具体来说，新零售呈现出以下5个方面的特点。

（一）渠道一体化

企业或商家能够有效链接线上网店和线下实体门店，打通各类零售渠道终端，实现线上和线下数据的深度融合；线上可以进行宣传和销售，线下则可以进行企业形象展示并为消费者提供服务体验。

（二）经营数字化

前面介绍过，新零售就是将零售数据化，通过数据化管理，企业能够构筑多种零售场景，从而沉淀商品、会员、营销、交易、服务等数据，为企业或商家的运营决策提供丰富、有效的数据依据。

（三）卖场智能化

引入智能触屏、智能货架、智能收银系统等物联设备，增强卖场体验感，提升购物便捷性；进行大数据、云分析，从而更便捷、有序地管理库存、销售等问题。

（四）高效的运营模型

商品管理是零售运营的核心，损耗是运营水平的核心指标。在新零售模式下，企业通过大数据模型，能够预测商品的销量和损耗。另外，通过在每个门店管理者的手机上安装单品管理的 APP，能够帮助门店更加精准地下单。未来，甚至可能做到人工智能自动下单。

（五）高效的赋能体系

赋能是新零售的典型特征，通常一线员工是企业最重要的赋能对象。例如，儿童零售品牌孩子王，其会员贡献了超过 95% 的成交额，其重要策略之一就是通过赋能将员工转换成为育儿顾问，目前孩子王超过 60% 以上的员工拥有育婴师证书，同时建立管理机制，使育儿顾问与会员结成一对一的服务关系。此外，用数字化手段帮助员工管理客户，为每个员工提供专业、全面的母婴知识库，帮助员工回答各种专业方面的咨询问题。

拓展案例

社区团购的机会和价值

"这次到的蓝莓品质不好，我给退回去了，等有好品质的咱们再开团。"默默优选的团长默默在群里发布公告，告知团员们这次蓝莓团购取消。

这并不是默默第一次取消团品。

"一方面，团员们预定时不用付款，取消对他们来说没有损失。另一方面，等品质好的团品到货时，会使顾客的获得感与满意度双倍增加。"默默说，自己对生鲜类团品的品质格外重视。"因为对顾客来说，团品的品质和团长的诚信直接挂钩，这是运营社区团购最重要的部分。"

有专家指出，能够洞悉社区居民消费特点和偏好，同时做出明智选品的团长，相当于掌握着"成百上千"的私域流量，而通过私域流量扩大营销能力，让顾客每天看新团品成为一种习惯，是新零售能有稳定顾客的成功所在。

从新型社区团购的现实案例中不难发现，这种零售形式在下沉市场适配度高、发展空间大。

此外，社区团购是传统商超零售的补充业态，弥补部分低线城市的线下商超空缺，满足日常的家庭生活需求，对比传统电商，时效性更强，性价比更高。消费者在传统电商购买商品，物流时间往往需要 2~3 天，若加急则需要更高的价格。但是，在社区团购模式下，消费者可以以更低的价格，次日提取。

三、新零售的运营模式

在新零售模式下，实体零售与电子商务的商业形态不再对立，线上线下融合发展将是电子商务发展的新常态。目前对于各行各业来说，新零售主要有以下几种运营模式。

（一）初级模式：线下实体店的内在变革

实体店的内在变革是新零售的初级模式，这是现阶段被引用最多的新零售模式。跨界运营就是该模式的典型应用。例如，永辉超市推出的"超级物种"旗舰店，"超级物种"的创新之处在于，利用永辉超市的供应链，以生鲜作为主要引流产品，通过高性价比吸引大量的中高端消费者，然后通过餐饮服务的叠加（在超市里面加入餐饮元素），有效地提高了消费者的复购率。不管是在超市里面放置咖啡桌，还是设置休闲屋，其本质都是为了让消费者尽可能长时间地待在超市里，带动更多的消费。

（二）中级模式：线上导流，线下消费

"线上导流，线下消费"是新零售的中级模式，它将线上和线下结合。例如，小米之家通过线上的影响力，把线上的流量导入线下的小米之家门店，然后在门店中以多品类的系列商品来引起消费者的关注，在增强消费者消费体验的同时，使消费者能够购买不同品类的商品，从而增加销量。

（三）终极模式：线上线下一体化

线上线下一体化是新零售的终极模式，要实现这个目标，通常需要大数据的支持。例如，银泰百货下沙工厂店利用阿里大数据描绘出周围 5 000 米的消费者画像，据此确定门店装修风格、商品品类等。银泰百货通过阿里及其成熟的互联网技术，监控商品价格趋势，了解消费者群体的消费偏好，将商品和消费者精确匹配。此外，实行线上线下同步购物结算，购物者在结束购物后不需要排队结账，只需扫描商品上的二维码，打开相应的 APP，筛选购物清单，用支付宝完成支付即可。消费者可以选择当天直接在商场提货回家，也可以等待门店将商品配送到家。

第二节　社交电商

一、社交电商概述

社交电商是时下电商行业最热门的词之一。所谓社交电商，实际上是电商在社交媒体环境下的一种衍生模式，可以说是社交媒体与电商的一种结合。具体来说，社交电商是借助微信、微博等社交媒体，通过社交互动、用户自己生成内容等手段来辅助商品的销售，

并将关注、分享、沟通、讨论等社交元素应用于电商交易过程的一种模式。简单地讲，通过时下流行的社交媒体和粉丝进行社交互动来拉动商品的销售，就是社交电商。

从 2014 年开始，智能手机等移动智能终端开始普及，人们的上网习惯发生了巨大的改变，不再花费好几个小时坐在计算机前面，而是拿起手机随时随地上网，上网的时间也越来越碎片化。随之而来的是人们的社交需求越来越强烈。微信、微博等社交媒体让趣味相同的人聚集在一起通过文字、图片、视频等信息进行交流互动，随后这些信息又以不同的方式被分享、传播，于是巨大的社交流量由此产生。单就微信生态下的流量红利来说，当下微信生态拥有 10 亿多活跃用户，占据了用户 50% 以上的移动上网时间，在巨大的移动社交流量红利下，社交电商应运而生，并且开始进入快速发展阶段，不少企业和商家纷纷发力社交电商。2017 年，拼多多的崛起印证了社交电商的潜力。

二、社交电商与传统电商的区别

传统电商设置有评论板块，借由一些消费者的评论对其他有消费意向的消费者的购买决策产生影响。这些消费者之间没有任何交互关系，只有评论信息有足够的说服力才可能带动其他消费者下单，且评论信息难以被扩散和传播。

社交电商则不同，社交媒体平台上任何有亮点的话题和内容都可能被大范围传播，并且能够对其他用户产生影响，这就是社交电商的核心竞争力。

那么社交电商和传统电商具体的区别，有以下 6 点。

（1）传统电商是以商品为中心，商家与消费者之间的纽带是商品，只有当商品卖出后，商家才知道消费者是谁；社交电商以人为中心，首先需要建立人与人之间的联系，然后再进行商品销售。

（2）传统电商的流量更依赖于搜索流量，获取流量的成本较高；社交电商的流量更依赖于人与人之间的分享、传播，获取流量的成本较低。

（3）传统电商中平台和品牌的资质和信誉是关键；社交电商则更重视人与人之间的信任关系，对新品牌来说机会更大。

（4）传统电商创业的门槛越来越高，需要具有美工、运营、推广、客服、仓库等各方面职能；社交电商参与门槛较低，只需要一部手机即可开始创业。

（5）传统电商的用户资源属于漏斗型，如找到 1 000 个访客，然后通过营销推广，最后转化 50 单交易；社交电商的用户资源属于发散型，如 10 个消费者参与分享、传播，每人帮忙卖 5 单即可实现 50 单的交易量。

（6）传统电商面向大众群体，消费群体不稳定，消费者随时可能选择其他的商家；而社交电商，通过社交互动与消费者建立信任关系，消费者的忠诚度高。

三、社交电商的分类

近两年,众多社交电商模式(社交内容电商、社交零售电商和社交分享电商)兴起。下面分别介绍上述社交电商模式。

(一)社交内容电商

社交内容电商是适用范围最广的社交电商模式,它的主要手段是通过将兴趣爱好相同的消费者集合起来,建立社群,然后推送高质量的内容增加消费者黏性,同时吸引更多的消费者访问,积累更多粉丝。

社交内容电商由内容驱动交易,因此需要持续不断地输出高质量的内容,而高质量的内容容易引起互动传播,能提高转发率和复购率,如针对社群成员共同的消费痛点创作的品牌或商品的营销文案。这就要求内容输出必须以消费者为中心来进行思考,尽量满足消费者的需求。

目前比较典型的社交内容电商平台有小红书、抖音等。

(1)小红书目前有超过2亿用户,其社群包括"母婴圈""时尚圈""护肤圈""美食圈"等,并借助明星、网红、关键意见领袖(key opinion leader,KOL)的影响让品牌或商品在短时间内集中爆发。小红书以图文内容分享为主,文案整体篇幅较长,通常包含了商品成分、商品的使用体验、使用场景等信息,这些优质用户原创内容(user generated content,UGC)可以让消费者更详细、更直观地了解商品,具有较强的说服力。

(2)抖音以视频内容分享为主,通过直观的商品功能展示、商品使用场景展示引起消费者的关注和传播,为品牌或商品做宣传。在淘宝等购物网站上也会实时上线很多"抖音同款"。

(二)社交零售电商

社交零售电商是以个体自然人为基本单位,通过社交媒体,利用个人社交人脉圈进行商品交易及提供服务的新型零售模式。这类模式一般通过整合商品、供应链和品牌,开设自营店,并开发线上分销商,招募大量个人商家,进行产品的一件代发,最终形成分销裂变。

与传统线下实体零售一样,社交零售的基本营利点是商品的渠道分销利润。区别在于线下实体零售主要以实体店作为渠道载体,而社交零售是以个体自然人作为渠道载体,并且利用互联网及社交网络提高渠道运营效率。

目前比较典型的社交零售电商平台有云集微店、贝店等。

(1)云集微店是个人零售服务平台,覆盖美妆、母婴、健康食品等品类,为商家提供物流、仓储、客服、培训、IT技术支持等服务。大量商家通过社交关系扩散商品信息,增加商品曝光度,终端消费者看到商品信息后在云集微店下单,由云集微店官方完成配送和售后服务。订单完成后,商家即可获得提成收益。

(2)贝店是贝贝网旗下通过手机开店的社交电商平台。贝店采用"自营+品牌直供"

的模式，与数万个品牌直接合作，商家自己开店，无须囤货、发货，由贝店统一采购、发货和服务，店主赚取推广费，即店主每卖出一件产品获得一定比例的佣金。

（三）社交分享电商

社交分享电商抓准许多消费者讲究实用实惠的心理特质，利用低门槛促销活动鼓励消费者分享，进行商品推广，吸引更多的消费者购买，以达成销售裂变的目标。社交分享电商对供应链效率及运营监管要求较高，需要雄厚的资金和大量专业人才的支持。

社交分享电商最典型的模式是拼团模式。拼团模式最大的优势在于可以用相对较低的价格买到高质量的商品，其高性价比在三、四线及以下城市具有较大优势，由于三、四线及以下城市人口相对集中，该模式可以通过拼团砍价的形式吸引更多追求高性价比的消费者群体。

目前比较典型的拼团模式社交分享电商有拼多多、京东拼团等。

（1）拼多多的成功在于立足微信海量的流量形成低成本用户裂变，抓住三、四线及以下城市的用户对高性价比需求的真正痛点，然后找到爆款商品来形成销售的闭环。它借助"社交+拼团+低价"的组合，通过发起亲朋好友之间的拼团，实现用户量的快速提高。

（2）京东拼团的实际操作规则与拼多多大同小异，消费者看中一件商品之后，可以选择自己开团或者参团，然后通过社交分享邀请更多的好友参团；当在有效时间内达到成团人数后，即可以拼购价购买商品。虽然采用低价拼购，但京东拼团的商品同样由京东自己的物流仓储和售后服务来提供保障。

无论是哪种社交电商模式，其销售策略都是以人为中心。而不同的模式，也面临着不同的挑战。社交内容电商依靠高质量的内容吸引用户，但内容容易被复制，导致内容同质化严重；社交零售电商依靠推广提成收益吸引分销代理加盟商，但受微信等社交媒体的监管影响较大；社交分享电商靠"低价高质"吸引用户，需要避免商品"低价低质"的情况出现。需要注意的是，社交电商的核心还是"电商"，供应链控制、商品品质、用户服务、消费体验等依旧是企业或品牌竞争的关键。

四、社交电商运营的基础

社交电商，顾名思义，"社交"是核心，是建立在人与人之间的交流之上的。因此，无论是哪种模式的社交电商，都建立在这两大基础之上。一是熟人关系；二是信任关系。缺少任何一种因素，社交电商都无法继续运营下去。

（一）熟人关系

社交电商是通过人与人之间的社交活动来促成交易的。因此，买卖双方关系越紧密，越容易促成交易行为。一般基于熟人关系的关系链可以分为以下3个层级。

（1）浅层关系：指平时没有任何交集的陌生人。

（2）中度关系：指关系一般的普通朋友。

（3）深度关系：指亲戚、关系密切的朋友。

消费者通过社交媒体发起购物活动，通常是首先将商品购买链接分享给亲戚朋友、关系密切的同学或同事，一起享受低价优惠，让好友之间形成一种良性的互动。因此，深度关系更容易促成交易行为。当然，浅层关系中也能实现交易，如将购物链接发送到一些微信群中，邀请不熟悉的群成员一起参与购买。

事实上，每个人的熟人关系是有局限的，社交零售电商或微商就需要通过微信、微博等社交平台开发更多人脉关系。同时，一些浅层的关系通过互动交流也能转化为中度或深度的关系，因此关系维护是很重要的。

（二）信任关系

除了熟人关系，信任关系也是社交电商运营中重要的因素。信任关系的核心在于如何实现社交关系的裂变，信任关系所催生的经济效应是由人脉关系和影响力来驱动的。例如，小红书这类社交电商主要依靠明星、网红生成高质量的内容，要想让消费者在平台中不断激发出消费欲望，就需要借助这些明星、网红的影响力，让消费者依赖平台的人脉关系和影响力。

熟人关系和信任关系是相辅相成的，熟人之间本身就拥有信任关系，在此基础上，只要对商品感兴趣就能促成交易。反之，建立了信任关系后，就能让关系从陌生转变为熟悉，从而有利于销售行为的开展。社交电商的价值在于消费者之间的互动和分享。在拥有高品质商品的前提下，熟人、朋友的推荐在形成购买决策过程中将起到非常重要的作用。

第三节　跨境电子商务

一、跨境电子商务概述

跨境电子商务是指分属不同关境的交易主体，通过电子商务平台达成交易、进行支付结算，并通过跨境物流送达商品、完成交易的一种国际商业活动。跨境电子商务主要由跨境电子商务平台、跨境物流公司和跨境支付平台3部分组成。跨境电子商务平台用于进行商品信息的展示、提供在线购物功能，如速卖通、亚马逊和eBay（易贝）等；跨境物流公司用于运输和送达跨境包裹，主要有中国邮政、DHL和UPS等；跨境支付平台则用于完成交易双方的跨境转账、信用卡支付和第三方支付等支付活动。

跨境电子商务

二、跨境电子商务的交易模式

按照交易模式的不同,可以将跨境电子商务分为 B2B 跨境电子商务、B2C 跨境电子商务和 C2C 跨境电子商务。

(一)B2B 跨境电子商务

B2B 跨境电子商务是指分属不同关境的企业对企业开展在线销售商品或服务,通过电子商务、平台达成交易、进行支付结算,并通过跨境物流送达商品、完成交易的一种国际商业活动。敦煌网、阿里巴巴国际站和环球资源等都是十分具有代表性的 B2B 跨境电子商务平台。

B2B 跨境电子商务平台主要有两种模式:一种是"交易佣金+服务费"模式;另一种是"会员制+推广服务"模式。在第一种模式下,商家可以免费注册、免费进行商品信息展示,平台只收取交易额佣金。平台按照类目分别设定固定的佣金比例来收取佣金,并实施"阶梯佣金"政策,当单笔订单数达到一定金额时,即按照统一的标准进行收费。另外,平台还为商家提供了一系列的服务,如开店、运营和营销推广等,并从中收取一定的服务费。在第二种模式下,平台主要为商家提供贸易平台和信息收发等信息服务,并收取会员服务费,针对不同的目标企业,提供不同的信息服务。

(二)B2C 跨境电子商务

B2C 跨境电子商务是指分属不同关境的企业直接面向个人消费者开展在线销售商品或服务,通过电子商务、平台达成交易、进行支付结算,并通过跨境物流送达商品、完成交易的一种国际商业活动。速卖通、亚马逊、eBay、Wish 等都是十分具有代表性的 B2C 跨境电子商务平台。

B2C 跨境电子商务平台的模式主要包括"保税进口+海外直邮"模式、"直营+招商"模式和"直营"模式 3 种。

1. "保税进口+海外直邮"模式

"保税进口+海外直邮"模式最典型的代表是亚马逊、天猫国际和 1 号店。亚马逊平台中的商家分为专业商家和个人商家,其中专业商家北美站点每月租金为 39.99 美元,欧洲站点每月租金为 25 欧元,上传商品的数量无限制且不收取费用。而个人商家按照每笔 0.99 美元的佣金进行收取,无须店铺租金。亚马逊在各地保税物流中心建立了自己的跨境物流仓储,在全球范围内拥有自己的物流配送系统,这是它与天猫国际、1 号店的最大区别。

2. "直营+招商"模式

"直营+招商"模式可以发挥企业的最大内在优势,通过招商的方式来弥补自身的不足,其典型代表为苏宁。苏宁在综合分析自身情况,充分发挥自身的供应链、资金链优势的同时,通过全球招商来弥补国际商用资源的不足,打造了为全球消费者服务的"苏宁国际"。

3. "直营"模式

"直营"模式是指跨境电子商务企业直接参与采购、物流和仓储等海外商品的交易流程，拥有自己的物流监控和支付系统。"直营"模式的典型代表是聚美优品，它通过整合全球供应链，直接参与到整个买卖流程中，并独辟了"海淘"自营模式。2014年，聚美优品在河南保税物流区建设了自己的自理仓，大大降低了商品运输时间，并让物流信息能够被全程跟踪。

（三）C2C 跨境电子商务

C2C 跨境电子商务是指分属不同关境的个人商家对个人消费者开展在线销售商品或服务，由个人商家通过第三方电子商务平台发布产品和服务信息，由个人消费者进行筛选并最终通过电子商务平台进行交易、支付结算和跨境物流配送等的一种国际商业活动。典型的 C2C 跨境电子商务平台有淘宝全球购、淘世界和洋码头等。

三、跨境电子商务平台

在众多跨境电子商务平台中，速卖通、亚马逊、eBay 和敦煌网这 4 家跨境电子商务平台的市场份额占到了 80%，其他市场份额和知名度较高的平台还有兰亭集势、环球资源和中国制造网等。其中，速卖通主营 B2B 和 B2C 业务，敦煌网、环球资源和中国制造网主营 B2B 业务，而兰亭集势主营 B2C 业务。下面对这些典型的跨境电子商务平台进行介绍。

（一）速卖通

速卖通的全称为全球速卖通（AliExpress），是阿里巴巴旗下面向全球市场打造的在线交易平台，可以简单地理解为国际版"淘宝"，主要针对国外中、小企业。在速卖通平台上，商家可以将商品信息编辑为在线信息发布到海外，消费者查看并购买商品后，平台通过国际快递进行货物运输，完成交易。速卖通于 2010 年 4 月正式上线，目前已经发展成为覆盖 230 多个国家和地区的全球最大的跨境电子商务交易平台之一，海外成交消费者数量已突破 1.5 亿。虽然在美国等成熟市场中，速卖通无论是品牌形象还是流量，都无法和亚马逊、eBay 平台相抗衡，但是在巴西、以色列、西班牙、乌克兰和加拿大等新兴市场中，速卖通是非常重要和受欢迎的购物平台。

和其他竞争者相比，速卖通的优势包括较低的交易手续费、丰富的商品资源，以及商家可以方便地将商品一键卖向全球的淘代销功能。速卖通还专门为商家提供了一站式商品翻译、支付和物流等服务。另外，全球知名度和联盟站点，以及 Google 线上推广等为速卖通引入了更多优质的流量。

值得一提的是，对于没有进行过培训的跨境电子商务新商家而言，速卖通的一个优势在于其简单、易上手，后台界面是全中文，与客服的沟通也没有语言和文化上的差异。同时，商家还可以通过阿里巴巴提供的在线社区和线下的跨境电子商务培训课程，掌握后台操作的技巧并了解平台最新的政策。

（二）亚马逊

亚马逊是美国最大的一家网络电子商务公司，位于华盛顿州的西雅图，是互联网上最早开始经营电子商务的公司之一。亚马逊成立于1995年，一开始只经营网络书籍销售业务，目前已涉及其他许多类目的商品。

亚马逊平台非常适合中国的工厂或在供应链方面有优势的品牌商，是一个非常优质的B2C平台。消费者主要为发达国家的中产阶层，对价格不敏感，因此产品利润率有保证。如果商家有给外国知名品牌代工的经验，并已建立商品品质把控标准，亚马逊绝对是不可错过的销售平台。对于自有品牌和专利，商家还可以在平台上进行商标备案，防止被其他商家跟卖和侵权。不过在亚马逊开店是有一定门槛的，不但开店手续复杂，而且上手相对困难，如果商家不小心触犯规则，轻则会被警告，重则直接被封店。尤其是从2016年下半年开始，亚马逊对于中国商家的审核力度在不断加强，没有进行过跨境电子商务培训的新商家，不管是在该平台上注册还是运营，都会遇到比以往更大的阻力。

（三）eBay

eBay（易贝）是全美最大的在线商品交易平台。与亚马逊一样，eBay在中国也有独立的网站，致力于为中国商家开辟海外网络直销渠道。目前，eBay在全球数十个国家和地区都拥有本地站点，全球活跃消费者总数超过1.5亿，其核心市场是美洲和欧洲地区。eBay最初是一个拍卖网站，其创办的初衷是让美国人把家中的闲置物品放到网络上进行买卖。这种拍卖模式很容易吸引流量，同时每一个商家都可以将商品价格设置为最低0.01美分的价格，再让消费者竞相加价。由于创办时间早，国际知名度高，所以eBay上的商家非常多，商品也是琳琅满目。

eBay对入驻平台进行跨境电子商务交易的商家收取两笔费用。一笔是刊登费用，即商品上传展示费用；另一笔是成交费，即交易完成后，收取一定比例的佣金。在物流方面，eBay联合第三方合作伙伴——中国邮政速递，为中国消费者提供经济、便捷的国际e邮宝货运服务，并逐渐向俄罗斯、巴西等新兴市场延伸。

（四）中国制造网

中国制造网创建于1998年，是焦点科技股份有限公司旗下综合性第三方B2B电子商务服务平台。中国制造网致力于为国内中、小企业构建交流渠道，帮助供应商和采购商建立联系、挖掘国内市场商业机会。中国制造网为买卖双方提供信息管理、展示、搜索、对比和询价等全流程服务，同时提供第三方认证、广告推广等高级服务，帮助供应商在互联网上展示企业形象和产品信息，帮助采购商精准、快速地找到诚信供应商。

第四节 直播电子商务

一、直播电子商务的概念

直播电子商务作为网络直播的商业化应用，其本质就是主播利用即时视频、音频通信技术同步对商品或服务进行介绍、展示、说明、推销，并与消费者进行沟通互动，达成以交易为目的的商业活动。直播电子商务是数字经济时代众多的营销方式之一，简称"直播电商"。

回顾电子商务的发展历程，其大致经历了图文货架、短视频和直播3个阶段。直播电子商务是电商业态更新迭代的结果，由于其比图文、短视频更加直观、真实，消费者可以与主播实时互动，获得更佳的购物体验，因此受到了消费者的广泛欢迎。

二、直播电子商务的特点

（一）普惠：万物可播，人人可播，处处可播

任何一种新的经济业态要想实现长期的可持续发展，就应该具有普惠性，即让大多数商家都能够赚到钱，让大多数消费者都能够受益。直播电商正在突破达人、艺人等特定群体，快消、美妆、农产品等特定品类的限制，越来越多的商家乃至每一个直播用户都越来越多地选择直播这种工具，购物、旅游、理财、外卖等越来越多的商品或服务正在通过直播走向消费者，直播电子商务正在从人、货、场3个维度向普惠方向发展。

（二）信任：重构消费者信任机制

主播推荐无疑在直播电商中起着重要作用。在购物过程中，主播就像线下购物的导购，其对商品功能、使用体验等方面进行专业讲解，能给消费者的购物决策提供判断依据。本质上，这是把搜寻、比较、测试等工作交给消费者信赖的专业人士，用消费者和主播之间一对一的信任关系，补充、强化消费者和品牌之间一对多的信任关系。

（三）体验：可视、即时、双向互动，提升消费者体验

直播电子商务在很大程度上解决了消费者看不见、感受不到商品的问题，主播会把商品的详情、优缺点、使用效果都用视频的方式展现出来，使消费者能够更为直观、全面地了解商品的属性和用途，实现所见即所得，降低试错成本。直播的实时性、双向互动性，让消费者获得了良好的购物体验，以及瞬间"秒光"的"抢到即是赚到"的成就感，增加了购物的乐趣。

三、直播电子商务的社会经济效益

（一）拉动消费，助推双循环

直播电商模式的加速发展，可帮助千万家中小企业、外贸代工厂和亿万名农户实现"生产—销售—消费"的无缝对接，减少信息不对称，压缩中间渠道，从而促进国内、国际流通升级，让利给消费者，刺激消费者购买，进一步激发国内的消费潜力。

（二）赋能传统经济，带动产业升级

将直播电商引入工厂生产车间，让消费者全面观看和了解商品的生产流程，可以倒逼上游传统制造型企业的转型升级，通过C2B实现反向定制和新品开发，加速传统制造业的数字化转型；大量老旧厂房、百货商场、批发市场，搭上了直播电商的"快车"，从线下延展至线上，如杭州四季青服装批发市场、云南瑞丽玉石批发市场都通过直播电商实现了"涅槃重生"。

（三）催生新的就业形态，增加就业机会

海量直播间创造了主播、助播、选品、脚本策划、运营、场控等多种新就业岗位。仅淘宝直播，就创造了173万个就业机会，为国家"六稳""六保"贡献力量。

（四）助力农村脱贫，助推乡村振兴

一部手机、一根自拍杆，成为农民脱贫致富的"新农具"，全国上万间蔬菜大棚瞬间变成直播间，市长、县长、乡镇干部纷纷为当地农产品"带货"。以淘宝直播的"村播计划"为例，自2019年启动以来，直播场次已达140万场，覆盖全国31个省区市的2 000多个县域，带动了6万多"新农人"加入直播，农产品销售额达60亿元，超过500名县长走进直播间"带货"，帮助县域农民实现增收。

第五节 农村电子商务

一、农村电子商务的概念

农村电子商务是指利用互联网、计算机、多媒体等现代信息技术，为涉农领域的生产经营主体提供在网上完成产品或服务的销售、购买和电子支付等业务交易的过程。这种新的电子商务模式能推动农业的生产和销售，提高农产品的知名度和增强农产品的竞争力，是做好"三农"工作的催化剂。大力发展农村电子商务，有利于改变农村的生产经营模式，节约生产及销售成本；有利于农产品市场资源的优化配置，提高农村地区人民的生活质量。

一、二线城市的电子商务发展需求日益饱和，农村似乎成为各大电子商务企业新的"战场"，农村也正在被电子商务所改变。"互联网+农业"模式的出现，并不仅仅推动了农产品进城和工业品下乡，而是以农村为中心构建了一个生态体系，并通过鼓励创业的方式积极带动农村人民就业。

二、农村电子商务模式

（一）一县一品生态经济模式

一县一品生态经济模式就是以某品类农村特色产品或品牌为起点，以县区企业、政府、社会组织、区域带头人为宣传载体，多维度、系统化地在线上线下塑造本地化品牌，即以一县一品为切入点，树立农村品牌，发展农村电子商务经济新模式，从而推动当地经济发展，借助电子商务将当地的特色产品推向全国乃至全球。一县一品生态经济模式的典型代表，如遂昌模式。

（二）集散地生态经济模式

集散地生态经济模式是指利用区位和交通便利的优势发展物流产业，通过自身在物流方面的优势，吸引大批有实力的企业聚集于此发展电子商务产业，从而形成集散地生态经济模式，带动当地电子商务及区域经济的快速发展。该模式的主要特点是独特的区位优势、发达的仓储物流、完善的电子商务体系、较强的整合当地资源的能力。集散地生态经济模式的典型代表，如武功模式。

（三）产业链生态经济模式

产业链生态经济模式又称跨域整合某一品类的生态经济模式，是指以某一品类的产品为切入点，所有与该产品有关的县（区）共同参与，制定产品分类标准，建立溯源体系（农产品类）和服务标准（服务业）。按照统一的标准进行产品加工、品牌宣传，为该产品打造产前、产中、产后的全产业链（生产／种植、加工、质检、追溯、仓储、物流、销售、售后等）。产业链生态经济模式的典型代表，如清河模式。

拓展案例

"褚橙"搭乘电商快车打造品牌样板

据悉，新平县历来就有柑橘种植的传统，得天独厚的自然环境使新平成为最佳的柑橘种植区，柑橘产业发展至今具有一定的种植规模。如今，柑橘产业已成为新平县热区农民增收致富的主要产业。

据介绍，新平县冰糖橙主要集中种植在红河流域漠沙、戛洒、水塘、者竜4个乡镇海拔650米至1400米的区域，属滇中南亚热带气候区，干湿交替，光照充足，温差较大，终年无霜，形成了新平冰糖橙质优和早熟的特质，受到全国各地客商的追捧。

数据显示，截至 2021 年 9 月，新平县全县种植柑橘面积 14.18 万亩，挂果面积 10.98 万亩，种植冰糖橙的经营主体就有 174 家。新平县培育了省级龙头企业 4 家，市级柑橘龙头企业 2 家。全县柑橘产业形成了"公司＋基地＋农户"等利益联结机制。

近 20 年间，新平县掀起了学褚橙的热潮，种植面积从 20 多年前的零星散种发展到如今 14 万亩，从小产区一跃成为全国水果产业发展样本。在"褚橙"模式的带动下，新平县通过土地流转，推动规模化种植基地发展。

褚氏农业总经理褚一斌曾指出，虽然褚橙供不应求，但一直在考虑如何与新型电商进行合作，实现渠道创新。

"褚橙"搭乘电商快车打造品牌样板

据介绍，除褚橙开设了拼多多官方旗舰店以外，还有一大批商家在拼多多上销售新平冰糖橙。在拼多多推动下，数百个农产品区域公共品牌的影响力得到了增强，而部分地区的小众水果也在纷纷进入大众视野。原本在偏远地区的生鲜水果，如今通过拼多多创新的农产品上行模式和直播推介都在上演"小水果变大产业"的逆袭故事。

新平县商务局局长刘枝兰介绍，目前新平县建成 14 条近红外高端选果线，从采选到包装，以及配套的柑橘产业冷链物流。如龙橙车间选果厂，加工的柑橘除来自公司自有基地，也帮助更多来自周边基地和散户进行分选。而早年间探索电商销售的褚橙做法，也给当地其他企业和果农带来了经验。

新平龙橙果业发展有限公司是一家集种植管理、采收加工、包装销售为一体的企业。新平龙橙副总经理杨取学介绍到，龙橙果业种植基地的管理团队都来自于华宁，均为具有 20 多年种植经验的专业农人，被称作"云南第一代专业农民专家"，不但具备精湛的种植水平，更是把对土地及果树的热爱，根植于心。

杨取学坦言，"把果子品质做好，就能够建立很好的品牌效应，获得相应的市场支持。无论是技术培训还是田间管理，一枝一叶，一水一肥，春夏秋冬，毫不含糊。"当地企业都汲取了褚橙不少经验。从田间种植、管理技术，到企业管理方式，再到分拣、物流、品牌建设，不仅大一些的企业如此，选果厂也带动了周边的果农。如今，果农们将一车车采摘下来的鲜果拉到选果厂，经过光电设备选果分级再去向各地，新平柑橘产业的确更加精细化了。

谈及未来，褚一斌表示，希望把发力点和主要的资金投入放在为产业赋能的培训中心、技术中心、种苗中心、供应链中心四个方面。要把从种植全流程到分拣配送，销售客服，所有重要节点全部数字化。摸索最高效的种橙子算法，培养数百名新技术农人。

三、各大电商农村电子商务

（一）阿里巴巴："三板斧"建立专属于农村的电商生态系统

阿里巴巴对农村的巨大潜在价值有着清晰的认识，为布局农村电子商务准备了许久。2010年，阿里巴巴就在淘宝网上线了"特色中国"板块，尝试着让农民将具有地方特色的产品放到网上售卖。2014年10月底，阿里巴巴启动"千县万村"计划，计划在3~5年内投资100亿元，建立1 000个县级运营中心和10万个村级服务站。近年来"淘宝村"的数量增长迅速，从最初的3个增长到2020年的5 425个，"淘宝镇"的数量由2019年的1 118个增加到2020年的1 756个，并正在建设1 000个数字农业基地和120个盒马村等。阿里巴巴对农村电子商务的布局改变了农村传统的生活形态。

（二）京东：打造县级服务中心+"京东帮"

京东作为电商"巨头"之一，自2015年加快了进军农村电子商务的步伐，推出了多种举措以加速渠道下沉。第一，打造县级服务中心，积极推进农村电子商务战略，在被称为"农村电子商务启蒙年"的2015年，京东着力打造县级服务中心并将其视为撬起农村市场的杠杆。第二，设置"京东帮"服务点，突破农村电子商务发展的"最后一公里"问题。物流对电商发展的重要性不言而喻，京东最大的优势恰恰就在于其自建的物流体系，这为电商下乡提供了极为强大的物流保障，并形成了巨大的竞争优势。在将渠道下沉作为集团的战略发展方向之后，京东从2014年开始将仓储运营中心、配送站、自提点、自提柜等不断地下沉到区县乡镇。

2020年6月12口，京东全面升级"京心助农"，计划未来3年，打造百亿流量池，培养100万农村电子商务人才，共建10万农产品直播基地。

（三）苏宁易购：发挥门店优势，推动农村电子商务O2O模式落地

苏宁易购于2014年率先在全国开了第一家直营店。此后，苏宁易购不断加快农村市场拓展步伐，实现了工业品进村、农产品进城，并采取了线上线下相结合的模式。数据显示，截至2018年11月9日，苏宁易购已在全国布局4 000多家苏宁易购县镇店，2 300多家苏宁小店，1 600多家苏宁易购云店，400多家苏宁易购大润发店，实现了"百城千县破万店"。

2019年12月苏宁推出新十年"乡村振兴521计划"，规划未来10年布局5 000个苏宁村、2 000个苏宁易购中华特色馆和10万家苏宁零售门店。

本章小结

本章通过对新零售、社交电商、跨境电子商务、直播电子商务、农村电子商务等内容的讲解，可使读者更全面的了解并学习新兴电子商务模式，紧跟时代前进的步伐，帮助企业拓展销售思路，开发新渠道，赢得更广阔的销售市场。

电子商务概论

本章习题

1. 如何理解新零售模式?简述新零售的运营模式。
2. 社交电商与传统电商的区别有哪些?社交电商有哪些种类?
3. 谈谈跨境电子商务与传统外贸电子商务的区别。
4. 简述直播电子商务的社会经济效益有哪些?
5. 农村电子商务有哪些模式?

第四章

电子商务技术基础

本章导读

电子商务技术是利用计算机技术、网络技术和远程通信技术,实现整个商务过程中的电子化、数字化和网络化。人们不再是面对面地、看着实实在在的货物、靠纸介质单据进行买卖交易,而是通过网上琳琅满目的商品信息、完善的物流配送系统和方便安全的资金结算系统进行交易。

1. 打破固有观点,培养对电子商务新业态的学习兴趣和能力。
2. 及时适应环境变化、不断开拓创新,提高理解能力与表达能力。

案例导入

网站设计:云匠网

云匠网自2015年3月11日正式上线起,完成了3 000万元的A轮融资。目前,云匠网商品交易总额(gross merchandise volume,GMV)接近2亿元。云匠网经实名认证的企业雇主数接近10万家,雇员创客数超过3万人。

1. 背景介绍

网店设计是电子商务卖家开店的刚性需求。目前市场非常混乱,卖家只能选择自行招美工或者以外包形式解决店铺装修需求。

2. 现存问题

自行搭建技术团队存在的问题:第一,网站开发人员、网店美工资源非常稀缺,研发能力参差不齐;第二,非常多的卖家所处地为三线、四线城市,本地化招聘完成难度极大及离职率居高不下;第三,随着农村电子商务的发展,在农村招聘网店美工更是难上加难。

外包形式存在的问题：店铺装修技术外包行业绝大数以小团队、工作室、小公司形式组成，竞争白热化，价格体系混乱。没有领头者，缺少行业标准化，绝大多数公司由资深广告美工成立，90%以上的美工倾向于选择服务高端的大客户，服务价格较高，设计难度较大，客户内部管理以及制度复杂，导致服务周期很长。绝大多数网站建设公司提供的解决方案为一次性服务，无法满足电商卖家持续性的刚性需求。绝大多数中小卖家因为装修一次性成本过高等，无法通过外包形式解决店铺装修持续需求。

3. 平台解决方案

平台融合自行搭建设计团队和外包形式的优点，以提供美工在线移动办公的方式实现远程招聘和管理，规避了自行搭建技术团队和外包形式的缺点，根据云匠网自行研发的工作标准及人才认定产品标准，真正彻底地解决了卖家网店装修的刚性需求。

云匠网首次提出了在线全职是一种工作方式的理念，打破了用人单位和员工的固有思维，全面解决了企业某种特定工种招聘坐班全职、外包等传统方式无法解决的用人需求，也全面解决了这类工种职业发展瓶颈明显、生命周期短的问题。

本章重点

计算机网络；互联网技术；Web 开发技术；电子商务系统建设。

第一节　计算机网络

计算机网络的应用水平已成为一个国家的信息化水平的重要标志，反映着一个国家的现代化程度。计算机网络技术水平成为衡量一个国家计算机技术和通信技术的综合水平的重要指标。因此，对计算机网络的研究、开发和应用越来越受到世界各国的重视。

一、计算机网络的概念

计算机网络就是利用通信设备和线路，将不同地理位置的、功能独立的多个计算机系统连接起来，利用完善的网络软件（网络通信协议、网络操作系统等）实现网络中的资源共享和信息传递的系统。

计算机网络

二、计算机网络的类型

计算机网络可以有不同的分类方法，一般多以计算机网络分布区域的大小，将计算机网络分为局域网（local area network，LAN）、城域网（metropolitan area network，MAN）和广域网（wide area network，WAN）。

局域网的分布距离一般在数千米以内，由某一个单位团体所建立与管理。局域网具有速率高、差错率低、成本低廉、组网方便、灵活等优点。

城域网是介于局域网和广域网之间的一种区域性网络，其分布距离一般在几十千米以内，城域网的速率较广域网要高，能将城域内的企业、机关、学校和公共服务部门的局域网连接起来组成较局域网规模更大的网络，从而实现区域内的资源共享。

广域网又称远程网，通常是指涉及城市与城市之间、国家与国家之间甚至洲与洲之间的地理位置跨度比较大的网络，其通信线路一般由通信部门提供。广域网的传输速率较局域网低。随着全球光纤组网，广域网的速度也将大大提高。互联网是广域网的典型代表。

第二节 互联网技术及应用

互联网技术是指在计算机技术的基础上开发建立的一种信息技术。互联网技术通过计算机网络的广域网使不同的设备相互连接，加快信息的传输速度和拓宽信息的获取渠道，促进各种不同的软件应用开发，改变了人们的生活和学习方式。互联网技术的普遍应用，是进入信息社会的标志。

一、Internet

Internet 的前身是在 20 世纪 60 年代末 70 年代初，由国防部高级技术研究局资助并主持研制的用于支持军事研究的计算机实验网络 ARPANET（阿帕网），在短短的几十年的发展过程中，特别是最近几年的飞速发展中，正逐渐改变着人们的生活。

1994 年中国正式加入 Internet，中国的网络地理域名为 cn。目前我国管理 Internet 的单位有 4 家，管辖着 6 个国际互联口。这 4 家单位是：中国科学院、国家教育委员会、邮电部和电子工业部。这 4 家形成的互联网络构成我国当今 Internet 市场的四大主流体系，前两个网络是以科研、教育服务为目的，属于非营利性质；后两个网络是以经营为目的，所以称之为商业网。

二、物联网

物联网（The Internet of things）是通过射频识别（RFID）、红外感应器、全球定位系统、激光扫描器等信息传感设备，按约定的协议，把任何物品与互联网连接起来，进行信息交换和通信，以实现智能化识别、定位、跟踪、监控和管理的一种网络。

（一）物联网的特征

物联网具有普通对象设备化、自制终端互联化和普适服务智能化 3 个重要特征。其第一个实践方向被称作"智慧尘埃"，主张实现各类传感器设备的互联互通，形成智能化功能的网络。第二个实践方向即是广为人知的基于 RFID 技术的物流网，该方向主张通过物品物件的标识，强化物流及物流信息的管理，同时通过信息整合，形成智能信息挖掘。第三个实践方向被称作数据"泛在聚合"意义上的物联网，认为互联网造就了庞大的数据海洋，应通过对其中每个数据进行属性的精确标识，全面实现数据的资源化，这既是互联网深入发展的必然要求，也是物联网的使命所在。

（二）物联网的核心技术

物联网的核心技术包括传感器技术、射频识别技术、微机电系统和GPS技术。

（1）传感器技术。传感器技术同计算机技术与通信技术一起被称为信息技术的三大技术。从仿生学观点来看，如果把计算机看成处理和识别信息的"大脑"，把通信系统看成传递信息的"神经系统"的话，那么传感器就是"感觉器官"。微型无线传感技术及以此组件的传感网是物联网感知层的重要技术手段。

（2）射频识别技术。射频识别（radio frequency identification，RFID）是通过无线电信号识别特定目标并读写相关数据的无线通信技术。在国内，RFID已经在身份证、电子收费系统和物流管理等领域有了广泛应用。RFID技术市场应用成熟，标签成本低廉，但RFID一般不具备数据采集功能，多用来进行物品的甄别和属性的存储，且在金属和液体环境下应用受限。RFID技术属于物联网的信息采集层技术。

（3）微机电系统（MEMS）。微机电系统是指利用大规模集成电路制造工艺，经过微米级加工，得到的集微型传感器、执行器及信号处理和控制电路、接口电路、通信和电源于一体的微型机电系统。MEMS技术属于物联网的信息采集层技术。

（4）GPS技术。GPS技术又称为全球定位系统，是具有海、陆、空全方位实时三维导航与定位能力的新一代卫星导航与定位系统。GPS作为移动感知技术，是物联网延伸到移动物体，采集移动物体信息的重要技术，更是物流智能化、智能交通的重要技术。

三、云计算

广义的云计算是指服务的交付和使用模式，指通过网络以按需、易扩展的方式获得所需的服务。这种服务可以是IT和软件等与互联网相关的，也可以是任意其他的服务。狭义云计算是指IT基础设施的交付和使用模式，指通过网络以按需、易扩展的方式获得所需的资源（硬件、平台、软件）。提供资源的网络被称为"云"。"云"中的资源在使用者看来是可以无限扩展的，并且可以随时获取，按需使用，随时扩展，按使用付费。这种特性经常被称为像水电一样使用IT基础设施。云计算为什么越来越普及呢？原因是它的高性价比、应用分布性广、高可靠性、可扩展性和高度灵活性，它具有超大规模、虚拟化、可靠安全等独特性。云计算也将在互联网时代扮演一个重要的角色。

云计算（cloud computing）是由分布式计算（distributed computing）、并行处理（parallel computing）、网格计算（grid computing）发展来的，其最基本的概念是透过网络将庞大的计算处理程序自动分拆成无数个较小的子程序，再交由多部服务器所组成的庞大系统经搜寻、计算分析之后将处理结果回传给用户。通过这项技术，网络服务提供者可以在数秒之内，达成处理数以千万计甚至亿计的信息，达到和"超级计算机"同样强大效能的网络服务，是一种新兴的商业计算模型。

拓展案例

阿里云

1．阿里云简介

阿里云创立于 2009 年，是全球领先的云计算及人工智能科技公司，为 200 多个国家和地区的企业、开发者和政府机构提供服务。Gartner 最新市场份额研究数据显示，阿里云已成为全球前四大公共云服务提供商。2017 年 1 月，阿里云成为奥运会全球指定云服务商。截至 2017 年 6 月，阿里云的云计算付费用户超过 100 万人。

阿里云致力于以在线公共服务的方式，提供安全、可靠的计算和数据处理服务，让云计算和人工智能成为普惠科技。阿里云在全球各地部署高效节能的绿色数据中心，利用清洁计算为万物互连的新世界提供源源不断的动力。目前，阿里云在全球 16 个地域开放了 33 个可用区，为全球数十亿用户提供可靠的计算支持。此外，阿里云为全球用户部署了 200 多个飞天数据中心，通过底层统一的飞天操作系统，为用户提供全球独有的混合云体验，并支持中、英、日 3 种语言。

2．阿里云系统开发

阿里云推出了自有的移动操作系统，该操作系统基于 Android 开发，并集成了多种阿里自主研发的应用软件，包括地图、输入法、浏览器及即时通信工具等。其系统程序中包含阿里云自行设计的虚拟机、云服务资源库、云应用运行框架和界面框架，以及上层应用，并将全面兼容 Android 应用程序。阿里云操作系统是一个完全开放的平台，并将引入在云端的大量第三方应用。服务开发商既可以在终端设备上开发自己的云应用，从而继续维护自己成熟的服务器，也可以选择使用阿里云低价的云端基础设施关注新业务的创新，而且这些新业务的开发也可以利用阿里云提供的基础互联网服务加快速度。

阿里云 ET 拥有全球领先的人工智能技术，目前已具备智能语音交互、图像/视频识别、交通预测、情感分析等技能。ET 的优势在于对全局的洞察和实时决策，能在复杂局面下快速做出最优决定。目前，ET 开始在城市治理、交通调度、工业制造、健康医疗、司法等领域成为人类的强大助手。基于阿里云飞天操作系统强大的计算能力，ET 的感知和思考能力正在多个领域不断增强。

飞天是由阿里云自主研发、服务全球的超大规模通用计算操作系统。它可以将遍布全球的百万级服务器连成一台超级计算机，以在线公共服务的方式为社会提供计算服务。从 PC 互联网到移动互联网再到万物互联网，互联网成为世界新的基础设施。飞天希望解决人类计算的规模、效率和安全问题。飞天的革命性在于将云计算的 3 个方向整合起来：提供足够强大的计算能力、通用的计算能力、普惠的计算能力。飞天诞生于2009年2月，目前为全球200多个国家和地区的创新创业企业、政府机构等提供服务。

四、云存储

（一）云存储的概念

云存储是在云计算（cloud computing）概念上延伸和发展出来的一个新的概念，是一种新兴的网络存储技术，是指通过集群应用、网络技术或分布式文件系统等功能，将网络中大量各种不同类型的存储设备通过应用软件集合起来协同工作，共同对外提供数据存储和业务访问功能的一个系统。当云计算系统运算和处理的核心是大量数据的存储和管理时，云计算系统中就需要配置大量的存储设备，那么云计算系统就转变成一个云存储系统，所以云存储是一个以数据存储和管理为核心的云计算系统。简单来说，云存储就是将储存资源放到"云"上供人存取的一种新兴方案。使用者可以在任何时间、任何地方，通过任何可联网的装置连接到"云"上方便地存取数据。

（二）云存储的分类

云存储可分为以下3类。

（1）公共云存储。像亚马逊公司的Simple Storage Service（S3）和Nutanix公司提供的存储服务一样，它们可以以低成本提供大量的文件存储。供应商可以保持每个客户的存储和应用都是独立的、私有的。其中，提供个人云存储服务的较为突出的代表包括：搜狐企业网盘、百度云盘、移动彩云、坚果云、酷盘、115网盘、华为网盘、360云盘、新浪微盘和腾讯微云存储等。

（2）内部云存储。内部云存储和私有云存储比较类似，唯一的不同点是它仍然位于企业防火墙内部。最值得关注的行业领导者包括：华为、新华三、VMware、华云、EasyStack（易捷行云）5家企业。

（3）混合云存储。混合云存储把公共云和私有云及内部云结合在一起。主要用于按客户要求的访问，特别是需要临时配置容量的时候，从公共云上划出一部分容量配置一种私有或内部云可以帮助公司面对迅速增长的负载波动或高峰。

五、互联网+

易观国际董事长兼首席执行官于扬首次提出"互联网+"理念，他认为在未来，"互联网+"公式应该是我们所在行业的产品和服务，在与我们未来看到的多屏全网跨平台用户场景结合之后产生的这样一种化学公式。我们可以按照这样一个思路找到若干这样的想法。而怎么找到你所在行业的"互联网+"，则是企业需要思考的问题。"互联网+"有六大特征。

（一）跨界融合

"+"就是跨界，就是变革，就是开放，就是重塑融合。敢于跨界了，创新的基础就更坚实；融合协同了，群体智能才会实现，从研发到产业化的路径才会更垂直。融合本身也指代身份的融合，客户消费转化为投资，伙伴参与创新，等等，不一而足。

（二）创新驱动

中国粗放的资源驱动型增长方式早就难以为继，必须转变到创新驱动发展这条正确的道路上来。这正是互联网的特质，用所谓的互联网思维来求变、自我革命，也更能发挥创新的力量。

（三）重塑结构

信息革命、全球化、互联网业已打破了原有的社会结构、经济结构、地域结构、文化结构。权力、议事规则、话语权不断在发生变化。互联网+社会治理、虚拟社会治理会有很大的不同。

（四）尊重人性

人性的光辉是推动科技进步、经济增长、社会进步、文化繁荣的最根本的力量，互联网的力量之强大最根本地也来源于对人性的最大限度的尊重、对人体验的敬畏、对人的创造性发挥的重视，例如UGC、卷入式营销和分享经济。

（五）开放生态

关于"互联网+"，生态是非常重要的特征，而生态的本身就是开放的。我们推进"互联网+"，其中一个重要的方向就是要把过去制约创新的环节化解掉，把孤岛式创新连接起来，让研发由人性决定的市场驱动，让创业并努力者有机会实现价值。

（六）连接一切

连接是有层次的，可连接性是有差异的，连接的价值是相差很大的，但是连接一切是"互联网+"的目标。

六、大数据

（一）概述

大数据（big data）是IT行业术语，是指无法在一定时间范围内用常规软件工具进行捕捉、管理和处理的数据集合，是需要新处理模式才能具有更强的决策力、洞察发现力和流程优化能力的海量、高增长率和多样化的信息资产。麦肯锡全球研究所给出的定义是：一种规模大到在获取、存储、管理、分析方面大大超出了传统数据库软件工具能力范围的数据集合，具有海量的数据规模、快速的数据流转、多样的数据类型和价值密度低4大特征，即大量（volume）、高速（velocity）、多样（variety）、低价值密度（value）。

（二）在电子商务中的具体应用

（1）通过大数据进行市场营销。通过大数据进行市场营销，能够有效地节约企业或是电子商务平台的营销成本，还能够通过大数据来实现营销的精准化，达成精准营销。通过大数据对消费者的消费偏好进行分析，在消费者输入关键词之后，提供与消费者消费偏好匹配程度较高的产品，节约了消费者寻找商品的时间成本，使交易双方实现快速的对接。同时，还可实现电子商务平台或是企业营销的高效化。在数据化时代，针对消费者进行针对性的营销能提升产品的下单率，提升电子商务的营销效率。

（2）实现导购服务的个性化。对于电子商务的平台来讲，往往都会针对用户提供一些推荐和导购服务。通过大数据的分析和挖掘能够实现导购服务的个性化。针对消费者的年龄、性别、职业、购买历史、购买商品种类、查询历史等信息，对消费者的消费意向、消费习惯、消费特点进行系统性的分析，根据大数据的分析，针对消费者个人制定个性化的推荐和导购服务。同时，大数据的运用能够抵消电子商务虚拟性所带来的影响，提升竞争力，挖掘更多的潜在消费者。还可以针对消费者的消费偏好，进行适宜的广告推广，提升产品的广告转化率，提升消费者的用户体验，进而提升消费者的忠诚度。

（3）为商家提供数据服务。大数据的分析不仅仅能够帮助电子商务平台提高下单率和销售额，还能将大数据的分析作为产品和服务向中小型的电子商务商家进行销售。这样不仅仅能够提升平台的收益，还能帮助商家了解消费者的消费偏好及消费者对于该类产品的喜好等信息，来帮助商家及时针对大部分消费者的消费偏好、市场的动态及产品的性能等进行研发和调整。

七、区块链技术

（一）概述

从科技层面来看，区块链（blockchain）涉及数学、密码学、互联网和计算机编程等很多科学技术问题。从应用视角来看，简单来说，区块链是一个分布式的共享账本和数据库，具有去中心化、不可篡改、全程留痕、可以追溯、集体维护、公开透明等特点。这些特点保证了区块链的"诚实"与"透明"，为区块链创造信任奠定基础。区块链丰富的应用场景，基本上都基于区块链能够解决信息不对称问题，实现多个主体之间的协作信任与一致行动。

区块链是分布式数据存储、点对点传输、共识机制、加密算法等计算机技术的新型应用模式。区块链是一串使用密码学方法相关联产生的数据块，每一个数据块中包含了一批次交易的信息，用于验证其信息的有效性（防伪）和生成下一个区块。

区块链本质上是一种健康和安全的分布式状态机，典型的技术构成包括共识算法、P2P通信、密码学、数据库技术和虚拟机。这也构成了区块链必不可少的5项核心能力：存储数据、共有数据、分布式、防篡改与保护隐私、数字化合约。

（二）应用场景

通过对比分析、研究国内外各领域的典型应用案例及相关文献，推荐具有以下特点的应用场景或问题，应该积极考虑尝试区块链技术。

（1）业务开展需要进行跨主体协作。当需要为开展跨主体的业务建设 IT 系统时，传统的解决方案通常是两种思路。第一，建立和运营一个中心化的系统来处理各个参与方的业务需求，业务数据由中心化的组织维护；第二，采用 SOA 架构，由各个参与方发布服务接口，并相互调用，数据仍然维护在各个参与方。如果采用中心化的方案，若是业务的参与方之间是相对独立平等的，要开发建设一个中心化系统是很困难的，包括协调、立项、成本分摊等问题。如果采用 SOA 方案，则技术实践上比较复杂，技术方案缺少通用性，难以支持复杂的业务。此外，从数据的角度来看，无论是中心化的方案还是 SOA，都难以实现数据防篡改。在这种应用场景下应该考虑采用区块链解决业务协作问题。

（2）业务开展需要参与方之间建立低成本信任。在信任建立困难、信任维护成本高的应用场景中，区块链可以提供非常有效的帮助。可从 3 个方面来考察区块链如何建立低成本信任：数据可信、合约履行和历史可证明。

八、虚拟现实技术与增强现实技术

（一）虚拟现实技术

虚拟现实（virtual reality，VR）技术是一种可以创建和体验虚拟世界的计算机仿真系统。它利用计算机生成一种模拟环境，是一种多源信息融合的交互式三维动态视景和实体行为的系统仿真并使用户沉浸到该环境中。

（二）增强现实技术

增强现实（augmented reality，AR）技术是一种实时计算摄影机影像的位置及角度并加上相应图像、视频、3D 模型的技术，其目标是在屏幕上把虚拟世界套在现实世界中并与用户进行互动。这种技术于 1990 年被提出。随着移动电子产品中央处理器运算能力的增强，增强现实技术的用途将会越来越广。

（三）京东 VR 和 AR 购物技术的应用

VR 购物星系是一种开放给第三方，使用户体验更加丰富的购物场景的技术。京东目前在 3C、家电等领域，率先开放了消费电子卖场。用户能够在这个电子卖场中体验到线下购物的真实感，通过 VR 的控制器就可以拿起选中的商品，并进行 360 度的查看；用户更能体验到线下购物无法提供的丰富信息，如可以探查商品内部的结构，详细了解商品的功能特性。

除了打造 VR 的购物体验，京东也强调 AR 领域的布局。AR 能够更好地提升用户的网购体验，特别是在家装领域，京东将联合第三方推出 AR 家装商品。通过 AR 购物应用，用户可以在真实环境下"看到"虚拟商品，如沙发的摆放位置、墙纸的颜色等；用户可以通过语音远程与设计师进行实时对话，设计师甚至会出现在画面中，直接帮助用户设计室内的布局。

拓展案例

蜜嗨APP：打造"蓝海"服饰虚拟试穿市场

虚拟试衣往往产生于电子商务场景，用户依赖虚拟模特来了解服装效果，最终做出购买决策。以好买衣为代表的虚拟试衣平台的业务就是跟淘宝、天猫等电商平台合作，以最终商品销售为主要盈利指标的。然而，随着各类虚拟直播、虚拟社交形式的涌现，虚拟形象有了更多的落地场景。同样以虚拟形象为基础的虚拟试衣也出现了新玩法。山东雅奢信息技术有限公司开发的"蜜嗨APP"就是主打用户虚拟试衣体验的平台。公司自主研发了三维虚拟试衣系统，通过3D机器建模的方式完成上架衣服从2D到3D的转变，每天能制作1 000件3D虚拟衣服，每件衣服的制作成本不到1元。用户可通过上传个人大头照生成虚拟面部形象，再根据自己身材的各项参数制作专属的虚拟模特来试穿各种虚拟衣服。

"蓝海"战略

"蓝海"战略于2005年被提出。该战略认为，聚焦于"红海"等于接受了商业竞争的限制性因素，并否认了开创新市场的可能。运用"蓝海"战略，企业的战略视角将越过竞争对手移向买方需求，以重新制定市场规则，获取更高的利润。

九、人工智能技术

（一）人工智能的概念

人工智能（artificial intelligence，AI）是研究、开发用于模拟、延伸和扩展人的智能的理论、方法、技术及应用系统的一门新的技术科学。

人工智能是研究如何使用计算机模拟人的某些思维过程和智能行为（如学习、推理、思考、规划等）的学科，主要包括计算机实现智能的原理、制造类似于人脑智能的计算机，使计算机能实现更高层次的应用。人工智能涉及计算机科学、心理学、哲学和语言学等学科，可以说包括自然科学和社会科学在内的所有学科，已远远超出了计算机科学的范畴。人工智能与思维科学的关系是实践和理论的关系，人工智能处于思维科学的技术应用层次，是它的一个应用分支。

（二）人工智能在电子商务中的应用

1. 智能客服机器人

人工智能在客服机器人中的应用，其功能主要体现在用客服机器人代替人工客服与顾客进行在线交流，对顾客提出的语音、文字、图片等内容进行识别与在线处理，然后与顾客进行互动。伴随着我国电子商务行业的快速发展，智能客服机器人也得到了广泛的应用，如京东的"JIMI"和阿里巴巴的"店小蜜"等。

2. 推荐引擎

推荐引擎的主要功能体现在对于电子商务中所销售的商品进行推荐，人工智能技术会对大数据进行分析，并结合推荐引擎的推荐算法，对于消费者浏览商品的类型与消费偏好进行分析，然后为消费者推荐相似商品。推荐引擎结合了机器学习、大数据、自动推理及智能搜索等多项技术，推荐引擎的应用为消费者提供了更多的商品选择机会，同时缩短了人工搜索的时间。在电子商务平台中，推荐引擎已经获得了较为成熟的运用，如亚马逊、京东、阿里巴巴等都有各自专门的推荐系统。

3. 图片搜索

图片搜索也是电商平台较为常用的人工智能技术之一，是指消费者通过上传图片来对图片内的类似商品进行搜索。图片搜索技术可以使消费者在不知道商品名称或更多信息的情况下，通过商品的图片实现搜索，从而找到相关商品。这极大地丰富了消费者对商品的搜索路径，创造了更多的消费机会。图片搜索融合了计算机视觉、机器学习、图像识别和智能搜索等技术。该技术已在当前的各大电子商务平台得到了广泛应用。

拓展案例

海尔电子商务系统建设

1. 海尔概况

海尔集团（以下简称"海尔"）创立于1984年，是全球大型家电品牌。2018年海尔全球营业额为2661亿元，近10年利润复合增长率达到30.6%。从互联网交互产生的交易额看，海尔产品在线上平台和互联网金融平台共产生2727亿元的交易额，同比增长73%。在2020年BrandZ最具价值中国品牌百强榜中，海尔再次以唯一的物联网生态品牌的身份登榜。

2. 海尔电子商务系统建设及转型

海尔是国内大型企业中第一家进入电子商务业务的公司，率先推出电子商务业务平台。为了进入一体化的世界经济，海尔累计投资1亿多元建立了自己的IT支持平台，为电子商务服务。在集团内部有内部网、ERP的后台支持体系，各种信息系统（如物料管理系统、分销管理系统、C3P系统、电话中心等）的应用日益深入。海尔以企业内部网络、企业内部信息系统为基础，以因特网为窗口，搭建起了真正的电子商务平台。

为了与国际接轨，建立起高效、迅捷的现代物流系统，海尔采用了SAP公司的ERP系统和BBP系统（原材料网上采购系统），对企业进行流程改造。经过近两年的实施，海尔的现代物流管理系统不仅很好地提高了物流效率，而且将海尔的电子商务平台扩展到了包含客户和供应商在内的整个供应链管理系统，极大地推动了海尔电子商务的发展。实施和完善后的海尔物流管理系统，可以用"一流三网"来概括，这充分体现了现代物流的特征："一流"是指以订单信息流为中心；"三网"分别是全球供应链资源网络、全球用户资源网络和计算机信息网络。海尔的物流系统不仅实现了"零库存""零距离""零营运资本",还整合了内部,协同了供货商,提高了企业效益和生产力,方便了使用者。

3. 海尔电子商务的特色

海尔电子商务的特色可以用"两个加速"来概括。第一,加速信息的增值。无论何时何地,只要用户登录海尔官网,海尔就可以瞬间提供一个 E+T>T 的惊喜。其中,E 代表电子手段,T 代表传统业务,而 E+T>T 就是电子手段加上传统业务大于传统业务,强于传统业务。第二,加速缩短与全球用户的距离。无论何时何地,海尔官网都会给用户提供在线设计的平台,帮助用户实现自我设计的梦想。

海尔利用互联网,进一步优化供应商。一个小螺丝钉,到底世界上谁生产得最好?一上网搜索马上就会知道。这不仅仅是简单的价格降低,关键是找到了合适的分供方。正是基于这种交流,海尔在短时间内建立了两个国际工业园,引进了国际上拥有先进技术的供应商到青岛建厂,为海尔配套。

第三节　Web 开发技术

Web 是一种典型的分布式应用结构。Web 开发技术是指开发互联网应用的技术总称,大体上可以分为客户端技术、服务器端技术和数据库技术三大类。

一、客户端技术

信息在客户端浏览器显示的样式、客户对页面的控制、与服务器端的通信等均由客户端技术实现。常用的客户端技术有超文本标记语言(HTML)、脚本语言(JavaScript)、可扩展标记语言(XMl)、串联样式表(CSS)和文件对象模型(document object model,DOM)等。这些技术各有所长,也各有适用的领域,这里只简要介绍前 3 种。

(一) HTML

超文本标记语言(hyper text markup language,HTML)是构成 Web 页面的主要工具,是用来表示网上信息的符号标记语言,是标准通用标记语言(standard general markup language,SGML)的一个简化形式。超文本标记语言文档制作起来并不复杂,但其功能强大,支持嵌入不同数据格式的文件,这也是万维网盛行的原因之一。此外,HTML 具备简易性、可扩展性和平台无关性等特点。

目前,HTML 5 是 HTML 的最新版本,是公认的下一代 Web 语言,极大地增强了 Web 在富媒体、富内容和富应用等方面的能力,被誉为"终将改变移动互联网的重要推手"。

网页编写软件在编写 HTML 文档时实现了"所见即所得",使用起来十分方便。目前,专业的页面设计软件主要有 Dream Weaver 等。Dream Weaver 是集网页制作和管理网站于一身的网页编辑器,它是针对专业网页设计师特别开发的视觉化网页开发工具利用 Dream Weaver,网页设计师可以轻而易举地制作出充满动感的网页。

(二) JavaScript

Java Script 是一种具有函数优先的轻量级、解释型或即时编译型的编程语言。Java Script 是基于原型编程、面向对象和多范式的动态脚本语言。

Java Script 是一种属于网络的高级脚本语言,已经被广泛用于开发 Web 应用,常被用来为网页添加各式各样的动态功能,以为用户提供更流畅、更美观的浏览效果。Java Script 通常是通过嵌入 HTML 来实现自身功能的。

Java Script 具有以下特点。

(1) 是一种解释型脚本语言(代码不进行预编译)。

(2) 主要被用来在 HTML 页面中添加交互行为。

(3) 可以直接嵌入 HTML 页面。

(4) 具有跨平台特性,在绝大多数浏览器的支持下,可以在多种平台下运行(如 Windows、Linux、macOS、Android、iOS 等)。

(5) 同其他语言一样,有其自身的基本数据类型、表达式、算术运算符及程序的基本程序框架。

(6) 可以实现 Web 页面的人机交互。

(三) CSS

串联样式表(cascading style sheets,CSS)是一种用来表现 HTML 或 XML 等文件样式的计算机语言。CSS 不仅可以静态地修饰网页,还可以配合各种脚本语言动态地格式化网页中的各元素。CSS 为 HTML 提供了一种样式描述,定义了其元素的显示方式。

总体来说,CSS 具有以下特点。

(1) 丰富的样式定义。

(2) 易于使用和修改。

(3) 多页面应用。

(4) 层叠。

(5) 页面压缩。

二、服务器端技术

(一) Java

Java 是由 Sun Microsystems 公司于 1995 年 5 月推出的面向对象程序设计语言和平台的总称,由詹姆斯·高斯林和其同事们共同研发。Java 由 Java 编程语言、Java 类文件格式、Java 虚拟机和 Java 应用程序接口 4 个方面组成。

Java 具有简单性、面向对象、分布式、健壮性、安全性、平台独立与可移植性、多线程、动态性等特点。开发人员利用 Java 可以编写桌面应用程序、Web 应用程序、分布式系统和嵌入式系统等。

Java 在电子商务领域及网站开发领域占据一席之地。开发人员可以运用许多不同的框架来创建 Web 项目、SpringMVC、Struts2.0 及 frameworks。即使是简单的 servlet、jsp 和以 struts 为基础的网站,在政府项目中也经常被用到。例如,医疗救护、保险、教育等部门的网站都是以 Java 为基础来开发的。

(二) PHP

页面超文本预处理器(page hypertext preprocessor,PHP)是在服务器端执行的脚本语言,尤其适用于 Web 开发并可嵌入 HTML。PHP 语法利用了 C、Java 和 Perl,该语言的主要目标是允许 Web 开发人员快速编写动态网页。

PHP 语言作为当今流行的网站程序开发语言,具有成本低、速度快、可移植性好、内置丰富的函数库等优点,因此被越来越多的企业应用于网站开发中。它在全球驱动着超过 2 亿个网站,全球超过 81.7% 的公共网站在服务器端都采用了 PHP。PHP 内置了常用的数据结构,使用起来简单方便,表达起来也相当灵活。

由于 PHP 解释器的源代码是公开的,所以安全系数较高的网站可以自己更改 PHP 的解释程序。另外,PHP 运行环境的使用也是免费的。

(三) Python

Python 是一个结合了解释性、编译性、互动性和面向对象的高层次的脚本语言。Python 是由吉多·范罗苏姆在 20 世纪 80 年代末到 20 世纪 90 代初,在荷兰国家数学和计算机科学研究所设计出来的。Python 是一种代表简单主义思想的语言,它的设计具有很强的可读性,经常使用英文关键字和一些标点符号,并具有比其他语言更有特色的语法结构。

Python 具有易于学习、易于阅读、易于维护、拥有一个广泛的标准库、跨平台、可拓展和可嵌入等特点。Python 的源代码同样遵循通用性公开许可证(general public license,GPL)协议。

Python 是一种解释型脚本语言,可以应用于以下领域:Web 网页开发、科学计算和统计、人工智能、桌面应用开发、软件开发、后端开发、网络爬虫等程序。

三、数据库技术

(一) 数据库的基本概念

(1) 数据库。数据库是在计算机的外部存储器上,按一定组织方式存储在一起的、相互关联且具有数据冗余最小、数据可共享、数据独立性较高、数据安全性和完整性较高等特性的数据集合。

(2) 数据库管理系统。数据库管理系统(database management system,DBMS)是实现对数据库资源进行有效组织、管理和存取的系统软件。它在操作系统的支持下,允许用户对数据库进行各项操作。DBMS 的主要功能包括数据定义、数据维护、数据操纵和数据管理等。

(二) Web 数据库访问技术

随着互联网技术的迅速发展,Web 得到了越来越广泛的应用,Web 页面已由静态网页逐渐发展为动态的交互式网页，因而如何更好地实现与用户的交互就成为迫切需要解决的问题。解决这一问题的方法之一就是实现数据库与互联网应用软件的集成。Web 数据库访问技术，就是将数据库和 Web 技术相结合，按照浏览器／服务器（Browser/Server）结构建立的通过浏览器访问数据库的服务系统。这里重点介绍 ODBC 和 JDBC。

（1）ODBC。开放式数据库互联（open database connectivity，ODBC）是为解决异构数据库间的数据共享问题而产生的，现已成为 Windows 开放系统体系结构（windows open system architecture，WOSA）的主要组成部分和基于 Windows 环境的一种数据库访问接口标准。ODBC 为异构数据库访问提供统一接口，允许应用程序以结构查询语言（StructureQuery Language，SQL）为数据存取标准，存取由不同的 DBMS 管理的数据。ODBC 也允许用户通过应用程序直接操纵数据库中的数据，免除随数据库的改变而改变。用户通过 ODBC 可以访问各类计算机上的数据库文件，甚至可以访问如 Excel 表和 ASCII 数据文件这类非数据库对象。

（2）JDBC。Java 数据库互联（java database connectivity，JDBC）是 Java 语言中用来规范客户端程序如何访问数据库的应用程序接口，提供了诸如查询和更新数据库中数据的方法。

JDBC 是一种规范的、能为开发者提供标准的数据库访问类和接口，能够方便地向任何关系数据库发送 SQL 语句，同时支持基本 SQL 功能的低层应用程序接口，但实际上它也支持高层的数据库访问工具及应用程序接口（application program interface，API）。JDBC 的主要两种接口分别是面向应用程序开发人员的 JDBC API 和面向驱动程序低层的 JDBC DriverAPI。JDBC 的运作逻辑是，建立与数据库的连接，发送 SQL 语句，返回数据结果给 Web 浏览器。

第四节　电子商务系统建设

电子商务系统就是企业、机构或者个人在互联网上建立的一个站点，是企业、机构或者个人开展电子商务的基础设施和信息平台，是实施电子商务的交互窗口，是电子商务目前主要的实现形式。建设一个电子商务系统分为系统规划、系统分析、系统设计、系统部署与管理等阶段。

一、电子商务系统规划

（一）电子商务系统规划的定义

电子商务系统规划是指以支持企业开发电子商务系统为目标，确定电子商务的发展战略，给定未来电子商务系统的商务模式和结构，设计支持未来这种转变的电子商务系统的体系结构，说明系统各个组成部分的结构，选择构造这一系统的技术方案，给出系统建设的实施步骤及时间安排，说明系统建设的人员组织，评估系统建设的开销和收益，形成可行性研究报告。

（二）电子商务系统规划的内容

电子商务系统规划的内容包括以下方面。第一，分析企业的定位和竞争力，针对企业未来的市场定位、产品和服务方式，对企业的商务活动进行分类，确定企业的核心商务活动主要可以划归为哪几种类型；第二，分析并确定企业如何开展电子商务；第三，确立电子商务系统的体系结构；第四，明确电子商务系统的基本组成；第五，论证可行性；第六，制订系统开发计划。

二、电子商务系统分析

（一）电子商务系统分析的定义

电子商务系统分析是在总体规划的指导下，对某个或若干个子系统进行深入仔细的调查研究，确定电子商务系统逻辑功能的过程。从工作进程来看，电子商务系统分析是总体规划工作的继续；从工作范围来看，系统分析是局部的、详细的工作，而总体规划是面向全局的；从工作深度来看，系统分析是更具体、更细致的工作，而总体规划是战略的、宏观的考虑。

（二）电子商务系统分析的内容

电子商务系统分析的内容包括系统初步调查、系统详细调查和新系统逻辑模型的提出。

（1）系统初步调查。系统初步调查是系统分析阶段的第一项活动。其主要目标是了解现实需求，提出新系统开发的目标和规模。系统分析人员根据系统规划的总体目标对组织的现状进行调查。调查的主要内容是现有系统的运行情况，包括设备的配置、运行的信息系统、业务的需求，并对此进行分析：现有什么，需要什么；目前难以解决的问题是什么；随着发展有哪些问题需要解决；是否有必要开发新系统；若开发新系统，提出新系统的大致目标、规模和主要功能，并对投资做初步估算。在此基础上，形成系统开发建议书，提交领导决策。

（2）系统详细调查。系统详细调查是在可行性报告得到批准的情况下，要想开发出一个既实用又先进的系统，就要进一步对现行系统做全面、深入的调查和分析，包括现行系统的运行状况、主要功能、组织结构、业务流程、数据流程等，明确要解决的具体问题。在此基础上，形成系统详细调查报告。

（3）新系统逻辑模型的提出。在充分调查的基础上，明确用户对新系统的需求，进行用户需求分析、数据分析、功能分析，建立新系统逻辑模型，形成系统分析报告。其报告要反复征求用户意见，经多次修改、完善，再提交领导、专家审定。系统分析报告是系统分析阶段的主要成果。

三、电子商务系统设计

（一）电子商务系统设计的定义

电子商务系统设计是在电子商务系统分析的基础上由抽象到具体的过程，其主要目的是将电子商务系统分析阶段提出的系统逻辑方案转换成可以实施的基于计算机网络系统的物理方案。

（二）电子商务系统设计的主要任务

1. 总体设计

总体设计是把总任务分解为许多基本的具体任务，把这些具体任务合理地组织起来构成总任务，又称概要结构设计。其基本任务是：将系统划分为若干模块，决定每个模块的功能、调用关系、接口及界面。

2. 详细设计

详细设计是为各个具体任务选择适当的技术手段和处理方法。其基本任务是：输入设计、输出设计、处理逻辑设计、数据存储设计、代码设计、用户界面设计和安全控制设计。

四、电子商务系统部署与管理

（一）电子商务系统测试

电子商务系统测试是利用测试工具，按照测试方案和流程，对电子商务系统进行功能和性能测试，甚至根据需要编写不同的测试工具，设计和维护测试系统，以对可能现的问题进行分析和评价。执行测试用例后，企业需要跟踪故障，以确保开发的电子商务系统功能完好。

（1）测试内容。第一，电子商务应用程序测试。其主要包括以下6个步骤：①可用性测试；②功能测试；③接口测试；④兼容性测试；⑤数据库测试；⑥容错测试。第二，网站测试。基于Web的网站测试与传统的软件测试既有相同之处，也有不同的地方，对软件测试提出了新的挑战。基于Web的网站测试不但需要检查和验证网站是否按照设计的要求运行，而且还要评价网站在不同用户的浏览器端的显示是否合适。重要的是，企业还要从最终用户的角度进行安全性和可用性测试。

（2）测试方法。测试的主要方法有人工测试与机器测试。一般源程序通过编译后，要先进行人工测试，再进行机器测试。人工测试是采用人工方式进行的，目的在于检查程序的静态结构，找出编译不能发现的错误。机器测试是运用事先设计好的测试用例执行被测程序，对比运行结果与预期结果的差别以发现错误。

（二）网站的备案与发布

完成网站的开发制作和测试后，即可将网站发布到互联网中试运营。但在发布网站前，企业还需要进行一项很重要的操作，即网站的备案——因特网内容提供者（internet content provider，ICP）备案。ICP备案是指企业在我国工业和信息化部提交网站信息进行官方认证，一般在主机购买成功后即可开始，备案时间一般为20天。

任何网站，只要是以营利为目的的，都需要进行ICP备案。经ICP备案后，域名与服务器即可被绑定在一起，然后企业通过网站上传工具将网站内容上传到服务器中，测试网站运行没有问题后再发布，用户即可通过域名访问网站。

（三）电子商务系统的运行维护

（1）电子商务系统运行维护的作用及意义。电子商务系统的运行维护就是对电子商务系统进行全面的管理。它一方面要监控和管理系统输入与输出两个方向的信息流，保证网上业务处理安全顺利地进行；另一方面要确保整个系统内容的完整性和一致性，从而为企业电子商务系统的运作提供良好的服务。维护的目的是保证电子商务系统正常、可靠地运行，保证电子商务系统的各个要素随着环境的变化始终处于最新的、正确的工作状态，使电子商务系统不断得到改善，以充分发挥电子商务系统的功能，为企业创造最大价值。

（2）电子商务系统运行维护的内容。电子商务系统的运行维护工作繁杂，归纳起来主要包括以下3个方面。

①应用软件或APP维护。电子商务系统运行后可能会出现一些在测试过程中没有出现过的局部问题或者企业的业务流程发生局部变化，这些都可能引起应用程序的部分修改或调整，这时就需要对电子商务系统的应用软件或APP进行维护。

②数据维护。数据维护是指对电子商务系统的文件、网页及支持企业和客户之间数据信息往来的文件传输系统和电子邮件系统的维护。电子商务系统的资源由服务器端的一个个网页代码文件和其他各类资源文件组成，电子商务系统运行一段时间后可能会出现日志文件和系统临时文件逐渐增多的现象，同时电子商务系统产生的数据也需要备份或者恢复等，这就需要企业对数据进行维护和管理。一般来说，数据维护包括系统文件的组织，系统数据的备份与转储，系统数据的恢复和系统垃圾文件的处理，对所有网页、链接的更新等。在电子商务系统运行期间，由于应用环境的变化，电子商务系统空间的利用率和数据的存取效率会相对降低，对安全性的要求也会发生变化。

③平台维护。平台维护主要是指对电子商务系统运行平台的管理、维护，其目的是保障电子商务系统正常、持久和高效地运行。平台维护的对象包括操作系统、数据库、Web服务器、应用服务器和网络等。平台维护的工作内容主要包括性能调整、安全监控和日志处理等。

本章小结

本章通过对计算机网络、互联网技术及应用、Web开发技术、电子商务系统建设等内容的讲解，使读者从技术层面更全面了解电子商务，从基础层面为电子商务系统的建设与开发给予技术支持，为企事业单位培养全面发展的专业技术人才。

本章习题

1. 简述计算机网络的分类。
2. 简述物联网的特征及其核心技术。
3. 云计算所运用的技术有哪些？
4. 简述云存储的概念及其分类。
5. "互联网+"具有哪些特征？
6. 简述大数据在电子商务中的具体应用有哪些方面？
7. 什么是虚拟现实技术？什么是增强现实技术？
8. 简述人工智能在电子商务中的应用有哪些？
9. 简述常用的Web开发技术。
10. 简述电子商务系统建设。

第五章 电子商务安全

电子商务是通过信息技术将企业、用户、供应商及其他商贸活动涉及的相关机构结合起来的一种信息技术的应用，是完成信息流、物流和资金流转移的一种行之有效的方法。但由于计算机信息有共享和易于扩散等特性，它在处理、存储、传输和使用上有着严重的脆弱性，很容易被干扰、滥用、遗漏和丢失，甚至被泄露、窃取、篡改、冒充和破坏，还可能受到计算机病毒感染。据公安部的资料，利用计算机网络进行的各类违法行为在中国正以每年30%的速度递增。随着电子商务日益普及，网络安全问题显得异常突出。解决网络安全问题已成为我国电子商务正常发展的当务之急。

素质目标

1. 提高安全防范意识，对网络上的未知事物提高警惕。
2. 提升网络安全认识，树立正确的网络安全观。

案例导入

某市公安局接到一公司财务人员的报警电话，称骗子通过QQ骗走了公司的96万元工程汇款。事件经过是这样的：财务人员小王上班时，突然QQ弹出公司老板发来的消息，询问工作进度并要求他将公司的工程汇款转到一个账号上。小王见QQ头像、昵称等与公司老板一样便未在意，直接去银行完成了汇款。小王回到公司后，正好碰到老板，便告诉老板工程汇款已经汇到他发送的银行卡上了，但老板却说没有让他汇款。此时，两人意识到这是个骗局。

公安部门调查发现，小王的QQ邮箱中有一封携带病毒的陌生邮件，小王打开邮件后被盗取了QQ信息。不法分子利用盗取的QQ信息顺利登录了小王的账号，观察后找到并删除了公司老板的QQ账号，同时添加了一个和老板QQ头像、昵称等完全一样的QQ号，再通过这个新的QQ号与小王交谈，就这样小王轻易被骗取了96万元的工程汇款。

公安部门说，这样的网络安全案件时有发生。骗子在网上购买盗号木马软件，然后搜索各类财务人员的QQ群，以财务人员的名义加入群内，再在群内发送各种携带病毒的财务考试、会计师考试等邮件，只要打开邮件，病毒便会进入计算机盗取QQ密码。由于小王报警及时，警方及时冻结了骗子账户上的30万元。随后经过详细调查，抓获了犯罪嫌疑人，同时追回10万余元被骗款项。然而剩余的50余万元，早已不知去向。

电子商务安全要求；病毒；加密技术；电子商务安全协议；电子商务安全管理。

第一节 电子商务安全概述

一、电子商务安全现状

（一）电子商务的安全问题日益受到重视

以互联网技术为基础的电子商务，仅中国每天都需要进行上亿次的交易。互联网本身是一个高度开放性的网络，这与电子商务所需要的保密性是矛盾的，而且互联网没有完整的网络安全体制。因此，基于互联网的电子商务在安全上无疑会受到严重威胁，电子商务交易的安全性问题成为制约电子商务快速健康发展的关键性问题。

电子商务安全

在电子商务的发展过程中，各产业对网络的技术依赖达到空前的程度。经济、社会、文化等产业都越来越依赖于网络。这种对网络的高度依赖会使社会变得"脆弱"，一旦网络受到攻击不能正常运作时，整个社会就会陷入"危机"。因此，网络安全日益受到各国的高度重视。

（二）黑客对电子商务的威胁日益上升

"黑客"是英语"Hacker"的音译，是指那些利用自己掌握的计算机技术偷阅、修改或窃取他人机密数据资料，甚至在网络上犯罪的人，或者是指利用通信软件，通过网络非法进入他人的计算机系统，截获或修改他人计算机中的数据，危害信息安全的计算机入侵者。黑客利用供应链作为突破口的网络攻击事件时有发生，供应链攻击已成为2020年最具影响力的高级威胁之一。目前反黑客工作困难重重，一方面科学家很难开发出对保障网络安全普遍有效的技术，另一方面又缺乏足以保证网络安全措施有效实施的社会环境。

（三）计算机病毒给电子商务造成的损失继续增加

计算机病毒是指无用的、有害的计算机程序，它干扰、妨碍甚至破坏正常程序的运行。计算机病毒有两个基本功能：一是可以自我复制，它通常通过附加一个自己的副本来感染其他计算机程序；二是一旦激活就会造成破坏。目前，计算机病毒给电子商务造成了非常大的损失。

瑞星公司发布的《2021年中国网络安全报告》指出，2021年瑞星"云安全"系统共截获病毒样本总量1.19亿个，病毒感染次数2.59亿次，新增木马病毒8050万个，为第一大种类病毒，占到总体数量的67.49%，勒索软件样本32.22万个，感染次数为62.4万次；挖矿病毒样本总体数量为485.62万个，感染次数为184.11万次；手机病毒样本275.6万个，病毒类型以信息窃取、资费消耗、远程控制、流氓行为等类型为主。

网络病毒给电子商务造成的损失继续增加。调查显示，浏览器配置被修改、数据损坏或丢失、系统的使用受限、网络无法使用、密码被盗等都会给电子商务造成严重的损失。2021年勒索软件依然猖獗，仍主要针对政府及企业用户，越来越多的威胁组织在勒索的同时，采取文件窃取的方式来"绑架"企业的隐私文件，以历史攻击事件梳理来看这确实卓有成效，大大提高了勒索软件敲诈赎金的成功概率。同时，越来越多的攻击组织或不法分子选择运用勒索软件即服务（RaaS）这一模式进行攻击，让不具备专业技术知识的犯罪分子可以轻而易举的发起网络敲诈活动，这就导致勒索软件市场规模不断扩大。瑞星根据感染量、威胁性筛选出影响较大的年度Top3勒索软件，分别是Sodinkibi勒索软件、Darkside勒索软件和BlackCat勒索软件。

（四）电子商务支付系统的安全性亟须增强

目前，利用互联网进行金融犯罪的案件越来越多。对于我国金融系统安全现状，专家们有一些形象的比喻：使用没加锁的储柜存放资金（电子商务企业缺乏安全防护措施）；使用"公共汽车"运送钞票（电子支付系统缺乏安全保障措施）；使用"邮政托寄"传送资金（转账支付缺乏安全渠道）；使用"商店柜台"存取资金（授权缺乏安全措施）；使用"平信"邮寄机密信息（敏感信息的传递缺乏保密措施）。在针对银行的计算机犯罪案件中，具有破坏性的是修改数据的犯罪活动，而有的银行对数据传递、操作、密码保护和储户密码保护都缺乏有力的安全措施。

二、电子商务安全要求

随着互联网的广泛应用，电子商务的大力开展是必然趋势，而客户、商家、银行等诸多参与者都会担心自己的利益受到威胁，自己的安全得不到真正的保障。电子商务安全是电子商务生存的保障，只有保障了电子商务的安全，才能够吸引更多的社会公众投身于电子商务，才能使网络环境中的商务活动的安全得到有效保障。

保障电子商务安全的关键是保障交易数据和交易过程的安全。电子商务安全包括信息的机密性、信息的完整性、信息的不可否认性、交易者身份的真实性和系统的可靠性。

（一）信息的保密性

信息的保密性是指信息在存储、传输和处理过程中，不被他人窃取。

（二）信息的完整性

信息的完整性包括信息在存储中不被修改和破坏，以及在传输过程中收到的信息和原发送信息的一致性。

（三）信息的不可否认性

信息的不可否认性是指信息的发送方不可否认已经发送的信息，信息的接受方也不可否认已经收到的信息。

（四）交易者身份的真实性

交易者身份的真实性是指交易双方是确实存在的，不是假冒的。例如，A公司与B公司进行网上交易，交易双方必须确认对方身份是否真实，如此才能建立彼此信任的交易关系。此外，交易双方还要能识别是否有第三方在假冒交易对象。

（五）系统的可靠性

系统的可靠性是指计算机及网络硬件和软件工作的可靠性，是否会因为计算机故障或意外原因（如停电）造成信息错误、失效或丢失。

拓展案例

2021年全网勒索攻击超2 200万次

勒索病毒作为目前最具破坏力的恶意软件之一，在2021年达到爆发高峰。根据深信服发布的《2021年度勒索病毒态势报告》（以下简称《报告》），2021年，全网勒索攻击总次数超过2 234万次，影响面从企业业务到关键基础设施，从业务数据安全到国家安全与社会稳定。

从受感染的行业看，除医疗、科技、教育、金融等行业仍然是主要"受害者"外，制造业、能源、地产、餐饮也逐渐成为勒索病毒攻击目标。《报告》认为，随着后疫情时代的发展，各行各业都会顺应数字化转型趋势，通过自动化和智能化提升业务和服务，为公众带来便利，但与此同时，数据和系统所面临的安全问题也逐渐暴露出来。勒索病毒攻击仅仅是数字化转型安全挑战的一个开始。

从感染地域分布来看，广东、浙江、江苏等沿海和贸易较为发达的地区受勒索攻击最为严重。值得关注的是，山西、安徽等中部地区的勒索病毒感染量也呈现增长趋势，可见勒索攻击的目标地区正逐渐发生转移。

从感染病毒的类型来看，WannaCry仍然依靠"永恒之蓝"漏洞（MS17-010）占据勒索病毒感染量榜首。2021年全年勒索病毒活动数量仍然持续高走，在勒索攻击咨询数据中，勒索病毒家族种类增加了约80%。

第二节　电子商务安全保障技术

电子商务安全技术在电子商务系统中的作用非常重要，它守护着商家和客户的重要机密，维护着电子商务系统的信誉和财产，同时为服务方和被服务方提供着极大的方便。因此，只有采取了必要和恰当的技术手段，才能充分提高电子商务系统的可推广性和可用性。

一、加密技术

加密技术是用基于数学算法的程序和密钥把原始信息变为乱码（加密）传送，到达目的地后再用相同或不同的手段还原（解密）信息。原始信息通常被称为"明文"，加密后的信息通常被称为"密文"。

加密技术包括两个元素，算法和密钥。算法是将明文与一串字符（密钥）结合起来，进行加密运算后形成密文。密钥是将明文转换为密文或将密文转换为明文的算法中输入的一串字符，它可以是数字、字母、词汇或语句。

由此可见，在加密和解密的过程中，都涉及信息（明文、密文）、密钥（加密密钥、解密密钥）和算法（加密算法、解密算法）这3项内容。

常见的现代加密体制有两种，对称加密体制和非对称加密体制。

（一）对称加密体制

（1）对称加密体制的工作流程。对称加密体制又称传统加密体制、通用密钥密码体制，是发送者和接收者使用相同密钥的密码体制，即加密和解密文件时使用的密钥相同。这类算法要求发送者和接收者在安全通信之前，商定一个密钥。由于对称算法的安全性依赖于密钥，因此只要通信过程中采用了对称加密体制，密钥就必须保密。对称加密体制由5个部分组成：明文、加密算法、密钥、密文、解密算法。如图5-1所示为对称加密体制的工作流程。

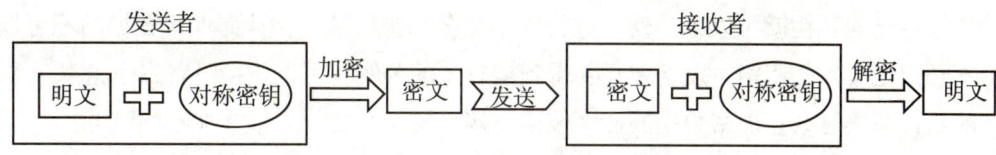

图5-1　对称加密体制的工作流程

对称加密体制的工作流程：发送者用对称密钥和加密算法对明文加密，得到密文，然后传输密文；接收者用对称密钥和解密算法对密文解密，得到原来的明文。

（2）对称加密体制的优点和缺点。优点：算法简单，系统开销小；加密数据效率高，速度快；适合加密大量数据。

缺点：密钥难以共享；密钥数量多，管理起来有困难；无法进行数字签名和身份验证；在网络通信中，发送、接收数据之前，必须完成密钥的分发，而密钥的分发是该加密体制中最薄弱、风险最大的环节。

（3）对称加密体制的算法。目前，比较常用的对称密钥算法是数据加密标准（data encryption standard，DES）算法。DES算法是一个对称的分组加密算法，它以64位为一组进行明文输入，在密钥的控制下产生64位的密文；反之输入64位的密文，输出64位的明文。它的密钥总长度是64位，因为密钥表中每个8的倍数位都用作奇偶校验，所以有效密钥长度为56位。DES算法可以通过软件或硬件来实现。近20年来，DES算法得到了广泛的应用，一个非常重要的应用就是银行交易。DES算法主要被用于加密个人身份标识号和通过自动提款机进行记账交易。

（二）非对称加密体制

（1）非对称加密体制的工作流程。非对称加密体制也称公开密钥密码体制，是发送者和接收者使用不同密钥的体制，即加密密钥和解密密钥不同。非对称加密体制使用的是密钥对，即公开密钥（以下简称"公钥"）和私有密钥（以下简称"私钥"）的组合，一般加密的密钥为公钥，解密的密钥为私钥。公钥是公开的，可以像电话簿一样，存储于文件中，文件保存在密钥中心。私钥是用户自己保存的，只有用户自己才知道。非对称加密体制由6个部分组成：明文、加密算法、公钥、私钥、密文和解密算法。图5-2所示为非对称加密体制的工作流程。

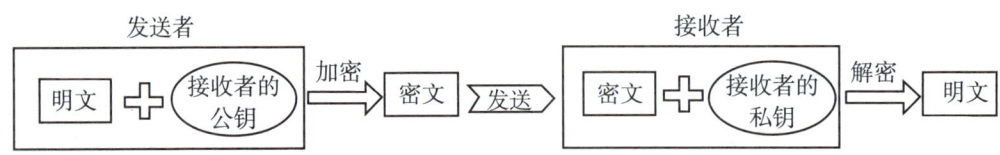

图5-2 非对称加密体制的工作流程

非对称加密体制的工作流程：发送者用接收者的公钥和加密算法对明文加密，得到密文，然后传输密文；接收者用自己的私钥和解密算法对密文解密，得到原来的明文。

发送者使用这种公钥的加密体制，可以与任何对象秘密通信。

（2）非对称加密体制的优点与缺点。优点：在网络中容易实现密钥管理，接收者只要管理好自己的私钥就可以了；便于进行数字签名和身份认证，从而保证数据的不可抵赖性；不必记忆大量的密钥，发送者只要得到接收者的公钥就可以给接收者发送信息。

缺点：算法复杂；加密数据的速度较慢、效率较低；会加大报文加密的难度。

（3）非对称加密体制的算法。目前，非对称加密体制的算法主要为RSA算法。RSA算法是1978年由李维斯特、萨莫尔和阿德曼3位美国安全专家设计的非对称加密方法，其以发明者名字的首字母来命名。它是第一个既可以加密，也可以用于数字签名的算法。一般来说，RSA算法只用于对少量数据进行加密，在互联网中广泛使用的电子邮件和文件加密软件颇好保密性（pretty good privacy，PGP）就是将RSA算法作为传送会话密钥和数字签名的标准算法。

（三）量子加密

量子加密是指利用量子技术来传送密钥，资料的保密性更好。量子加密是量子通信的核心技术之一。量子通信被认为是迄今唯一被严格证明的"无条件安全"的通信方式，是安全通信领域的一面坚盾。量子通信具备保密性最好、不受其他客观环境的影响、速度更快和带宽更宽等特点。

现代的加密方式通常利用数学算法的复杂度来提高破译难度，而量子计算作为一种与传统计算完全不同的计算模型，其运算效率大大超过传统计算，使利用量子计算机迅速破解传统加密技术成为可能。美国一直走在量子计算研究领域的前沿，并于2018年12月通过一项以建立国家级量子项目，进一步加快美国在量子领域的研究进展的法案。

2021年1月8日，我国研究团队成功实现4 600千米星地量子密钥的分发。此举标志着我国已构建出天地一体化广域量子通信网雏形。《自然》杂志评价称，这是目前世界上最大、最先进的量子密钥分发网络，是量子通信"巨大的工程性成就"。

二、认证技术

在信息安全领域中，常见的信息保护手段除了加密技术，还有认证技术。

（一）数字证书

1. 数字证书的定义

数字证书又称数字凭证、数字标识，是由认证中心（certificate authority，CA）发行的，能提供在互联网上进行身份验证的一种权威性电子文档，人们可以用它来证明自己在互联网中的身份或识别对方的身份。证书的格式遵循国际电信联盟（international telecommunication union，ITU）的X.509国际标准，一个标准的X.509数字证书包含以下内容。

（1）证书拥有者的姓名。

（2）证书的版本信息。

（3）证书的序列号，同一身份验证机构签发的证书序列号唯一。

（4）证书所使用的签名算法。

（5）证书的有效期限。

（6）证书所有人的公钥。

（7）证书发行者对证书的签名。

（8）证书发行机构的名称。

图5-3所示为数字证书。

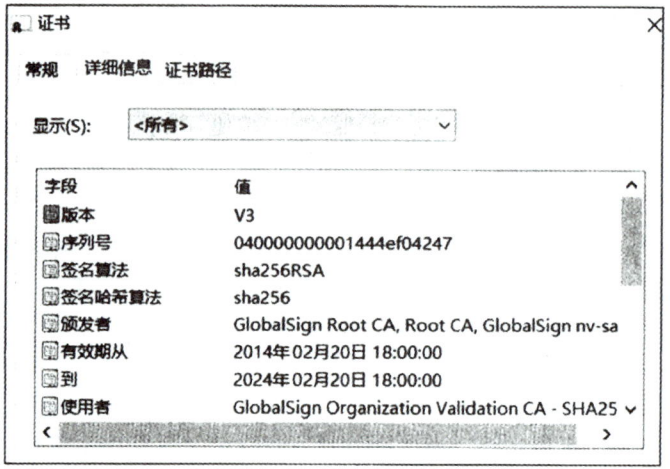

图 5-3 数字证书

2. 数字证书的应用

一般来说，用户要携带有关证件到各地的证书受理点，或者直接到证书发放机构（CA）填写申请表并进行身份审核，审核通过后交纳一定的费用就可以获得相关的数字证书。

（二）证书类型

从应用角度来看，数字证书可以分为服务器证书、电子邮件证书、客户端证书。

1. 服务器证书

服务器证书被安装于服务器设备上，用于证明服务器的身份和进行通信加密。服务器证书可以用来识别假冒站点。全球知名的服务器证书品牌有威瑞信（VeriSign）、天威诚信（GeoTrust）等。

2. 电子邮件证书

电子邮件证书可以用于证明电子邮件地址的真实性。电子邮件数字凭证通常安装在客户端的浏览器内。利用个人数字证书可以发送带有个人签名的电子邮件，也可以利用对方的数字证书向对方发送加密邮件。

3. 客户端证书

客户端证书主要用于进行身份验证和电子签名。安全的客户端证书通常被存储于专用的 USB Key 中，存储于 USB Key 中的证书不能被导出或复制，且用户使用 USB Key 时需要输入 USB Key 的保护密码。因为用户使用该证书需要在物理上获得其存储介质 USB Key，且需要知道 USB Key 的保护密码，所以这种认证方式被称为双因子认证，它是目前互联网上最安全的身份认证手段之一。

（三）证书树形验证结构

为了便于证书的管理，安全电子交易（secure electronic transaction，SET）协议定义了一套完备的证书信任链层结构，而 CA 作为证书管理的权威机构和主要执行者，就是通过这个信任链层结构来实现其职能的。

证书是通过信任分级层次体系（通常称为证书的树形验证结构）来验证的，每一个证书与签发数字证书的机构的签名证书关联。图5-4所示为SET中CA的信任链层。

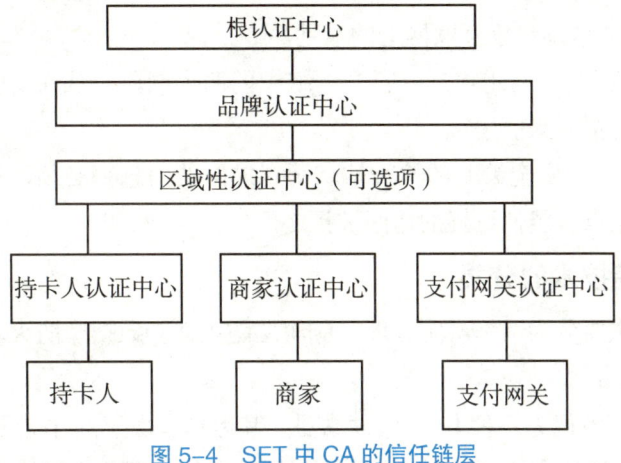

图5-4　SET中CA的信任链层

由证书管理的层次关系映射形成的证书信任链层决定了验证证书合法性的途径，每份证书都与其颁发者的签名证书相联系。在交易双方的通信过程中，双方都会将对方的证书沿着信任链层逐级追溯到根认证中心，从而确认该证书的合法性。例如，顾客A的证书的合法性由区域性认证中心验证，而区域性认证中心的证书的合法性又由相应的品牌认证中心验证，最终由根认证中心验证品牌认证中心的证书的合法性。这样，按照逻辑学的观点，顾客A的证书的合法性就得到了保证。

三、防火墙技术

（一）防火墙的概念

防火墙是指一个由软件和硬件设备组合而成、在内部网络和外部网络之间、专用网络与公用网络之间的界面上构造的保护屏障，是加强互联网与内部网之间安全防范的一个或一组系统。它拥有限制外界用户对内部网络进行访问及管理内部用户访问外部网络的权限。防火墙技术是建立在现代通信网络技术和信息安全技术基础上的应用型安全技术，越来越多地应用于专用网络与公用网络的互联环境中，尤其以接入互联网最为重要。

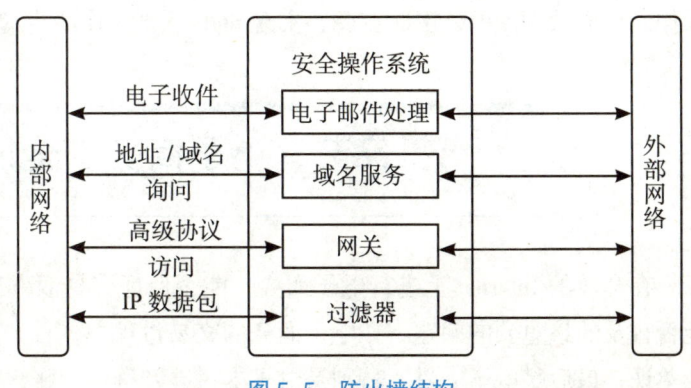

图5-5　防火墙结构

防火墙主要包括安全操作系统、电子邮件处理、域名服务、网关和过滤器5部分。防火墙结构如图 5-5 所示。

（二）防火墙的作用

（1）防火墙能强化安全策略。

（2）防火墙能有效地记录互联网上的活动。

（3）防火墙能限制暴露用户点，隔开网络中的两个网段，从而防止影响一个网段的问题通过整个网络传播开来。

（4）防火墙是一个安全策略的检查站。所有进出的信息都必须通过防火墙。防火墙成为安全问题的检查点，能使可疑的访问被拒之门外。

（三）防火墙技术的分类

现有的防火墙主要分为网络层防火墙、应用层防火墙和数据库防火墙。

1. 网络层防火墙

网络层防火墙可被视为一种 IP 封包过滤器，其运作在底层的 TCP/IP 堆栈上。我们可以枚举的方式，只允许符合特定规则的封包通过，其余的一概禁止穿越防火墙（病毒除外，防火墙不能有效防止病毒侵入）。这些规则通常可以经由管理员定义或修改，不过某些防火墙设备可能只能套用内置的规则。操作系统及网络设备大多已内置防火墙功能。

2. 应用层防火墙

应用层防火墙是在 TCP/IP 堆栈的"应用层"上运作的，用户使用浏览器时所产生的数据流属于这一层。应用层防火墙可以拦截进出某应用程序的所有封包，并封锁其他的封包（通常是直接将封包丢弃）。理论上，这类防火墙可以完全阻绝外部的数据流进入受保护的机器里。

3. 数据库防火墙

数据库防火墙是一款基于数据库协议分析与控制技术的数据库安全防护系统。基于主动防御机制，实现数据库的访问行为控制、危险操作阻断、可疑行为审计。数据库防火墙通过 SQL 协议分析，根据预定义的禁止和许可策略通过合法的 SQL 操作，阻断非法违规操作，形成数据库的外围防御圈，实现 SQL 危险操作的主动预防、实时审计。

第三节　电子商务安全协议

在开放的 Internet 上进行电子商务，能否保证交易双方传输数据的安全成为电子商务能否普及的最重要的问题。在电子商务的交易过程中，首先是交流信息和需求；其次是交换单证；最后是电子支付。特别是电子支付涉及资金、账户、信用卡、银行等一系列对货币最敏感的部门，因此对安全有着非常高的要求。

迄今为止，国内外已经出现了多种电子支付协议，目前有两种安全在线支付协议被广泛采用，即安全套接层（SSL）协议和安全电子交易（SET）协议，两者均是成熟和实用的安全协议。

一、SSL 协议

（一）SSL 概述

SSL（secure sockets layer，安全套接层）协议是网景（netscape communications）公司于 1994 年 10 月为其产品 Netscape Navigator 而设计的数据传输安全标准。主要是在因特网环境下为交易双方在交易的过程中提供最基本的点对点（end-to-end）通信安全协议，以避免交易信息在通信的过程中被拦截、窃取、伪造及破坏。也就是说，该协议仅是为因特网环境下的通信双方，如 Web 服务器端（server）与客户端（client）提供的安全通信协议，而不是一个完整的安全交易协议。该协议第一个成熟的版本是 SSL 2.0 版，并被集成到网景公司的因特网产品中（如 Navigator 浏览器和 Web 服务器等产品）。SSL 协议的出现，基本解决了 Web 通信协议的安全问题，很快引起了大家的关注。1996 年，Netscape 公司发布了 SSL 3.0，它比 SSL 2.0 更加成熟稳定。1999 年 1 月，IETF（互联网工程任务组）基于 SSL 3.0 协议发布了 TLS 1.0（transport layer security）版本，被视为 SSL 3.1，网景公司宣布支持该开放的标准。

SSL 本身是定位于传输层与应用层间的一个安全通信加密协议。TCP/IP 协议原来只负责连接两台计算机（或是同一计算机上同时执行的两个程序）传送数据流，而 SSL 则为网络收、发双方提供一个"安全"及"可靠"的传输服务。"安全"表示通过 SSL 建立的连接，可防范外界任何可能的窃听或监控。"可靠"表示经由 SSL 连接传输的资料不会被篡改或部分删除，其特点如下。

（1）与应用的无关性（application independent）。任何应用软件均可采用 SSL 协议的优点作为数据传输过程中的加密方法。这些应用软件可无视 SSL 的存在与否，依照往常的方式或不用改写程序仍可正常运行，同时，又确保了传输的安全性。

（2）身份验证（authentication）。连接双方利用公开密钥技术认证对方的身份，SSL 支持一般的公开密钥算法（RSA 和 DES 等）。

（3）安全保密性（confidentiality）。SSL 连接是受加密保护的，双方于连接建立之初即商定一套对后续连接进行加密的密钥（secret key）及加密算法（如 DES 等），之后的传输信息将以商定之密钥进行加密保护。

（4）完整性（integrity）。在所传输的每段消息中均包含一个利用签名私钥加密的报文验证码（message authentication code，MAC），以保证消息的完整性，防止消息在传输过程中被篡改或部分删除。哈希（HASH）函数（SHA、MD5 等）被用来产生报文验证码 MAC。

（二）SSL 的结构

SSL 协议包含两个层次，处于较低层的为 SSL 记录层协议，位于某一可靠的传输协议（例如 TCP 协议）之上，用来对其上层的协议进行封装；较高层的协议主要包括 SSL 握手协议（handshake protocol）、修改加密约定协议（change cipher spec protocol）、报警协议（alert protocol）。

SSL 协议允许客户端和服务器彼此认证对方，并且在应用协议发出或收到第一个数据之前协商加密算法和加密密钥。这样做的目的是保证应用协议的独立性，使较低层的协议对高级协议保持透明性。

（三）SSL 工作流程

SSL 连接总是由客户端启动。在 SSL 会话开始时执行 SSL 握手，此握手产生会话的密码参数。处理 SSL 握手的简单概述如下。

（1）客户端发送列出客户端密码能力的客户端"您好"消息（以客户端首选项顺序排序），如 SSL 的版本、客户端支持的密码对（加密套件）和客户端支持的数据压缩方法（哈希函数），消息也包含 28 字节的随机数。

（2）服务器以服务器"您好"消息响应，此消息包含密码方法（密码对）和由服务器选择的数据压缩方法，以及会话标识和另一个随机数。客户端和服务器至少必须支持一个公共密码对，否则握手失败。服务器一般选择最大的公共密码对。

（3）服务器发送其 SSL 数字证书。如果服务器使用 SSLV3，而服务器应用程序（Web 服务器）需要数字证书进行客户端认证，则客户端会发出"数字证书请求"消息。在"数字证书请求"消息中，服务器发出支持的客户端数字证书类型的列表和可接受的 CA 的名称。

（4）服务器发出服务器"您好完成"消息并等待客户端响应。

（5）一接到服务器"您好完成"消息，客户端（Web 浏览器）将验证服务器的 SSL 数字证书的有效性，并检查服务器的"你好"消息参数是否可以接受。如果服务器请求客户端数字证书，客户端将发送其数字证书；或者，如果没有合适的数字证书是可用的，客户端将发送"没有数字证书"警告。此警告仅仅是警告而已，但如果客户端数字证书认证是强制性的话，服务器应用程序将会使会话失败。

（6）客户端发送"客户端密钥交换"消息。此消息包含 pre-master secret（一个用在对称加密密钥生成中的 46 字节的随机数字）和消息认证代码（MAC）密钥（用服务器的公用密钥加密的）。如果客户端发送客户端数字证书给服务器，客户端将发出签有客户端的专用密钥的"数字证书验证"消息。通过验证此消息的签名，服务器可以显示验证客户端数字证书的所有权。注意，如果服务器没有属于数字证书的专用密钥，它将无法解密 pre-master 密码，也无法创建对称加密算法的正确密钥，且握手将失败。

（7）客户端使用一系列加密运算将 pre-master secret 转化为 master secret，其中将派生出所有用于加密和消息认证的密钥。然后，客户端发出"更改密码规范"消息，将服务器转换为新协商的密码对。客户端发出的下一个消息（"未完成"的消息）为用此密码方法和密钥加密的第一条消息。

（8）服务器以自己的"更改密码规范"和"已完成"消息响应。

（9）SSL 握手结束，且可以发送加密的应用程序数据。

二、SET 协议

SET（secure electronic transaction，安全电子交易）协议是美国 VISA 和 MasterCard 两大信用卡组织等联合于 1997 年 5 月 31 日推出的用于电子商务的行业规范，其实质是一种应用在因特网上以信用卡为基础的电子付款系统规范，目的是保证网络交易的安全。

SET 妥善地解决了信用卡在电子商务交易中的交易协议、信息保密、资料完整以及身份认证等问题。SET 已获得 IETF（the internet engineering task force，互联网工程任务组）标准的认可，是电子商务的发展方向。

（一）SET 支付系统的组成

SET 支付系统主要由持卡人（card holder）、商家（merchant）、发卡行（issuing bank）、收单行（acquiring bank）、支付网关（payment gateway）、认证中心（certificate authority）6 个部分组成。对应地，基于 SET 协议的网上购物系统至少包括电子钱包软件、商家软件、支付网关软件和签发证书软件。

（二）SET 的工作流程

SET 主要是针对用户、商家和银行之间通过信用卡支付的电子交易类型而设计的，所以在下例中出现三方，用户、网站和银行。对应地就有六把"钥匙"，用户公钥、用户私钥；网站公钥、网站私钥；银行公钥、银行私钥。

这个三方电子交易的流程如下。

（1）用户将购物清单、用户银行账号和密码进行数字签名提交给网站，用户账号明文包括用户的银行账号和密码，如图 5-6 所示为 SET 交易示意图 1。

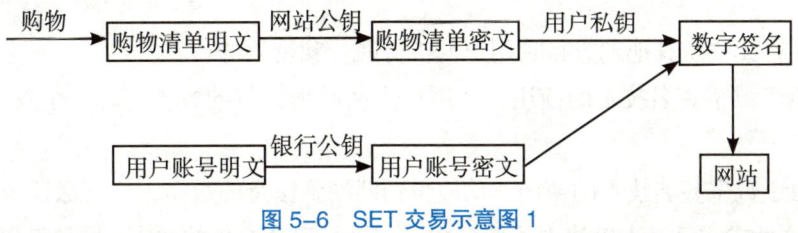

图 5-6　SET 交易示意图 1

（2）网站签名认证收到的购物清单，如图 5-7 所示为 SET 交易示意图 2。

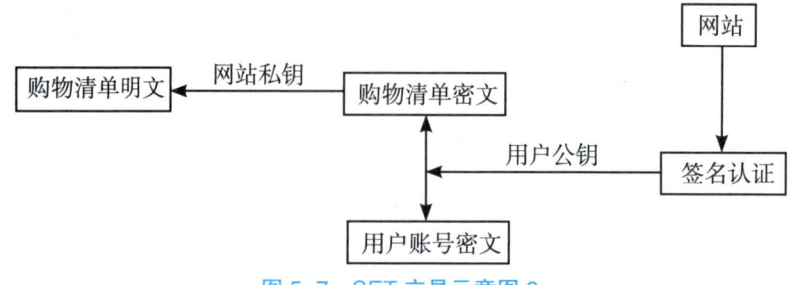

图 5-7　SET 交易示意图 2

（3）网站将网站申请密文和用户账号密文进行数字签名提交给银行，如图 5-8 所示为 SET 交易示意图 3。网站申请明文包括购物清单款项统计、网站账户和用户需付金额。

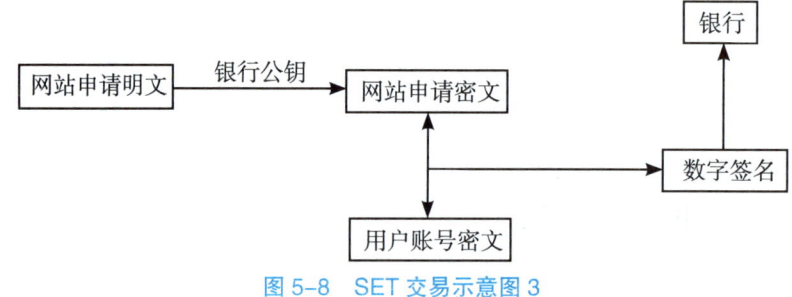

图 5-8　SET 交易示意图 3

（4）银行签名认证收到的相应明文，如图 5-9 所示为 SET 交易示意图 4。

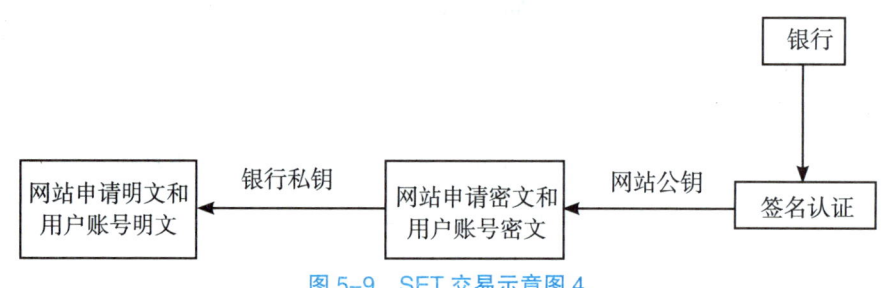

图 5-9　SET 交易示意图 4

从上面的交易过程可知，这个电子商务具有以下几个特点。

（1）网站无法得知用户的银行账号和密码，只有银行可以看到用户的银行账号和密码。

（2）银行无法从其他地方得到用户的银行账号和密码的密文。

（3）由于数字签名技术的使用，从用户到网站到银行的数据，每一个发送端都无法否认。

（4）由于数字签名技术的使用，从用户到网站到银行的数据，均可保证未被篡改。

可见，这种方式已基本解决电子商务中三方进行安全交易的要求，即便有更多方交易，也可以按 SET 协议类完成。

（三）SET 与 SSL 协议的比较

SET 与 SSL 协议可以从以下几方面进行比较。

（1）在认证要求方面。早期的 SSL 并没有提供商家身份认证机制，虽然在 SSL 3.0 中可以通过数字签名和数字证书实现浏览器和 Web 服务器双方的身份验证，但仍不能实现多方认证；相比之下，SET 的安全要求较高，所有参与 SET 交易的成员（持卡人、商家、发卡行、收单银行和支付网关）都必须申请数字证书进行身份识别。

（2）在安全性方面。SET 协议规范了整个商务活动的流程，从持卡人到商家，到支付网关，到 CA 认证中心及信用卡结算中心之间的信息流走向和必须采用的加密、认证都制定了严密的标准，从而最大限度地保证了商务性、服务性、协调性和集成性；而 SSL 只对持卡人与商店端的信息交换进行加密保护，可以看作用于传输的那部分的技术规范。从电子商务特性来看，它并不具备商务性、服务性、协调性和集成性。因此，SET 的安全性比 SSL 高。

（3）在网络层协议位置方面。SSL 是基于传输层的通用安全协议；而 SET 位于应用层，对网络上其他各层也有涉及。

（4）在应用领域方面。SSL 主要是和 Web 应用一起工作，而 SET 是为信用卡交易提供安全。因此，如果电子商务应用只是通过 Web 或电子邮件，则可以不用 SET。但如果电子商务应用是一个涉及多方交易的过程，则使用 SET 更安全、更通用。

总之，SSL 协议的优点是实现简单，独立于应用层协议，大部分内置于浏览器和 Web 服务器中，在电子交易中应用便利。但它的缺点是一个面向链接的协议，只能提供交易中客户与服务器间的双方认证，不能实现多方的电子交易。而 SET 协议的最大优点是在保留对客户信用卡认证的前提下增加了对商家身份的认证，安全性进一步提高。但其缺点是实现起来比较复杂，交易过程也比较耗费时间。出于两个协议所处的网络层次不同，为电子商务提供的服务也不相同，因此，在实践中应根据具体情况来选择独立使用或两者混合使用。

第四节　电子商务安全管理

电子商务的安全问题是电子商务发展的关键。解决电子商务的安全问题，需要从技术、管理等方面综合考虑。虽然解决电子商务的安全问题的手段、方法和制度还没有形成完善的体系，但其随着电子商务的发展已日益成熟起来。本节将从机构制度管理、风险制度管理和法律制度管理等方面介绍电子商务安全管理。

一、机构制度管理

（一）CA 的管理

CA 是指专门从事电子商务认证服务的商业组织，其设立与经营必须符合法律法规的要求。

CA 的管理包括外部管理和内部管理两部分。外部管理主要是指有关主管部门对 CA 的管理，内部管理是指 CA 对其自身的管理。

（二）电子银行的安全管理

电子银行是电子支付的核心角色。电子银行的安全管理对于维护整个电子支付市场秩序具有非常重要的意义。电子银行的安全管理通常包括以下内容。

第一，金融机构应当保障电子银行运营设施设备的安全；应合理设置和使用防火墙等安全产品和技术，确保电子银行有足够的反攻击能力和防病毒能力，保证网络安全。第二，金融机构应采用适当的加密技术和措施，保证电子交易数据传输的保密性、真实性，以及交易数据的完整性和交易的不可否认性。第三，金融机构需要采取适当的措施和采用适当的技术，鉴定与识别进行电子交易的客户的真实身份，并对其权限实施有效管理。

（三）电子支付的安全管理

电子支付在我国发展的时间还不长，用户对电子支付的安全意识还不足，全社会对电子支付的监管也不完善。因此，我国要加强对电子支付的安全知识的宣传，培养民众的安全意识，提高用户对电子支付系统的使用水平，营造良好的电子支付环境。具体做法如下。

第一，加强用户对身份验证或密钥的了解，使其对电子支付企业和第三方支付平台有足够的认知。第二，培养消费者的维权意识，研究制订电子支付消费者风险教育规划，及时发布维权提示。当消费者权益受到侵害后，其应能够及时向有关部门投诉；对于涉嫌诈骗的严重案件，有关部门应能够及时处理，以保障消费者的合法权益。第三，加强电子支付信息保护。电子支付信息不仅涉及企业的商业秘密，还涉及个人隐私，具有很大的潜在商业价值，必须重点保护。

二、风险制度管理

针对电子商务面临的各种安全风险，电子商务企业不能被动、消极地应付，而应该主动采取措施维护电子商务的安全，并积极应对新的威胁和漏洞。因此，这就需要制定完整高效的电子商务安全风险管理规则。

电子商务风险管理就是跟踪、评估、监测和管理整个电子商务实施过程中所形成的电子商务风险，尽量避免电子商务风险给企业造成的经济损失、商业干扰及商业信誉丧失等，以确保企业电子商务的顺利进行。企业要做好电子商务风险管理，第一，要提高企业内部人员对电子商务风险的管理意识，并使其掌握电子商务风险管理知识；第二，电子商务是商务过程信息技术的实现，因此应将企业的商务战略与信息技术战略整合在一起，形成企业的整体战略，这是电子商务管理的关键。

识别与评估企业电子商务信息系统的安全漏洞，实现企业的文化管理，即对人的因素的控制。电子商务的安全管理在行政安排上需要遵循多人负责原则、有限任期原则、职责分离原则和最小权限原则等。在紧急事故发生时，企业应利用各项应急措施来保障计算机信息系统继续运行或紧急恢复，如采用瞬时备份技术、远程磁盘镜像技术和数据库恢复技术等。

电子商务风险是不可能完全消除的，它是与电子商务共生的，是电子商务的必然产物，危害程度随着不同的应用领域各不相同，电子商务风险管理的目标是将其影响控制在最小的范围内。另外，再好的安全措施也要做好应急预案。因此，要加强各项管理措施，把信息技术风险看成商业风险，看成商务过程风险的一部分来进行商务整合。

三、法律制度管理

电子商务安全问题不是单纯的技术问题，安全管理的不完善是电子商务安全的重要隐患，安全管理在整个网络安全保护工作中的地位十分重要。任何先进的网络安全技术都须在有效、正确的管理控制下和合理的法律保障下才能得到较好的实施。

2004年8月28日，第十届全国人民代表大会常务委员会第十一次会议通过了《中华人民共和国电子签名法》。2005年4月1日该法正式施行，2019年4月第十三届全国人民代表大会常务委员会第十次会议对该法进行了修正。

2009年4月，中国人民银行、中国银行业监督管理委员会、公安部和国家工商总局联合发布《关于加强银行卡安全管理预防和打击银行卡犯罪的通知》，国家监管部门开始加强对第三方支付企业的监管。

2010年5月31日，国家工商行政管理总局出台的《网络商品交易及有关服务行为管理暂行办法》明确规定，通过网络从事商品交易及有关服务行为的自然人，应提交其姓名和地址等真实身份信息。

2010年6月14日，中国人民银行公布了《非金融机构支付服务管理办法》，要求当时已运营的第三方支付公司必须在2011年9月1日前申请取得"支付业务许可证"，且全国性公司的注册资本最低为1亿元。《非金融机构支付服务管理办法》的出台意在规范当前发展迅猛的第三方支付行业。

2016年11月，第十二届全国人民代表大会常务委员会第二十四次会议通过《中华人民共和国网络安全法》，明确了网络产品及服务经营者的相关责任和义务，为我国网络信息安全保驾护航。

2018年8月31日，第十三届全国人民代表大会常务委员会第五次会议通过了《中华人民共和国电子商务法》，该法自2019年1月1日起施行。

2021年6月10日，第十三届全国人民代表大会常务委员会第二十九次会议通过《中华人民共和国数据安全法》，自2021年9月1日起施行。《中华人民共和国数据安全法》是为了规范数据处理活动，保障数据安全，促进数据开发利用，保护个人、组织的合法权益，维护国家的主权、安全和发展利益制定的法律。

本章小结

本章通过对电子商务安全概述、电子商务安全保障技术、电子商务安全协议、电子商务安全管理等内容的讲解，使读者了解电子商务安全的概念，熟悉电子商务所面临的安全威胁的种类和电子商务安全技术，掌握电子商务安全管理措施，更好地为企事业单位提供安全的电子商务网络环境。

本章习题

1. 简述电子商务安全要求。
2. 电子商务安全保障技术有哪些？
3. 电子商务安全协议有哪几种？
4. 电子商务安全管理包括哪几方面？

第六章 电子商务支付

本章导读

随着网络技术的发展,以网络为应用平台的网络购物与电子支付为人们的生活带来了极大的便利。可以说,如今网络购物与电子支付已经成为人们的主流生活方式,未来其覆盖和应用范围会越来越广泛。

素质目标

1. 树立正确的消费观,避免盲目消费与过度消费。
2. 善于缜密思考问题,提升解决问题的能力。

案例导入

刘女士是一名普通的在职员工,很喜欢到商场购物。但一遇到节假日,商场的人流量就非常大,随身还不能携带大量的现金,刘女士觉得非常不方便。自从能够网上购物后,刘女士只要在网店中选购好商品,再利用网上银行或第三方支付工具就能非常方便地付款,不用再支付现金,也不用再到商场中挑选商品了,十分省心。

不仅如此,刘女士还说,除了网上购物外,她还能在网上进行车票预订,水、电、气缴费,手机充值,转账和个人理财等多种活动。以前必须要到实体店中进行的商务活动,现在几乎都能在网上完成,非常方便。并且随着智能手机的出现,现在还能直接通过手机进行购物和支付,在超市、餐厅等场所付款时,直接用手机扫一扫二维码即可,完全不用担心现金不够。网络购物与电子支付为刘女士及大多数人的生活带来了极大的便利。

本章重点

电子支付;网上银行;第三方支付;移动支付;微信支付。

第一节　电子商务中的电子支付

无论是商务企业、消费者还是银行等金融机构，都需要电子支付来进行连接，从而为整个活动画上完美的句号。而随着网络技术的不断发展，电子支付的方式也向多样化的方向发展，其前景非常可观。

一、电子支付的概念

电子支付（electronic payment，E-Payment）是指电子交易的当事人，包括消费者、厂商和金融机构，使用安全电子支付手段，通过网络进行的货币支付或资金流转。它在普通的电子商务中可以理解为：消费者、商家、企业、中间机构和银行等通过互联网进行的资金流转，其实现方式有很多，如信用卡、电子支票和电子钱包等。

最早的电子支付是银行间的业务办理结算，在此基础上不断发展和演变，形成了如今的网上支付。其发展阶段和主要功能如下。

（1）第一阶段的电子支付主要是银行和银行之间通过计算机办理结算。

（2）第二阶段的电子支付是银行与其他机构之间通过计算机进行资金的结算，常见业务包括工资代发、水电气费代交等。

（3）第三阶段的电子支付是网络终端向用户提供的各项银行服务，最典型的就是用户通过自动柜员机（automatic teller machine，ATM）进行资金的存、取操作。

（4）第四阶段的电子支付是银行销售终端（point of sale，POS）向用户提供的自动扣款业务，如超市、商场中的 POS 支付系统。

（5）第五阶段的电子支付可以简单地用网上支付来表示。网上支付是指在互联网环境下，通过各种电子化工具来实现资金的流通和支付。

电子支付的应用需要功能完整的电子支付系统，以保证参与者之间的金融活动正常进行，如验证消息、银行转账对账、电子证券和交易处理等全方位的金融服务和金融管理信息系统。

二、电子支付与传统支付方式的区别

电子支付是在传统支付方式的基础上逐渐发展起来的，两者之间的区别主要有以下几点。

（1）电子支付采用先进的技术手段，通过数字化方式来完成相关支付信息的传输。传统的支付方式则是通过现金、票据或银行汇兑等方式来实现资金的流转。

（2）电子支付基于互联网环境，是一种开放、方便的环境，其覆盖面非常广。传统支付方式的环境则比较封闭，如信用卡只能在某些特定的经销商处使用。

（3）电子支付拥有先进的通信手段，并且对软、硬件设施的要求很高，要能保证交易的安全性。传统支付方式则比较简单。

（4）电子支付的使用条件相对简单，只需要一台能上网的计算机或能联网的手机就可以随时随地完成整个支付过程。传统支付方式则需要较长的时间、一定数额的支付费用才能完成支付过程。

三、电子支付系统的主要参与者

电子支付系统的主要参与者包括直接参与者、间接参与者和特许参与者3种。

（一）直接参与者

电子支付系统的直接参与者是中国人民银行地市以上中心支行（库）、在中国人民银行开设清算账户的银行和非银行金融机构，与城市处理中心直接连接。

（二）间接参与者

电子支付系统的间接参与者是中国人民银行县（市）支行（库）、未在中国人民银行开设清算账户而委托直接参与者办理资金清算的银行和经中国人民银行批准经营支付结算业务的非银行金融机构，不与城市处理中心直接连接，其支付业务提交给其清算资金的直接参与者，由该直接参与者提交支付系统处理。

（三）特许参与者

电子支付系统的特许参与者是经中国人民银行批准通过支付系统办理特定业务的机构，在中国人民银行当地分支行开设特许账户，与当地城市处理中心连接。

拓展案例

四则网络支付风险案例

网络支付基于互联网进行操作，可能由于支付系统漏洞、账产信息泄露等问题导致支付风险，使用户的利益受损。以下案例为摘取《第一财经日报》的部分支付机构风险事件案例。

1. 利用黑客手段盗取支付宝用户资金

一伙不法分子通过网上购买他人提供的账号、密码等信息，使用扫号软件批量测试其是否与支付机构支付账号、密码一致，比对成功后即使用这些信息进行盗窃。据统计这伙人的计算机硬盘中存储了各类公民个人信息40多亿条，涉及支付宝、京东和PayPal等支付账户达1 000多万个，初步估算账户涉及资金近10亿元。

2. 网络融资平台用户资金被盗

不法分子通过购买某银行600余万条账户信息，将储户账户绑定到上海陆家嘴国际金融资产交易市场股份有限公司所运营的"稳赢"融资交易平台，并通过该平台将资金转移到用假军官证开立的同名银行账户中，再通过支付机构以购物退款的方式将资金转移到被控制的银行网络账户中,以盗取资金。

不法分子能够成功盗取资金主要有以下几个方面的原因。

(1)绑定账户时,交易平台存在无须提供密码且可一人同时绑定多个账户的漏洞。

(2)银行违反账户管理规定和实名审核要求,开立假名账户。

(3)支付机构账户实名制落实不到位,对特约商户管理不严。

3. 网店店主利用某支付公司漏洞制作营业执照盗取资金

张某、刘某是一家购物网站的店主,在经营过程中二人发现,修改网店的支付账户用户名和密码,只需在网上向该家支付公司客服提交电子版营业执照即可。由于手续简单、可实现性强,二人通过 Photoshop 软件伪造其他公司的电子版营业执照,修改密码,进而控制账户并盗窃资金共20余万元。

4. 快捷支付验证不足导致用户资金被盗

由于业务需要,李先生托人代办信用卡,将预留手机号码、身份证与储蓄卡的高清照片都泄露给了对方,不料3日后卡内现金全部被盗。经查,李先生卡内的账款是通过快捷支付扣除的,但李先生并未收到任何银行卡支付密码的验证。这是因为开通快捷支付的操作十分简单,只需在支付机构快捷支付页面提供本人的姓名、身份证号码、银行卡号及银行预留手机号等有效个人信息即可;并且后期支付时无须经过原有银行卡的支付密码验证,只需在支付页面上输入支付密码或关联银行卡信息即可完成资金交易。

四、电子支付的方式

现金支付是主要的传统支付方式,具有小额支付和交易笔数多等特点。而随着电子支付的广泛应用,用户可以通过越来越多的电子支付工具来进行交易的支付,如电子现金、电子钱包、银行卡和电子支票等。

(一)电子现金

电子现金是现实货币的电子化或数字模拟,以数字信息的形式在互联网中流通。它将现金的数值转换为一系列加密序列数,然后用这些序列数来表示各种金额的币值,以实现电子支付。

电子现金兼有纸币和数字化的优势,具有安全、方便和经济等特点,在使用过程中涉及商家、用户和银行3个主体,需要经过提取、支付和存款3个过程。电子现金的基本流通模式包括用户与银行执行提款协议从银行提取电子现金、用户与商家执行支付协议支付电子现金、商家与银行执行存款协议将交易所得的电子现金存入银行。下面进行具体介绍。

1. 取款协议(withdrawal protocol)

通过执行取款协议,用户可以从自己的银行账户上提取电子现金,以便进行商务活动。取款协议需要保证存在用户匿名提取的前提下获得带有银行签名的合法电子现金,同时用户还将与银行交互执行盲签名协议。在这个过程中，银行必须确保电子现金上包含必要的用户身份信息。

2. 支付协议（payment protocol）

支付协议用于实现用户使用电子现金从商店中购物的活动。在这个过程中，需要验证电子现金的签名，以确保电子现金的合法性，同时还通过知识泄露协议来防止商家滥用电子现金。

3. 存款协议（deposit protocol）

用户和商家将电子现金存入自己的银行账户。在这个过程中，银行将检查存入的电子现金是否被合法使用，如果使用不合法，银行将使用检测协议跟踪非法用户的身份，并对其进行惩罚。

（二）电子钱包

电子钱包是一种支付结算的工具，可以看作是一个由持有人在线进行电子交易和储存交易记录的软件，是一种网上购物的新型"钱包"。电子钱包不仅具有普通钱包的功能，能够存放电子现金、信用卡等，还能进行电子安全证书的申请、存储和删除等管理操作，存储电子商务网站中收款台上所需的其他信息、存放地址簿，以及保存用户交易的信息记录，方便日后查询。

在电子商务活动中，用户在使用电子钱包时需要基于电子钱包服务系统，既可以使用与自己银行账号连接的电子商务系统服务器上的电子钱包软件，也可以使用互联网上的其他电子钱包软件，这些软件一般都是免费的。

（三）银行卡

银行卡支付是电子商务发展过程中使用频率一直比较高的一种支付方式，在B2C、C2C和小额的B2B电子商务活动中，银行卡使用很广泛。银行卡是由银行发行的金融交易卡，如信用卡、借记卡和复合卡等。

1. 银行卡的应用领域

银行卡的广泛使用不仅推动了电子资金转账（electronic funds transfer，EFT）系统和电子银行的建立和发展，也推动了社会信息化和经济全球化的进程。

2. 银行卡的分类

随着电子支付的发展，银行卡的种类逐渐丰富起来，但不同银行卡的结算方式、使用权限和使用范围等都有所不同。通常按照银行卡的结算方式进行分类，可将银行卡分为贷记卡、借记卡和复合卡3种。

（四）电子支票

电子支票是纸质支票的电子化，通过借鉴纸质支票转移支付的优点，将其改变为带有数字签名的电子报文，使资金以数字的形式从一个账户转移到另一个账户的一种电子支付方式。电子支票必须保证其合法性，目前一般是通过专用网络、设备、软件及一套完整的用户识别、标准报文和数据验证等规范化协议完成数据传输。

电子支票的支付过程包括开具电子支票、电子支票付款和资金清算 3 个方面。用户首先要在提供电子支票服务的银行注册，获得电子支票，然后才能使用电子支票向商家支付，最后商家根据自己的需要定期将电子支票存到银行，进行资金消算。

第二节　网上银行

随着电子商务的快速发展，1995 年 10 月，全球第一家网上银行 SFNB（security first network bank，安全第一网上银行）在美国诞生，它的出现对传统金融业产生了巨大的冲击，由此开启了网上银行的快速发展。目前，网上银行已经彻底融入人们的日常生活，使人们足不出户就能安全、便捷地完成各项金融业务。

网上银行概述

一、网上银行的概念

网上银行又称网络银行、虚拟银行或在线银行，是指金融机构利用网络技术在互联网上开设的银行。网上银行实质上是传统银行业务在网络中的延伸，它采用互联网数字通信技术，以互联网作为基础的交易平台和服务渠道，为用户提供升户、销户、查询、对账、转账、信贷、网上证券和投资理财等全方位的服务。

网上银行也可以理解为传统银行柜台的网络化，它不用像传统银行柜台那样设置众多的分支机构，只要建立一个统一的网上银行网站，用户就能通过互联网在任何地点、任何时刻获得银行提供的个性化的全方位服务。网上银行的快速发展和推广应用，极大地降低了银行的经营成本，提高了资金的周转速度。网上银行支付是目前主流的电子支付方式。

二、网上银行的特点

与传统银行柜台相比，网上银行具有以下几个特点。

（一）个性化

网上银行是银行根据自身市场定位和用户需求，为用户量身打造的具有自身特色的银行，以增加银行在各大商业银行中的竞争力，提高银行效益。

（二）智能化

第一，网上银行借助互联网和数字技术，用户无须银行工作人员的帮助就能在短时间内完成各项金融业务，如资金转账、账户查询等。第二，网上银行还提供了和用户的交互沟通渠道，用户可以在访问网上银行时根据需要提出具体的服务要求，网上银行将给出对应的解决方案，这一过程完全通过互联网来实现，充分实现了银行业务的智能化。

（三）多样化

网上银行在传统柜台业务的基础上进行延伸和创新，不断设计出新的业务品种和新的业务方式，以满足用户多元化的需求；同时，网上银行不断扩充银行的业务范围，增加银行的竞争力。

（四）简单化

网上银行的使用十分简单，只要在互联网环境下根据网上银行网页的提示即可选择自己需要的各项业务。网上银行的操作界面一般都十分简单、清晰，方便用户查看和操作，任何具有互联网基础知识的用户都能够很快掌握网上银行的操作方法。

随着互联网的快速普及，网上银行的使用范围更加广泛，越来越多的银行业务被整合到网上银行中，以便为用户提供更加快捷、高效和可靠的全方位服务，同时也促进了银行在服务质量、用户满意度等方面的提高，增强了银行的核心竞争力，最终使银行向业务综合化、国际化和高科技化的方向发展。

三、网上银行的功能

网上银行的功能随着互联网技术的发展与用户需求的变化而不断发展与创新，不同银行的网上银行其服务功能有所不同，但综合来看，一般都具有下面几项功能。

（一）信息类服务

网上银行是传统银行的网络化，其表现形式一般为网站、手机APP等平台。为了让用户了解网上银行的相关业务和服务，网上银行一般会在网站上提供基本的信息，主要包括银行的历史背景、企业文化、经营范围、网点分布、业务品质、经营状况，以及最新的国内外金融新闻和企业资讯。这些信息不仅能够让用户更加了解银行的相关业务和操作方法，还能很好地对银行起到宣传推广的作用，进一步树立银行的形象，加深银行在用户心中的印象。

（二）决策咨询类服务

网上银行与传统银行一样可以为用户提供决策咨询类服务。一般情况下，网上银行会以电子邮件或电子公告的形式提供银行业务的疑难咨询及投诉服务。这些都是建立在网上银行的市场动态分析反馈系统基础上的，通过该系统，网上银行可进行信息的收集、整理、归纳和分析活动，从而及时提供问题的解决方案。同时，它对市场动向进行关注和分析，以便为银行决策层提供新的经营方式和业务品种的决策依据，进一步为用户提供更加完善和周到的服务。

（三）账务管理类服务

网上银行能够提供完善的账务管理服务，包括用户的账户状态、账户余额、交易明细等查询服务；账户自主管理，如新账户追加、账户密码修改和账户删除等；账户挂失与申请等服务。通过网上银行，用户可以清楚地了解这些业务的办理方法并免除了去柜台办理

的麻烦，通过在线填写信息、提交资料的方式简化了办理手续。

（四）转账汇款类服务

转账汇款是用户使用最频繁的网上银行的功能。通过网上银行，用户可以实现多种账户之间的转账汇款，收款人既可以是个人用户，也可以是企业用户，或者其他商业银行的个人用户等。同时，网上银行可记录用户的转账记录，可保存收款人的信息，通过收款人名册可以直接选择收款人信息，避免了信息重复输入造成的损失。

（五）网上支付类服务

网上支付功能是随着电子商务的发展应运而生的，是一种向用户提供的互联网上的资金实时结算功能。用户在进行电子商务活动时，需要使用网上支付功能来进行资金的转移，保证交易的完整与正常。除此之外，用户还能通过网上银行进行网上缴费服务，如为本人或他人缴纳水费、电费、煤气费、手机话费等各种日常生活费用，或预先制定缴费的交易时间和交易频率，由系统定时按设置的交易规则自动发起缴费交易。

（六）金融创新类服务

网上银行的功能并非一成不变的，它随着互联网、科学技术的发展而逐渐向更全面和互动性更强的方向发展，以便为用户提供更加智能化、个性化的服务，如金融产品的网上销售、企业集团客户内部资金的调度与划拨、信贷资产证券化、互联网金融、小微金融和众筹金融等。

互联网金融是指传统金融机构与互联网企业利用互联网技术和信息通信技术实现资金融通、支付、投资和信息中介服务的新型金融业务模式。小微金融主要是指专门向小型和微型企业及中低收入阶层提供小额度的可持续的金融产品和服务的活动。众筹金融则是通过在互联网上发布筹资项目来吸引资金支持，它需要筹资项目有足够的吸引力。需要注意的是，众筹不等于捐款，如果项目失败，众筹的资金需要退还给支持者；如果项目成功，支持者则会获得相应的回报。

第三节　第三方支付

第三方支付就是买卖双方在交易过程中的资金"中间平台"，这些平台与各大银行进行签约，具备一定的实力和信誉保障。随着各个电子商务平台的兴起，第三方支付现已成为中国电子商务活动中的主流支付方式。

一、第三方支付的产生与发展

第三方支付是指具有一定实力和信誉保障的公司，采用与各大银行签约的方式，提供与银行支付结算系统对接的交易支持平台。也就是说，在交易过程中除买卖双方外，存在第三方提供支付中介服务。

现阶段，在互联网线上交易中，买卖双方无法实现面对面交易，同时所购买的货物从商家转移至消费者需要一定的时间和成本。其最大的缺点是不能同时保证买卖双方的利益，所以需要第三方支付平台作为信用中介保障交易的顺利进行。因此，以支付宝为代表的第三方支付平台应运而生，消费者支付的资金会暂存于该平台，待消费者验证货物后，平台才会将支付款项转至商家账户。目前，第三方支付已不局限于互联网支付，而是发展为线上线下全面覆盖、应用场景更为丰富的综合支付工具。艾瑞咨询的报告显示，2018年，我国第三方互联网支付（通过PC端完成支付）交易规模为29.1万亿元，同比增长3.6%；第三方移动支付（通过移动端完成支付）交易规模为190.5万亿元，同比增长58.4%，整体呈现出第三方移动支付规模激增的态势，移动支付的支付习惯已经成为主流。

随着第三方支付平台自身的发展和电子商务外部环境的变化，第三方支付将面临以下机遇和挑战。

（一）机遇

第三方支付的机遇主要来自以下两个方面。

（1）新的生活方式已形成。随着互联网和移动互联网的普及，电子商务企业不断向三、四线城市和农村市场布局及国际市场开拓发展，网络购物成为人们生活中不可缺少的一部分，未来的网络购物市场仍将持续增长。

（2）移动支付趋势。随着移动购物用户渗透率的持续提高，移动支付市场交易规模增长迅猛，第三方支付平台将不断渗透到线下支付场景中，打通包括消费、城市生活、金融理财和沟通交流等多个领域的真实生活场景。

（二）挑战

第三方支付将面临以下两个方面的挑战。

（1）行业监管加强。中国人民银行等相关部门对第三方支付市场的监管逐渐趋于严格。严格的监管，在一定程度上提高了第三方支付企业参与金融服务的门槛，同时也在一定程度上影响着用户的使用体验。

（2）行业竞争加剧。第三方支付行业进入成熟期后，市场逐渐趋于饱和，抢夺用户的行为越来越频繁，力度也越来越大。支付宝、微信支付不断通过"红包大战"来抢夺用户资源。用户成本不断增加，但是实际用户带来的价值却持续下降。此外，由于电子商务发展迅速，第三方支付成为"大金矿"，国内互联网公司纷纷砸重金进军第三方支付，产品的同质化使得价格战成为企业争夺用户的武器，很多公司为吸引用户都提供了免费服务，给支付宝等行业巨头带来了较大的竞争压力。

二、第三方支付的特点

第三方支付的出现有效规避了交易风险，促进了电子商务的发展，其具有以下显著特点。

（一）简单

以往的支付手段流程烦琐、速度不够快，第三方支付的出现简化了支付的流程。第三方支付平台使商家和消费者之间的交涉由第三方来完成，让交易变得更加简单。

（二）便利

第三方支付将多种银行的支付方式整合到了一个界面，消费者和商家不再需要向多个银行开设不同的账户，第三方支付负责交易结算与银行对接，给消费者带来更加便利的支付体验。

（三）安全

一方面，第三方支付平台实力雄厚，具有很好的信用，值得消费者信赖；另一方面，通过第三方支付平台实现的交易，货款暂存于第三方平台，保证了资金的安全，从理论上讲，第三方支付平台的出现减少了电子交易中的欺诈行为。

（四）开放

第三方支付平台是一个开放系统。几乎所有第三方支付平台都可以支持全国大多数银行的各类银行卡及全球范围内的国际信用卡在线支付，为用户提供广泛的支付服务。

三、第三方支付的交易流程

第三方支付的一般交易流程：①消费者选购商品后，使用注册的第三方支付平台账户支付货款；②第三方支付平台收到货款后，通知商家货款到账并要求其发货；③消费者收到货物、检验商品并确认后，通知第三方支付平台付款；④第三方支付平台将款项转至商家账户上。这一交易完成过程的实质是一种提供结算信用担保的中介服务方式。

下面以 B2C 电子商务交易为例，介绍第三方支付模式的具体交易流程。

（1）消费者在电子商务网站中选购商品并决定购买后，买卖双方在网上达成交易意向。

（2）消费者选择第三方支付平台作为交易中介，用借记卡或信用卡将货款划到第三方支付平台账户。

（3）第三方支付平台通知商家，消费者的货款已到账，要求商家在规定的时间内发货。

（4）商家收到消费者已付款的通知后按订单发货，并在网站上做相应记录，消费者可在网站上查看自己所购买商品的状态。如果商家已经发货，第三方支付平台将向消费者发送提示消息；如果商家没有发货，第三方支付平台则会将货款退还至消费者的账户。

（5）消费者收到货物并确认满意后通知第三方支付平台。如果消费者对商品不满意，或认为商品与商家所承诺的有出入，可通知第三方支付平台拒付货款并将货物退回商家。

（6）消费者对商品满意，第三方支付平台将货款划入商家账户，交易完成。

四、第三方支付平台

提到国内的第三方支付平台，人们自然而然地会想到支付宝和财付通。国内第三方移动支付市场中支付宝和财付通的市场份额达到92.71%，占据绝对的主导地位。

（一）支付宝

支付宝是阿里巴巴旗下的第三方支付平台，也是目前国内最大的第三方支付平台。2003年10月，淘宝网推出支付宝服务，其只作为淘宝网的支付工具。2004年12月，支付宝率先推出了"担保交易"的模式，从淘宝网的第三方担保平台向独立第三方支付平台发展；后又推出"全额赔付"支付，提出"你敢用，我敢赔"的承诺，使得网上支付的安全得到了有力的保障。支付宝最大的特点在于"消费者收货满意后，商家才能拿到钱"，从而保证了交易过程的安全和可靠。

支付宝之所以有如此的成绩，除了它"出道早"之外，还与其"可以办到的事情多"分不开。支付宝主要提供支付及理财服务，包括网购拟保交易、网络支付、转账、信用卡还款、手机充值、水电缴费和个人理财等多个领域。

拓展案例

支付宝的营利模式

支付宝作为阿里巴巴推出的支付工具，可以为用户提供丰富的服务，同时支付宝本身也是一款营利工具。由于支付宝提供的商品和服务非常丰富，因此，其营利方式多种多样，归纳起来，包括个人用户手续费、花呗和借呗营利、金融投资营利、企业平台服务费和广告收入等。

（1）个人用户手续费。自2016年10月12日起，支付宝对个人用户超出免费额度部分的提现收取0.1%的手续费，虽然仅有0.1%的提现手续费，但是支付宝上亿的用户体量，也将为支付宝增加不菲的额外收入。

（2）花呗和借呗营利。花呗可在开通了花呗付款的商家中使用。当商家开通花呗收款之后，消费者在商家店铺每消费一笔钱，支付宝就会按固定的比例收取商家费用。并且用户在使用花呗逾期或者使用借呗时，支付宝会按一定比例收取利息，这部分利息也是支付宝的收入来源。

（3）金融投资营利。当用户将钱存在余额宝等支付宝理财平台后，支付宝将利用用户投放的这些资金进行二次投资，以获取营利。另外，支付宝的运行模式会导致用户资金停留在支付宝账户上，即产生沉淀资金，沉淀资金以交易保证金的形式存在于合作商业银行，以此获得利息收入。

（4）企业平台服务费。目前，支付宝除了为自己旗下电子商务提供支付服务外，还为很多网上零售、物流、网游、保险、生活缴费等行业的企业提供服务，这些企业都需要缴纳一定的费用给支付宝。针对不同的行业、不同的业务合作模式，支付宝采用不同的收费模式和标准，扣除相应的成本及和商家共同进行的营销推广活动中应承担的成本，形成最终的利润。

（5）广告收入，支付宝将从个人登录页面的显示链接广告和商家在支付宝的营销推广活动中获取一定收益。

另外，支付宝可以从交付宝用户的支付消费中得到用户有关的数据，如个人消费习惯、家庭住址、工作情况、收入情况。支付宝更像是一家数据银行。这些数据可以用来分析用户，然后利用大数据对大量消费者进行精准营销。这些大数据的资料，在未来有着不可估量的价值。

（二）财付通

财付通是腾讯公司于 2005 年 9 月推出的在线支付平台，其市场份额仅次于支付宝，排在第二位。财付通依靠腾讯公司拥有微信和 QQ 超过 10 亿活跃用户的优势，同时借助微信支付、QQ 钱包两种新支付入口的快速发展，市场份额进一步扩大。现在财付通拥有的个人用户数量已超过 2 亿，覆盖的企业涉及腾讯游戏、网上购物、保险、物流和旅游等领域。

另外，除了支付宝和财付通外，还有快钱、易宝等第三方支付平台。数据显示，各家第三方支付平台在用户方面的差异，决定了其不同的发展路径，总体上呈现两种发展模式。支付宝和财付通拥有庞大的用户规模，所以其业务拓展和产品创新非常注重个人用户的需求；而快钱、易宝等第三方支付平台则把企业用户作为业务发展的重点，为企业提供一体化的解决方案。

第四节　移动支付

移动支付是电子支付方式的另一种表现形式，由于具有携带方便、操作简单等特点，受到了广大消费者的青睐。下面我们将对移动支付的相关知识进行介绍，主要包括移动支付的定义、移动支付的发展现状、移动支付的交易过程和移动支付的方式。

一、移动支付的定义

关于移动支付，国内外移动支付相关组织都给出了自己的定义，主要包括以下 3 种。

（1）国外调研机构 Gartner 认为：移动支付是在移动终端上使用银行账户、银行卡和预付费账号等支付工具完成交易的一种支付方式，但其中不包括基于话费账户的手机支付、IVR 支付（电话银行语音系统支付）及智能手机外接通件实现 POS 功能这 3 种方式。

（2）国外调研机构 Forrester 认为：移动支付是通过移动终端进行资金划转来完成交

易的一种字符方式,但其中不包括移动终端语音支付方式。

(3)国外学者德勤认为:移动支付是指用户使用移动终端,接入通信网络或使用近距离通信技术完成信息交互,资金从支付方向受付方转移从而实现支付目的的一种方式。这种看法比较全面,可以作为目前对移动支付较为正式的定义。

移动支付的形式非常多,不同的形式所采用的分类方式也不相同。一般来说,移动支付有以下3种分类方式。

(1)按照是否先指定收付方,可以将移动支付分为定向支付(如公用事业缴费)和非定向支付(如商场购物缴费)。

(2)按照支付金额的大小,可以将移动支付分为大额支付和小额支付。

(3)按照通信方式,可以将移动支付分为远程支付和近场支付。远程支付也叫线上支付,是指利用移动终端通过移动通信网络接入移动支付后台系统,完成支付行为的方式。近场支付是通过移动终端,利用近距离通信技术实现信息交互,从而完成支付的非接触式支付方式。

二、移动支付的发展现状

随着电子商务与智能手机的广泛普及,手机网民快速增长并促进了移动支付的发展。移动支付提供了更加简单、快捷的支付方式,更加符合消费者需求。由于具有方便、快捷、安全和价格低廉等特点,其发展非常迅速。我国移动支付的发展呈现以下态势。

(1)移动支付的业务规模保持着高速增长的势头,支付机构处理的移动支付业务笔数多、金额小。

(2)移动支付在网上支付中所占的比重逐渐上升,远程支付、业务发展逐渐成熟,受众规模较大。

(3)移动电话用户规模的提高和4G移动电话的普及,为移动支付用户数量的稳步增长提供了基础。

(4)移动支付的监管制度越来越完善,市场发展越来越规范、合理。

三、移动支付的交易过程

移动支付与普通支付最大的不同在于,交易资格审查的处理过程需要涉及移动网络运营商及其所使用的浏览协议。

移动支付的具体交易过程如下。

(1)消费者通过互联网在商家提供的消费平台上选择商品,然后将购买指令发送到商家管理系统。

(2)商家管理系统将购买指令发送到无线运营商综合管理系统,再通过该系统将信息发送至消费平台或消费者手机上请求确认。

(3)消费者通过手机或消费平台将确认购买指令发送到商家管理系统。

(4)商家管理系统将消费者确认购买指令转交给无线运营商综合管理系统,请求缴费操作。

（5）无线运营商综合管理系统在消费者缴费后将信息发送至商家管理系统，告知商家可以交付商品或服务，并保留记录。

（6）商家管理系统交付商品或服务给消费者，并保留交易记录。

四、移动支付的方式

移动支付的方式主要包括运营商计费、近距离无线通信（near field communication，NFC）支付、扫码支付和刷脸支付4种。

（一）运营商计费

运营商计费的支付方式由运营商来包办整个支付过程，用户一般通过短信支付来完成交易。运营商计费方式非常方便，使用门槛较低，对于没有银行卡或信用卡的用户，也可通过发送短信授权来进行整个支付过程，但采用该方式支付时运营商会抽取一部分利润。运营商计费是早期较为流行的移动支付方式。随着移动支付的发展与支付技术的更新，这一方式可能将逐渐淡出市场。

（二）NFC支付

NFC支付是指消费者在支付时采用近距离无线通信技术在手机等手持设备中完成支付行为。NFC支付需要在线下面对面支付，但不需要使用无线网络。使用NFC支付需要支付设备支持NFC技术，目前市面上支持该功能的支付设备主要有NFC手机、NFC支付终端。

（三）扫码支付

扫码支付是一种基于账户体系搭建的无线支付方式，通过把账号、商品价格等交易信息汇集到一个二维码中，然后用手机扫描二维码来完成交易。扫码支付是目前国内主流的移动支付方式，其中又以支付宝扫码和微信扫码最为典型。扫码支付主要有两种支付方式：一种是消费者让商家扫描付款码进行付款；另一种是由消费者扫描商家给出的二维码进行转账付款。不管采用哪种方式付款，扫码支付都需要二维码、扫码设备和网络3个要素。

（四）刷脸支付

刷脸支付是一种新兴的移动支付方式，使用这种支付方式，消费者不用打开手机APP，通过刷脸收款设备扫描消费者的面部信息即可完成支付。2018年12月，支付宝推出刷脸支付产品"蜻蜓"。2019年3月，微信刷脸支付产品"青蛙"正式上线。随着支付宝和微信对刷脸支付的大力推广，目前刷脸支付进入大规模应用阶段，很多大型超市、连锁餐厅都提供了刷脸支付的服务。随着刷脸收款设备技术的逐步完善，未来刷脸支付方式将逐渐流行。

第六章 电子商务支付

拓展案例

移动支付无处不在

63岁的陈益是一家杂货店的老板，在他的门店中立了一块大大的公告，上面有支付宝和微信支付的二维码，来到门店消费的消费者可以自由选择现金、支付宝和微信进行支付。而随着智能手机与移动支付的广泛普及，陈益发现很多年轻人都喜欢使用支付宝和微信进行支付，中老年用户更倾向于使用现金进行支付。不过，这并不影响陈益对移动支付的热情，在他的手机中早已经装上了支付宝和微信应用，到其他地方消费时，他基本上只带100元人民币应急，其余消费都可以通过手机支付来完成。

移动支付已经渗透到人们生活的方方面面，除了带来生活上的便利外，也带来了更多的机遇与挑战。越来越多的基于互联网的应用被普及，如通过微信查询周边停车泊位、滴滴打车随叫随到呼车服务、医疗服务在线预约挂号等。这些都可以通过移动支付的方式来进行交易的结算。可以说，移动支付无处不在，未来移动支付的发展速度将更快、普及程度将更高。

第五节　微信支付

微信支付是集成在微信APP上的支付功能。通过该功能，用户可以将手机作为一个全能钱包，快速完成各项消费活动和货款支付。微信支付需要先绑定银行卡并完成身份认证，不同的对象开通微信支付的条件不同，主要包括个人用户和商家账户。

一、个人用户微信支付

个人用户开通微信支付比较简单，只需打开微信，在底部菜单栏中选择"我"选项卡，在选项卡页面中选择"支付"选项，在打开的页面中单击"钱包"按钮，打开"钱包"页面，在其中选择"银行卡"选项，然后根据提示添加银行卡并输入对应的银行卡持卡人姓名、卡号和手机号码等信息、待收到短信验证码并填写正确后，再设置支付密码即可成功绑定银行卡。

个人用户在微信支付中可以进行的活动主要包括3种，即收付款、腾讯服务和第三方服务。

（一）收付款

收付款包括向商家付款和二维码收款两种方式。向商家付款功能将向个人用户生成一个条形码和对应的数字，将条形码提供给商家扫描后即可成功付款。二维码收款功能通过生成二维码来进行收款操作，收款时需要单击二维码下方的"设置金额"选项来手动设置收款的金额，完成后"设置金额"选项将变为"清除金额"选项。

（二）腾讯服务

微信 APP 是由腾讯开发的一款手机应用，其中集成了部分腾讯服务，如理财通和腾讯公益等。除此之外，个人用户还能进行其他的日常生活服务，如城市服务、手机充值、生活缴费等。

（三）第三方服务

第三方服务中集成了一些第三方应用平台，这些应用平台一般都与微信合作，可以通过微信打开并在这些应用平台中使用微信进行在线支付。例如：在"美团外卖"应用中可通过微信付款。

二、商家账户微信支付

商家账户要实现微信支付功能，需要在微信公众平台的微信支付页面中申请，填写商家基本资料、业务审核资料和财务审核资料等信息并进行审核。审核通过后，商家应按照提示下载承诺函模板并签署盖章，然后确认商家信息，签署微信支付服务协议即可开通微信支付功能。

开通微信支付功能后，商家可以通过自定义菜单、关键字回复等方式向订阅用户推送商品消息，用户选购商品后即可实现在线支付。同时，商家也可将页面转换成二维码，用户通过扫描二维码，在微信浏览器中打开页面即可进行在线购买和支付。

本章小结

本章通过对电子商务中的电子支付、网上银行、第三方支付、移动支付、微信支付等内容的讲解，使读者可以学习电子商务支付的相关知识，以便更加深入地了解生活中的各种电子支付方式并灵活使用。

本章习题

1. 简述电子支付与传统支付方式的区别。
2. 电子支付的方式有哪些？
3. 简述什么是网上银行？网上银行有哪些特点？
4. 第三方支付平台有哪些？简述其交易流程。
5. 简述移动支付的概念与交易过程。
6. 简述个人用户微信支付开通过程。

第七章

电子商务物流管理

本章导读

电子商务的任何一笔完整交易都包含信息流、商流、资金流和物流。物流作为电子商务不可缺少的重要一环，主要是指物质实体（商品或服务）的流动过程，如商品的储存、保管、运输、配送和信息管理等活动。物流是信息流和资金流最终实现的根本保证，如果信息流、资金流传递速度很快，而物流传递速度跟不上，电子商务的优势还是体现不出来。因此，物流配送问题对电子商务发展的制约作用越来越突出，特别是在物流体系尚不健全的我国，物流已成为影响电子商务发展的"瓶颈"。

1. 夯实基础理论，提高分析能力，能够解决企业常见的物流问题。
2. 勤于思考、团结协作、严谨务实、爱国敬业，树立可持续发展理念。

案例导入

闪送——差异化带来爆发式增长

遇到下班路上发现钥匙忘在办公室、到了机场发现身份证忘在家里等场景时，传统快递难以解决问题，这就是人们使用闪送的最初的需求。2022年3月21日，同城一对一急送平台闪送发布的《2021年度闪送员数据报告》（以下简称《报告》）显示，闪送员在过去一年中最高月收入达2.2万元，且来自上班族、大学生等人群的比例逐渐增加。从平台注册人数看，2021年闪送员增长人数较多，全年净增长50万人，至2021年底，闪送发牌闪送员已超过150万人，同比增长50%。其中，闪送员男女比例为23∶1，较去年的20∶1有了更大差异。

1. **差异化快捷服务**

闪送的定位是基于众包的同城专人直送服务平台，为用户提供"1分钟响应、10

分钟上门、60分钟送达"的同城速递服务。价格方面，闪送将5千米、5千克以下的订单价格定为16元；5千米后，每增加5千米加收10元；20千克以内，每增加1千克加收2元；超出20千克后，每增加1千克加收5元。尽管比传统快递的价格要高不少，但闪送的直送模式没有中转分拨环节，所以60分钟送达基本可以实现。

2. 严格准入

对闪送员的管理，关键在于严格制定和执行规则。闪送对平台上的闪送员有多种管控策略，包括奖惩规则。这些规则根据订单规模、用户体验而不断迭代，基本一周一变。现在平台上熟练的闪送员每天可以接十几单，兼职闪送员每天也能接3~5单。闪送这种利用社会闲置人力资源进行共享的管理模式，一方面能使兼职闪送员群体的收入提高，另一方面也能解决很多人的就业问题。这种模式可以较好地保障闪送员的数量，并在此基础上提高服务质量。

3. 发力C端

连接技术的发展让平台可以加强用户之间的匹配，这看似很完美，但引来了竞争者的相继涌入。阿里巴巴旗下的物流平台菜鸟裹裹于2015年9月切入"一小时同城速递"市场；以O2O业务为开端的达达有了京东的加持，于2017年3月宣布发力达达快送；美团、饿了么同时上线"跑腿"业务。

现在的闪送，在同城极速物流之外，也增加了更多服务选项。在未来，闪送将继续加大产品研发投入，把精准匹配和算法模型做得更好、更完善。在此基础上，闪送还会引进更多优秀的人才，加大市场营销投入，为客户提供更周到、多元和准时的服务。

电子商务物流；第三方物流；电子商务配送；电子商务物流技术。

第一节　电子商务物流概述

电子商务的任何一笔完整交易都包含信息流、商流、资金流和物流。物流作为电子商务不可缺少的重要一环，主要是指物质实体（商品或服务）的流动过程，如商品的储存、保管、运输、配送和信息管理等活动。

物流概述

一、电子商务物流的概念

（一）物流的含义

"物流"（Physical Distribution）一词被认为最早出现在美国。在20世纪初，一些国家出现经济危机，市场竞争的加剧使人们开始关注分销工作，萌生出物流的概念。1915年，美国的阿奇·萧首次提出"Physical Distribution"的概念,有人将它译成"实体分销",也有人将它译成"物流"。"二战"期间,美国军队围绕战争期间军需物资的供应建立了现代军事后勤(Logistics),即战略物资的生产、采购、运输、仓储、配送等全过程的管理,形成了一门"后勤管理"(Logistics Management)学科。战后,"后勤管理"理论在很多经济活动中被引用,现在欧美很多国家定义物流概念时更多地使用"Logistics"而不是"Physical Distribution"。

(GB/T 18354-2021)《物流术语》将物流定义为:根据实际需要,将运输、储存、装卸、搬运、包装、流通加工、配送、信息处理等基本功能实施有机结合,使物品从供应地向接收地进行实体流动的过程。

(二)电子商务物流的含义

电子商务物流是集采购、运输、分拣、配送代理与销售等环节于一体的组织方式。目前,对电子商务物流尚无统一的定义,但我们可以从两个角度来理解:从宏观运作角度来看,电子商务物流是电子商务和物流两个行业的结合,是与电子商务这一新兴行业相配套的,主要为电子商务客户提供服务的物流;从微观运作角度来看,电子商务物流是信息管理技术和物流作业环节的结合,是运用现代信息技术整合物流环节,实现高度信息化的物流。由于电子商务物流管理是"两个结合"的产物,所以和传统物流概念相比,具有自身的特点。

国家邮政局统计,2020年全国快递服务企业业务量累计完成833.6亿件,同比增长31%,其中电子商务物流占据了总量的60%以上。同时,电子商务物流为电子商务的成功进行提供了基本的保障,使实体商品能够通过运输、配送等物流环节,完成从卖方到买方的转换。

二、电子商务物流的功能

传统的商品零售企业与利用电子商务进行商品销售的企业在本质上没有什么不同,物流始终是实现销售过程的最终环节。但由于两者所采用的销售形式不同,电子商务可以实现跨越时间和空间的交易活动,因此电子商务物流的功能与传统物流有所区别,主要表现在以下两个方面。

(一)传统物流企业转型成电子商务物流企业

需要根据电子商务的特点对物流的主要功能进行改进。

1. 储存

电子商务物流企业的物流中心需要配备高效率的物流分拣、传送、储存、拣选设备,同时利用电子商务的信息网络建立需求端数据自动收集系统,在供应链的各个环节共享物流信息,以虚拟库存代替实物库存来有效降低实物库存水平,达到减少库存货物占用资金和仓储成本的效果。

2. 装卸搬运

与传统物流企业相比,电子商务物流企业应该具备更加专业化的装卸、传送、堆码等装卸搬运机械，以提高作业效率，缩短订货周期，减少装卸搬运造成的货损。

3. 包装

电子商务物流企业一般通过对销售商品的包装进行重新组合、拼配和加固，得到便于物流运输和配送的包装组合。

4. 流通加工

专业化的物流中心通常会根据实际需要，为经销商完成特定的加工作业。

5. 物流信息处理

电子商务物流企业一般会利用现代化的物流系统对不同的物流环节产生的各种信息进行实时加工，并向委托方提供物流明细信息及咨询信息。

（二）与传统物流企业相比，电子商务物流企业还需提供以下增值服务

1. 增加便利服务

电子商务物流企业应在服务过程中增加门到门送货、代为安装、自动订货、代办业务、传递信息和转账等能简化操作手续的服务。

2. 加快响应速度

快速响应已成为电子商务物流的独特优势。除了加快运输速度，电子商务物流企业还需要通过优化电子商务系统的物流配送中心网络、重新改造流通渠道等方式来实现减少环节、简化流程、增强快速响应能力等目标。

3. 降低成本

电子商务物流企业为达到降低物流成本的目的，一般都会加入物流联盟并合理提高信息化水平。

4. 延伸服务

电子商务物流企业应向上下两端延伸物流服务，扩展电子商务物流服务的范围，达到提效增收的效果。

三、电子商务物流的特点

电子商务的快速发展，给全球物流带来了新的发展，也使电子商务物流具备了一些新的特点，主要包括信息化、自动化、网络化、智能化和柔性化等。

（一）信息化

在电子商务环境下，物流信息化是一种必然的结果。无论是供应链管理的上游还是下游，都需要进行频繁的信息交换，而通过网络进行信息传递，可以有效地实现对物流的实时控制，保证供应链各环节的正常运行。

（二）自动化

物流自动化是基于物流信息化而实现的物流作业过程的设备和设施的自动化，在物流管理的各个层次中都起到了重要的作用。在电子商务的带动下，物流自动化有了快速的发

展，国内外很多大型企业如海尔集团、新华书店等都装备了物流自动化生产线，以适应电子商务时代物流的需求，增强企业的物流运作能力。

（三）网络化

在电子商务环境下，信息能够通过网络进行传递，使原本费时、费力的物流信息以低廉的成本进行即时传递，促进了物流信息管理系统与网络系统的融合。物流网络化就是物流信息管理的网络化，是指物流配送中心与供应商或制造商之间的通信联系网络化和物品配送中心与下游客户之间的信息联系网络化。这种网络化的组织结构使得整个网络结构中的各个成员都能实现信息资源的共享。

（四）智能化

物流智能化是物流自动化、信息化的一种高层次应用，是指物流系统具有推理判断和自行解决物流中某些问题的能力。要实现物流的智能化，需要结合人工智能与计算机系统，使物流信息能够及时甚至提前于物流过程在相关环节中传递，使物流的信息管理系统能够收集到足够的信息，并提前预测模拟出最佳的选择方案，使物流的各个环节变得相对自动化和精确，从而更加智能地解决物流过程中产生的各种问题。

（五）柔性化

物流柔性化原本是在"以顾客为中心"的理念上提出的，这是快速适应市场的一种应对方法，如柔性自动化、柔性制造系统。20世纪90年代，国际生产领域中出现了柔性化的理念，其实质就是将生产与流通融合，根据需求端的需求组织生产，安排物流活动。因此，物流柔性化就是为了适应生产、流通与消费的需求而发展起来的一种新型物流模式。

拓展案例

九州通医药物流：一天建立一个现代物流系统

九州通医药集团物流有限公司（以下简称"九州通"）于2020年1月31日正式入驻武汉国际博览中心红十字会防控物资仓库（以下简称"国博仓库"），负责物资的物流管理。

九州通总经理张青松告诉《新京报》记者，2020年1月29日晚上10点，公司接到武汉市防控指挥部指令：协助红十字会管理捐赠物资。第二天一大早，公司就开始做准备工作：勘察现场，规划库容，搭建系统，运送托盘、叉车、标签纸、打印机、计算机等硬件设施，调配人员，制定组织架构和流程方案，并于2020年1月31日中午12点正式入驻国博仓库。简单来说，就是在一天之内，九州通迅速在空荡荡的国博展览中心建立起一个现代物流系统。

2020年2月3日，《新京报》记者在国博仓库内看到，九州通管理的一处库区划分为药品区、医疗器械区，其中医疗器械区设置了紧急医疗物资专区，主要存放符合标准的医用口罩、防护服、手套等防护用品；另一处库区则划分为非药品区、个人捐赠区和定向捐赠区。库房内，捐赠物资码放得很整齐，一处地面上贴有"A2-4-01"标签。杨俊解释道："这是货位号，工作人员需要将每件物资都编上货位号，再按照货位号录入计算机系统内，这相当于图书馆的书目索引，能带领我们快速找到目标货物。"

目前，九州通的员工24小时现场作业。每天会在24点进行扎账，对当天收发的货品进行动销盘点。随着流程不断被理顺，捐赠物资的管理工作已经趋于规范。

第二节　电子商务物流管理模式

在电子商务环境下，主要采用的物流模式有企业自营物流模式、第三方物流模式、物流联盟、第四方物流模式、绿色物流等。各模式各有优缺点，在实际应用中应结合企业特点及配送要求选择使用。

一、企业自营物流模式

自营物流是企业物流模式的一种，是指企业建设全资或是控股物流子公司，完成企业物流配送业务，实现企业的长期发展。

（一）企业自营物流的概念

电子商务企业借助自身的物质条件，自行开展经营的物流，称为自营物流，即电子商务企业自己组织物流配送中心为顾客服务。由于初期的国内物流公司大多是由传统的储运公司转变而来的，还未能真正满足电子商务的物流需求，因此大多数企业借助它们开展电子商务的先进经验同时开展物流业务，即电子商务企业自营物流。这种自营物流的模式在全球电子商务物流发展初期占主要地位。

（二）企业自营物流的优势

自营物流可以使企业对供应链有较强的控制能力，容易与其他业务环节紧密配合，即自营物流可以使企业的供应链更好地保持协调、简捷与稳定。

1. 保持协调

供应链的协调包括利益协调和管理协调。利益协调必须在供应链组织构建时将链中各企业之间的利益分配加以明确。管理协调则要求适应供应链组织结构要求的计划和控制管理以及信息技术的支持，协调物流、信息流的有效流动，降低整个供应链的运行成本，提高供应链对市场的响应速度。企业自营物流，企业内部的供应链是企业内部各个职能部门组成的网络，每个职能部门不是独立的利益个体，而是属于企业内部的一个组成部分，与企业经营部门关系密切，它是以服务于本企业的生产经营为主要目标，可以更好地满足企业在物流业务上的时间、空间要求，特别是对于物流配送较频繁的企业，自营物流比较容易协调。

2. 简化供应链

供应链中每一个环节都必须是价值增值的过程，非价值增值过程不仅增加了供应链管理的难度，增加了产品（服务）的成本而且降低了供应链的柔性，影响供应链中企业的竞争实力。由于一个企业的物流流程相对比较简单，因此自营物流在设计供应链的组织结构时，可以根据公司的具体情况，简化供应链。

3. 组织结构稳定

供应链是一种相对稳定的组织结构形式，从供应链的组织结构来看，供应链的环节过多，信息传导中就会存在信息扭曲，造成整个供应链的波动，稳定性就差。自营物流使企业对供应链有更多的监控与管理能力，可以更容易地保持供应链的稳定。还有一个信息安全问题，企业都有自己的商业机密，自营物流可以使企业保证自己的信息安全，避免内部物流与外部物流交叉过多造成企业机密的流失。

4. 柔性的物流配套服务

一方面，可以配合企业品牌推广活动，为顾客提供到家的高水平服务，让顾客进一步了解企业的产品和服务，提升品牌价值和形象；另一方面，企业可以掌握客户需求和市场信息的第一手资料，从而对企业战略做相应的调整，促进企业更好地发展，进一步提升品牌价值，实现良性循环。

（三）企业自营物流的劣势

（1）增加了企业投资的负担，削弱了企业抵御市场风险的能力。企业为了实施自营物流，就必须投入大量的资金用于物流基础设施建设，必然会减少企业对其他环节的投入，削弱企业的市场竞争力。

（2）缺乏物流管理能力。对于一个庞大的物流体系，建成之后需要管理人员具有专业化的物流管理能力，否则仅靠硬件是无法经营的。目前我国的物流理论与物流教育比较滞后，导致了我国物流人才的短缺。企业内部从事物流管理的人员的综合素质也不高，面对复杂多样的物流问题，经常是凭经验来解决问题，这是企业自营物流一大亟待解决的难题。

（3）中小企业所开展的自营物流规模有限，物流配送的专业化程度较低。由于中小企业的产品数量有限，采取自营物流配送模式，不能形成规模效应，将会导致物流成本过高，不利于凸显产品的竞争优势。

（四）企业自营物流适合的条件

（1）业务集中在企业所在城市，送货方式比较单一。由于业务范围不广，企业独立组织配送所耗费的人力不是很大，所涉及的配送设备也仅限于汽车及人力车而已，如果交由其他企业处理，反而浪费时间，增加配送成本。

（2）拥有覆盖面很广的代理、分销、连锁店，而企业业务又集中在其覆盖范围内。这样的企业一般是从传统产业转型或者依然拥有传统产业经营业务的企业，如计算机生产商、家电企业等。

（3）对于一些规模比较大、资金比较雄厚、货物配送量巨大的企业来说，投入资金建立自己的配送系统以掌握物流配送的主动权也是一种战略选择。例如：亚马逊网站斥巨资建立遍布美国重要城市的配送中心，将主动权牢牢地掌握在自己手中。

二、第三方物流模式

20世纪70年代以后，由于市场竞争的白热化，物流作为联系客户和消费者的最后环节，其质量水平直接影响到企业与客户的关系和企业的市场地位，而生产企业由于专注于技术和产品创新，不可能把太多人力、财力投入到物流系统建设。因此，迫切需要有专门的企业提供高水平的专业化物流服务，第三方物流就是在这种条件下产生的。

（一）第三方物流的定义

第三方物流（third party logistics，简称3PL，也称契约物流、合同物流、物流社会化或物流外部化）是指物流劳务的供方、需方之外的第三方企业，通过契约为客户提供的整个物流流通过程的服务，具体内容包括：商品运输、储存配送及附加值服务等。常见的第三方物流服务内容包括：开发物流策略和物流系统、货物集运、选择承运人、货运代理、海关代理、进行运费谈判和支付、仓储管理、物流信息管理和咨询等。可以看出，第三方物流的服务内容大都集中在传统意义上的运输、仓储范畴之内，运输、仓储企业对这些服务较有经验，对业务内容有比较深刻的理解，因此运输、仓储企业向第三方物流服务企业转变或转制比较容易，关键是要突破以往单项业务的思维定式，将单项服务内容有机地组合起来，提供物流运输的整体方案。

随着物流技术的不断发展，第三方物流作为一个提高物流速度、节省物流费用和提高物流服务质量的有效手段，将在物流领域和社会经济生活中发挥越来越大的作用。

（二）第三方物流的优势

1. 物流配送服务范围较广

第三方物流企业配送网络比较发达，网点遍布全国各个主要城市，基本可以实现门到门的配送服务。相对于自营物流配送模式而言，第三方物流配送服务的覆盖区域比较广且灵活，不受自身条件限制。

2. 减少物流设施投资，减轻企业负担

第三方物流模式可以使电商企业很少甚至不必对物流设施进行投入，从而节省大量资金，专注企业核心业务，加快电商企业资金周转，从长远的角度来看，提供更专业的服务，还可以实现规模经济所带来的低成本和高效率，能够有效降低企业的物流成本。

3. 帮助企业减少产品库存

电商企业不能承担原料和库存的无限增加，尤其是高价值的部件要求及时送往装配点以保证库存的最小量。第三方物流提供者借助精心策划的物流计划和适时运送手段，最大限度地调配库存，改善企业的现金流。

4. 利用社会物流资源，培养核心竞争力

电商企业物流外包，避免各个企业各自为政，统一由专业物流公司完成，能充分利用社会物流资源，将有限的人力、物力、技术等资源集中于核心业务，更有利于培养企业核心竞争力。

（三）第三方物流的劣势

1. 企业容易受制于人

如果合作的第三方物流企业不成熟，电商企业过分依赖供应链伙伴，容易受制于人。因为第三方的介入，电商企业对物流的控制能力必然受到影响，在双方协调出现障碍时很可能产生物流失控的风险，从而影响到企业的客服水平。

2. 对客户关系管理带来挑战

由于电商企业将部分或全部物流职能外包给第三方企业，与客户的接触必定减少，对于建立长期、稳定、良好的客户关系不利。而且，第三方物流企业不止为一家企业服务，在为企业竞争对手提供服务时存在泄露客户信息的风险。

3. 容易产生连带经营风险

第三方物流企业与客户之间是一种长期的合作关系，其自身出现经营困境时，电商企业会受到影响，造成经营风险的增加、经营成本的提高。

（四）第三方物流的业务内容

第三方物流的业务内容主要集中在以下几方面。

1. 开发物流系统及提供物流策略

它包括提供物资管理信息系统的设置、配送方案、配装方法、运输方式的选择等。对于第三方物流企业来说，为了增强竞争优势，已不能满足于提供港到港、门到门的服务。一些客户甚至要求提供货架到货架的服务，完全达到零库存销售的要求。随着全球经济一体化进程的加快，国际市场竞争将更加激烈，企业能否立于不败之地将更大程度上取决于物流费用的高低及对市场的反应速度。这一切与国内、国际运输方式的选择、货物的集运及配装方式、中转及通关的快慢等有着密切的关系。这些物流活动对于一般企业来讲，无论是从精力、时间、财力和能力上都是很难达到的。因此，由第三方物流提供的这种服务最具竞争力，国内的第三方物流与国外物流公司差距也主要在此。

2. 信息处理

信息系统是指为了推进企业的交易活动，控制从订货、库存到发货的一系列物流活动，以达到降低物流费用、提高经济效益的信息管理系统。它的目标如下，提高物流的服务水平、降低物流的总成本费用，即排除与物流活动有关的浪费。对于第三方物流企业来说，这两个服务目标看似互相矛盾，即高质量的服务水平和全方位的服务内容必然会引发物流成本的攀升。其实质是通过信息管理系统来控制物流的各个环节，使服务和成本两个目标之间达到最佳的平衡。因此，第三方物流企业的信息处理能力是提供高质量物流服务的一

个基本的最为关键的服务平台。这一点从广东宝供储运有限公司的成长经历可以看出,"宝供"最初只是一个个体铁路转运站,在短短4年的时间内一跃成为为宝洁、雀巢、格力、麦当劳、嘉士伯等大型企业提供物流服务的物流企业,其成功的关键在于能为客户提供完善的信息反馈和数据处理服务。

3. 货物的集运

货物的集运包括仓储、铁路运输、公路运输及海运方面的能力。集运能力的高低还与配送中心的选址、布局、设计、功能设置是否合理密切相关。因此,对于第三方物流企业来说,合理规划、设计配送中心对该项服务水平的高低尤为重要。

4. 选择运输商

在社会化大生产的环境下,第三方物流企业很难依靠自身的力量为客户提供全方位的服务,这时就需要与其他战略伙伴来协作完成。因此,选择一个优秀的合作伙伴对保证高质量的物流服务水平也是非常重要的。

5. 仓储

仓储功能是第三方物流企业的一个基本服务平台。

6. 咨询

随着与顾客的合作伙伴关系慢慢建立,第三方物流企业所提供的服务还应包括物流咨询。例如,利用第三方物流企业在消费者和货主之间的桥梁作用,为货主提供前期的市场调研及预测;根据不同国家的贸易等级要求,建议货主使用不同的包装材料及包装方法等。这些服务拉近了企业与货主的关系,提高了双方的经济利益。

7. 运费支付

运费支付也称为代垫运费,主要指支付给提供协作的其他第三方物流企业的运费,这符合社会化分工和分工细化的经济规律。

如上所述,第三方物流不仅要提供货物购、运、调、存、管、加工和配送全过程服务,而且还要提供网络设计和商品整个物流过程最优化的解决方案。

(五)电子商务与第三方物流的关系

1. 第三方物流是电子商务的支点

对于实体商品而言,在网上订货、网上支付问题得以解决之后,开展电子商务的瓶颈就是能否及时地按顾客的要求送货,于是有人用"成也物流,败也物流"来形容电子商务和物流的关系,物流成为电子商务能否最终成功的重要环节,尤其是第三方物流。电子商务只有以此为支点,才能实现发展上的成功跳跃。电子商务必然会成为企业决胜未来市场的重要工具,但是如果没有第三方物流作为电子商务的支点,则恐怕电子商务很难取得成功。

2. 第三方物流是电子商务跨区域物流的保障

在B2B电子商务交易模式中,物流成本在商品交易成本中占有很大的比重,尤其在跨国交易中,如果没有良好的物流系统为双方服务,则这种成本差异是很大的。如果交易双方各自组建自己的物流系统,不仅难度很大,而且双方在出入边境时仍然存在衔接不畅的问题。针对这种情况，跨国性的第三方物流企业可以给双方提供最佳的服务，实现门对门的送货。在B2B电子商务交易模式中，跨区域物流大大增加了流通费用，求助第三方物流是帮助卖方完成商品送货的最理想解决方案。这一点尤其体现在跨区域物流中，此时顾客是网上商店难以送货的异地用户，如果由处于异地的第三方物流公司送货，则可以轻易完成这种送货任务。

可以预见，随着电子商务的日趋成熟，跨国、跨区域的物流将更加重要。没有完善的物流系统，电子商务虽然能够降低交易费用，但却无法降低物流成本。没有物流网络、物流设施和物流技术的支持，电子商务将受到极大的抑制，电子商务所产生的效益将大打折扣。可以说EDI是通过信息将交易双方联系在一起，而第三方物流是通过物流将交易双方联系到一起的。所以说，第三方物流是实现电子商务中跨区域物流的保障。

3. 电子商务促进第三方物流的完善发展

电子商务时代，由于企业销售范围的扩大，企业的销售方式及最终消费者购买方式都发生了转变，使得送货上门等业务成为一项极为重要的服务业务。相对于低成本高效率而言，促使了物流行业的兴起，更进一步促使了第三方物流的全方位发展。第三方物流模式是一种完全专业化的物流模式，生产企业专搞生产，把原材料送货、供应以及所生产产品的销售、送货等物流业务全交给物流企业去承担。物流企业成为生产企业的大管家，负责上、下链的流通。只有这样做，物流企业才会合理有效地组织利用资源，既保证自己的经济效益，又保证生产企业的经济效益。

第三方物流企业的全方位发展包括两点，高端信息技术的处理和优质特殊的高附加值服务。物流企业要提供最佳的服务，就必须有良好的信息处理和传输系统。目前在大型的配送公司里，往往建立了ECR（有效客户信息反馈）和JIT（准时制生产）系统，配送不仅实现了内部的信息网络化，而且增加了配送货物的跟踪信息，进而提高物流企业的服务水平。在电子商务的环境下，当前的物流业正向全球化、信息化和一体化发展。此外，在电子商务时代，物流发展到集约化的阶段，一体化配送中心不单单是提供仓储和运输服务，还必须开展配货、配送和各种提高附加值的流通加工服务项目，也可按照客户需要提供其他服务。总之，电子商务促进了第三方物流业的完善发展，第三方物流应立足于高科技、高起点，建立和发展适合网络经济形式的物流业。

拓展案例

菜鸟物流

2013年5月28日，阿里巴巴集团、银泰集团联合复星集团、富春集团、顺丰集团、三通一达（申通、圆通、中通、韵达），以及相关金融机构共同宣布，"中国智能物流骨干网"（简称CSN）项目正式启动，合作各方共同组建的"菜鸟网络科技有限公司"正式成立。菜鸟的目标是与合作伙伴一起，加快实现"全国24小时,全球72小时必达"的目标。为此，正在推进"一横两纵"战略，建设整个物流行业的数字化基础设施，搭建面向未来的、基于新零售的智慧物流供应链解决方案，打造一张全球化的物流网络。

2016年3月14日，阿里巴巴旗下大数据物流平台公司菜鸟网络宣布已经完成首轮融资，融资额超百亿元，估值近500亿元人民币。2019年11月8日，阿里巴巴集团宣布，为持续加大智慧物流投入，强化物流基础设施建设，已领衔完成对菜鸟网络新一轮增资。阿里巴巴通过增资和购买老股的方式，投入人民币233亿元（约合33亿美元），持有菜鸟股权从约51%增加到约63%。菜鸟其他现有股东也参与了新一轮融资，非常看好菜鸟的发展前景。新一轮融资后，菜鸟将继续加大技术投入，推动物流行业数字升级；打造智慧供应链，服务商家降本增效；加快建设全球智能物流骨干网，服务好全球中小企业全球卖、全球运。

1．特点

菜鸟物流专注打造的中国智能物流骨干网，通过自建、共建、合作、改造等多种模式，在全中国范围内形成一套开放的社会化仓储设施网络；同时利用先进的互联网技术，建立开放、透明、共享的数据应用平台，为电子商务企业、物流公司、仓储企业、第三方物流服务商、供应链服务商等各类企业提供优质服务，支持物流行业向高附加值领域发展和升级；最终促使建立社会化资源高效协同机制，提升中国社会化物流服务品质。菜鸟通过打造智能物流骨干网，对生产流通的数据进行整合运作，实现信息的高速流转，而生产资料、货物则尽量减少流动，以提升效率。有人认为这种运作模式将颠覆传统物流模式。

2．发展

阿里的菜鸟物流成立时间较短，但是发展迅速。菜鸟以网络数据为主，整合订单资源，在物流的基础上搭建了一套社会化的基础设施平台，让仓储、快递、运输及配送等各个环节的合作伙伴获得更清晰的业务场景，用数据来提升自身的核心竞争力。

（1）加强大数据分析的运作模式。菜鸟用大数据来分析货物的物流信息，整合了物流领域的各类资源，减轻了物流的运输成本，促进了物流运输业的快速发展。菜鸟物流以智能物流为主，使用电子面单识别信息并处理配送事项。同时，菜鸟物流在各个地区都设置了菜鸟驿站，菜鸟驿站操作简单便捷，信息都会以短信方式发送到客户手机上，便可自动提货。

（2）阿里云象供应链。阿里的全球化布局，与生鲜是密不可分的，因此冷链仓储技术起到了很大的作用，库存的控制，成了生鲜经营的"命脉"。如今，为配合阿里巴巴"大进口战略"的全球化布局，云象主动走到台前，除了满足内部渠道的基础采购，还将联合阿里所有渠道建立集采优势，旨在整合接洽更多的源头供应商资源，从而进一步服务于国内所有需求方，打造云象集采中心。在服务阿里巴巴集团的各种零售业态的生鲜业务之外，云象也同时与阿里体系外的各类传统渠道、新零售渠道、餐饮渠道开展合作，通过供应链整合，云象将打通行业上下游环节，把"田间地头"和消费者联系起来。对于商家来说，通过云象供应链与阿里销售渠道及大数据深度捆绑，商家能够通过大数据预测消费者需求，形成消费画像，更好地做出决策。而对于消费者来说，通过上下游产业链打通、产地溯源，能够使消费透明化，保障消费者的知情权。

3．评价

菜鸟物流依托数字化和信息化的时代特色，在传统物流的基础上增添自己的特点，为电商时代的物流发展做出了新的贡献。同时，菜鸟物流作为第四方物流，有着庞大的数据库资源，通过整合其他物流快递的情况并进行后台分析，就可以得到精准的信息，其智能化、专业化的服务都为其发展打下了坚实的基础。

三、物流联盟

中小企业为了提高物流服务水平，通过联盟方式解决自身能力的不足。近年来随着人们消费水平的提高，零售业得到了迅猛的发展，这在给物流业带来了发展机遇的同时，也带来了新的挑战。因物流发展水平的长期落后，如物流设备、技术落后，资金不足，按行政条块划分物流区域等，很多企业尤其是中小企业不能立即适应新的需求，于是通过联盟的方式来解决这个矛盾。

（一）物流联盟的概念

如果电子商务企业的业务量未达到一定的规模，则不宜自建物流配送系统，否则将形成较多的运输工具回程空驶、装载率低、交通堵塞、环境污染等现象，进而导致物流成本居高不下，影响企业的经济效益。对于此类电子商务企业，其物流运作可以采取企业物流联盟的形式，借助于物流共同化，来实现企业的经营绩效。

联盟是介于独立的企业与市场交易关系之间的一种组织形态，是企业间由于自身某些方面发展的需要而形成的相对稳定的、长期的契约关系。物流联盟是以物流为合作基础的企业战略联盟，是指两个或多个企业之间，为了实现自己物流战略目标，通过各种协议、契约而结成的优势互补、风险共担、利益共享的松散型网络组织。在现代物流中，是否组建物流联盟，作为企业物流战略的决策之一，其重要性是不言而喻的。在我国，物流水平还处于初级阶段，组建联盟便显得尤为重要。

（二）物流联盟产生的原因

利益是物流联盟产生的最根本原因，企业之间有共享的利益是物流联盟形成的基础。物流市场及其利润空间是巨大的，在西方发达国家物流成本占GDP的10%左右，而在我国占15%～20%，如此大的市场与我国物流产业的效率低下形成鲜明的对比。生产运输企业通过物流或供应链的方式形成联盟有利于提高企业的物流效率，实现物流效益的最大化。

国际互联网技术的广泛应用使跨地区的物流企业联盟成为可能。由于信息高速公路的建成，使得世界距离大大缩短，异地物流企业利用网络也可以实现信息资源共享，为联盟提供了有利的条件。

我国物流企业面临跨国物流公司的竞争压力,可通过物流联盟来应对。中国已加入WTO,这给国外的投资商带来无限的商机,而具有巨大潜力的物流业当然也成了国外投资商关注的行业。面对强劲的竞争对手,我国的物流企业只有结成联盟,通过各个行业和从事各环节业务的企业之间的联合,实现物流供应链全过程的有机融合,通过多家企业的共同努力来抵御国外大型物流企业的入侵,形成一股强大的力量,共进退、同荣辱,才有可能立于不败之地。

(三)物流联盟的优势

大企业通过物流联盟迅速开拓全球市场,如Laura Ashley正是与联邦快递联盟,完成其全球物流配送,才使业务在全球范围内展开。

(1)长期供应链关系发展成为联盟形式,有助于降低企业的风险。单个企业的力量是有限的,它对一个领域的探索失败了损失会很大,如果几个企业联合起来,在不同的领域分头行动,就会减少风险。而且联盟企业在行动上也有一定协同性,因此对于突如其来的风险,能够共同分担,这样便减少了各个企业的风险,提高了抵抗风险的能力。

(2)企业(尤其是中小企业)通过物流服务提供商,结成联盟,能有效地降低物流成本(通过联盟整合,可节约成本10%~25%),提高企业竞争能力。由于我国物流业存在着诸多不利因素,让这些企业进行联盟能够在物流设备、技术、信息、管理、资金等各方面互通有无,优势互补,减少重复劳动,降低成本,达到共同提高、逐步完善的目的,从而使物流业朝着专业化、集约化方向发展,提高整个行业的竞争能力。此外,物流联盟有助于物流合作伙伴之间在交易过程中减少相关交易成本。物流合作伙伴之间经常沟通与合作,互通信息,建立相互信任和承诺,减少履约风险;即使在服务过程中产生冲突,也可通过协商加以解决,从而避免无休止地讨价还价,甚至提出法律诉讼产生费用。

(3)有利于提高服务水平。第三方物流公司通过联盟有利于弥补在业务范围内服务能力的不足。如,联邦快递(Fedex)公司发现自己在航空运输方面存在明显的不足,于是决定把一些不是自己核心竞争力的业务外包给Fritz公司,并与Fritz公司联盟,作为它的第三方物流提供商。

(四)物流联盟的劣势

(1)稳定性不易控制,整合优势不易发挥。虽然物流联盟可以实现双赢,达到整体利益最大化,但在具体实施过程中不一定都能实现,因此,有些企业的积极性不高,导致物流联盟的稳定性不易控制。

(2)物流配送不易标准化。由于物流联盟有多个合作伙伴,各类商品配送方式的集成化和标准化不易对接。

(3)资金投入相对较大。由于物流联盟最终要实现共同利益最大化,在联盟的初期需要建设物流相关的各种软硬件设施,需要大量的资金投入。

（五）物流联盟的模式

1. 虚拟物流联盟模式

由于国内网络覆盖广、物流成本低、信息化程度高、经营理念和服务化水平高的专业物流企业不多，电子商务企业往往难以在众多物流代理企业中选出一家各方面都符合本企业物流业务需求的合作方来实现物流配送，因而，"虚拟物流联盟"的形式为我国电子商务企业组建物流配送体系提出了新的方向。电子商务企业可以在不同地域内选择合适的物流代理公司，通过计算机网络技术将居于各地的仓库、配送中心凭借网络系统连接起来，使之成为"虚拟联盟"，通过各物流代理企业商流、物流信息之间的共享及一系列的决策支持技术来进行统一调度和管理，使得物流服务半径和货物集散空间变大，从而实现对物流的配送。企业与物流代理公司之间畅通无阻的信息化高速平台是构建"虚拟物流联盟"的基础。同时，这一虚拟联盟对于企业间物流技术、企业组织结构等都要求较高，电子商务企业应建立联盟伙伴之间的评估与淘汰机制，不断优化联盟内的资源组合。这一方式对解决我国企业的物流配送的跨区域合作、整合物流系统资源优化配置具有重要作用。

2. 企业+第三方物流共建模式

由于"最后一公里配送"覆盖面极广、运作烦琐，电子商务企业往往将其转由物流代理公司来完成。而出于对库存成本、信息的掌控、防止突发情况带来的缺货损失、企业战略发展等的考虑，电子商务企业往往会考虑建立和管理自己的仓库和配送中心。

以上背景促使电子商务企业采用与第三方物流共建来共同实现物流配送。在这种模式下，电子商务企业一般沿用或通过建模与实证分析，在适宜的地方自建大型的存储仓库和配送中心，不断调整和优化仓库、配送中心的布局，通过信息化平台和网络技术实现与物流代理公司的合作，将其后环节的物流配送业务交由专业物流公司来完成，共同实现对消费者物流配送服务。双方之间沟通、信任机制的构建，双向信息的对接、整合等问题，对电子商务企业提出了新的挑战，电子商务企业可通过灵活发挥自身和代理公司的双重优势来实现低成本、高效率的物流配送。

四、第四方物流模式

当前，我国物流产业在规模上已经达到了较高水平。但是，传统物流产业粗放式的经营方式，成为我国物流发展的瓶颈。随着我国交通、贸易和现代高科技生产力的不断发展，传统的第一方、第二方、第三方物流已不能满足现有发展现状，第四方物流由此诞生。

（一）第四方物流概述

第三方物流作为一种新兴的物流方式活跃在流通领域，它的优势如节约物流成本、提高物流效率等已为众多企业认可。随着企业要求的不断提高，第三方物流在整合社会物流资源以解决物流瓶颈、达到最大效率方面开始显得力不从心。虽然从局部来看，第三方物流是高效率的，但从一个地区、一个国家的整体来说，第三方物流企业仍然各自为政，这种局面很难达到全局最优，难以解决经济发展中的物流瓶颈，尤其是电子商务中新出现的物流瓶颈。另外，物流业的发展需要技术专家和管理咨询专家的推动，而第三方物流恰恰缺乏高技术、高素质的人才队伍支撑。对此有人提出，必须密切客户和第三方物流的关系并进行规范化管理，于是"第四方物流"（the fourth party logistics，简称4PL）便应运而生。

第四方物流的概念首先是由著名的管理咨询公司埃森哲公司（又名安盛咨询公司）提出的，该公司将第四方物流作为专有的服务商标进行了注册，并定义第四方物流公司为"一个调配和管理组织自身的及具有互补性服务提供商的资源、能力与技术，来提供全面的供应链解决方案的供应链集成商"。物流管理的日益复杂和信息技术的爆炸性发展，使得供应链管理的过程中的确需要一个"超级经理"来进行管理协调。而且，学术界、管理顾问公司、第三方物流公司和最终客户都认为对这种实体的需要是越来越强烈。它的主要作用是，对制造企业或分销企业的供应链进行监控，在客户和它的物流和信息供应商之间充当唯一"联系人"的角色。因此，有人把第四方物流称为"总承包商"或"领衔物流服务商"。

第四方物流与第三方物流的最大差异在于提供客户所谓"综合供应链解决方案"，重点专注于供应链管理的整体运作，提供对策，它能保证产品"更快、更好、更廉"地送到需求者手中。一般而言，第三方物流在物流运作能力、信息技术应用、多客户管理方面具有优势，在供应链管理方案设计、信息系统开发、变革管理能力方面表现不足，缺乏了对整个供应链进行运作的战略性专长和真正整合供应链流程的相关技术。第四方物流公司在管理理念创新、供应链管理方案设计、组织变革管理指导、供应链信息系统开发、信息技术解决方案等方面具有优势，但在实际物流运作能力、信息技术应用方面欠缺。

按照第三方物流的定义，第四方物流仍然属于由发货人和收货人以外的第三方运作形态，所不同的是功能范围更集中于供应链的集成，它是在第三方物流将企业的物流业务外包的基础上，进一步将企业的物流规划能力外包。第四方物流依靠业内最优秀的第三方物流供应商、技术供应商、管理咨询顾问和其他增值服务商，为客户提供独特的和广泛的供应链解决方案，这是任何一家公司都不能单独提供的。

（二）第四方物流的功能

（1）第四方物流提供一整套完善的供应链解决方案。第四方物流集成了管理咨询和第三方物流服务商的能力。更重要的是，一个前所未有的、使客户价值最大化的统一的技术方案的设计、实施和运作，只有通过咨询公司、技术公司和物流公司的齐心协力才能够实现。

（2）第四方物流通过其对整个供应链产生影响的能力来增加价值。4PL充分利用了一批服务提供商的能力，包括3PL、信息技术供应商、合同物流供应商、呼叫中心、电信增值服务商等，再加上客户的能力和4PL自身的能力。总之，4PL通过提供一个全方位的供应链解决方案来满足今天的公司所面临的广泛而又复杂的需求。这个方案关注供应链管理的各个方面，既提供持续更新和优化的技术方案，同时又能满足客户的独特需求。第三方物流要么独自提供服务，要么通过与自己有密切关系的转包商来为客户提供服务，它不大可能提供技术、仓储和运输服务的最佳整合。因此，第四方物流就成了第三方物流的"协助提高者",也是货主的"物流方案集成商"。

（3）第四方物流擅长发挥信息技术的重要作用。信息技术所能够提供的实时信息，帮助企业在必要的时候能够重新调整产品流，并且预测内向和外向的流量。它还可以帮助用户对供应链上的各个层次的绩效数据进行量化和对绩效进行跟踪，同时寻找机会进行持续改善。近年来在供应链管理技术方面的突破，使得供应链的参与者可以真正能够对整个供应链有一个全面、实时的"全景式"扫描。信息技术能力已经可以覆盖能影响企业竞争能力的诸多方面，包括产品流的可视性、事件管理和绩效管理等。随着信息管理的日益重要，公司需要制定一个合适的信息技术策略和成熟适用的信息技术解决方案。而这往往是一般企业所不具备的技能，但第四方物流却擅长此技能。

（三）第四方物流的优势

1. 提供综合性供应链解决方案

第四方物流向客户提供了综合性供应链解决方案，通过供应链的参与者将供应链规划与实施同步进行，或利用独立的供应链参与者的合作提高规模和总量；通过业务流程再造，将客户与供应商信息和技术系统一体化，把人的因素和业务规范有机结合起来，使整个供应链规划和业务流程能够有效地贯彻实施，使物流的集成化上升为供应链的一体化。

2. 整体功能转化

通过战略调整、流程再造、整体性改变管理和技术，使客户间的供应链运作一体化；通过改善销售和运作规划、配送管理、物资采购、客户响应及供应链技术等，有效地适应需方多样化和复杂的需求，提高了客户的满意度和忠诚度。

3. 降低物流成本

利用运作效率提高、流程增加和采购成本降低实现物流企业的低成本策略。流程一体化、供应链规划的改善和实施将使运营成本和产品销售成本降低。通过采用现代信息技术、科学的管理流程和标准化管理，使存货减少而降低成本，使物流企业的综合经济效益得到最大幅度提高。

五、绿色物流模式

物流业作为现代新兴产业，有赖于社会化大生产的专业分工和经济的高速发展。而物流要发展，一定要与绿色生产、绿色营销、绿色消费等绿色经济活动紧密衔接。人类的经济活动不能因物流而过分地消耗资源、破坏环境，以至于造成重复污染。绿色物流是现代物流可持续发展的必然。

（一）绿色物流的概念

绿色物流是指以减少物流活动造成的环境污染和降低资源消耗为目标，利用先进的物流技术，规划和实施运输、存储、包装、装卸、流通加工等的物流活动。绿色物流的行为主体主要是专业物流企业，同时也涉及有关生产企业和消费者。绿色物流是可持续发展的一个重要环节，它与绿色制造、绿色消费共同构成了一个节约环境、保护环境的绿色经济循环系统。

绿色物流是一个多层次的概念，微观上指企业的绿色物流活动，宏观上指社会对绿色物流活动的管理、规范和调控；按照绿色物流活动的内容来分，它既包括各项的绿色物流作业（绿色运输、绿色包装、绿色流通加工等），也包括实现废弃物循环利用的逆向物流。

（二）绿色物流的特点

除了具有一般物流的特点外，绿色物流还具有一般物流所不具备的特点：多重目标性、跨时域性和跨地域性。

1. 多重目标性

绿色物流的多重目标性是指企业的物流活动既要以可持续发展的战略目标为指导，还要注重物流活动保护生态环境和节约资源，注重经济发展与生态环境的协调一致，追求企业经济效益、社会效益、生态环境效益和消费者利益多个目标的统一。

2. 跨时域性和跨地域性

跨时域性是从产品生命周期的角度来讲的，指绿色物流的各项功能贯穿于整个产品生命周期，包括从原材料的采购、企业内部物流、企业外部物流，直至产品报废和回收再用的逆向物流。跨地域性包括两方面的含义：一是指物流活动的范围随着经济的全球化和信息化而不断扩展和扩大，呈现出跨地区、跨国界的发展趋势；二是指供应链上下游企业，绿色物流的实现和发展需要供应链上所有企业的参与和配合。

（三）绿色物流的运作模式

1. 基于产品生命周期的企业绿色物流运作模式

该模式下企业既要在宏观上把握物流绿色化的策略和途径，还要在微观上从物流活动的各个环节入手，实现采购、制造、分销、回收再用等环节的绿色化，即从产品整个生命周期来保证绿色物流的实现。

2. 基于供应链的循环物流系统运作模式

基于循环经济的绿色物流模式是对传统正向物流模式的补充和完善，在继续发展正向物流即"采购—制造—分销"的基础上，还注重发展逆向物流，加强废弃物回收和再生资源循环利用，将正、逆向物流有机结合起来，形成循环绿色物流模式，即"绿色采购—绿色生产—绿色消费—绿色回收—绿色再生产"。这一循环过程包括原材料副产品的再循环、包装物的再循环、废弃物和资源垃圾的回收再用和再资源化等。对于另一类物流派生物，如废弃物、最终废物、噪声等，则直接流向了自然环境。具体运作模式如图7-1所示。

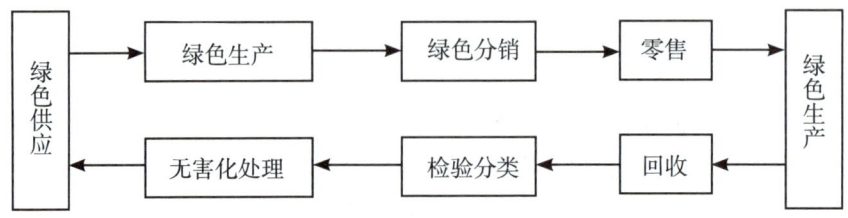

图7-1 基于供应链的循环物流系统动作模式

拓展案例

7-11 物流配送体系

7-11 是日本零售业"巨头"。1974 年,日本第一家 7-11 便利店在东京开业,如今 40 多年过去了,这家便利店已裂变成 7 万家,成为全球最大的连锁便利店集团之一。7-11 既能把握市场脉搏,在适当的时候准确判断市场走向,又能在物流配送中发挥出自己独特的优势。

1. 计算机网络配送系统

7-11 的配送中心的计算机网络配送系统分别与供应商及 7-11 店铺的计算机相连。为了保证不断货,配送中心一般会保留 4 天左右的库存,同时,配送中心的计算机系统每天都会定期查收各个分店发来的库存报告,配送中心对这些库存报告进行集中分析,最后形成一张张发向不同供应商的订单,由计算机网络传送给供应商,而供应商则会在预定时间之内向配送中心派送货物。

7-11 的配送中心在收到所有货物后,会在当天对各个分店所需的货物分别进行打包。第二天一早,配送车就会从配送中心出发,择路向自己区域内的分店送货。

2. 整合及重组分销渠道

在新的分销系统下,一个受委托的批发商被指定负责若干销售活动区域,授权经营来自不同制造商的商品。此外,7-11 通过和批发商、制造商签订销售协议,能够开发有效率的分销渠道并使其与所有门店连接。

批发商是配送中心的管理者,负责为门店送货。7-11 即使成为分销渠道的核心,也没有在配送中心上投资。批发商自筹资金建设配送中心,然后在 7-11 的指导下进行管理。通过这种协议,7-11 无须承受任何沉重的投资负担就能为其门店建立一个有效率的分销系统。为了与 7-11 合作,许多批发商也愿意在配送中心上进行必要的投资,作为回报,批发商得以进入一个广阔的市场。

7-11 重组了批发商与零售商,改变了原有的分销渠道,由此,根据食品的保存温度来完善配送体系。7-11 对食品的分类:冷冻型(-20℃),如冰激凌等;微冷型(5℃),如牛奶、生菜等;恒温型,如罐头、饮料等;温暖型(20℃),如面包、饭食等。不同类型的食品会用不同的方法和设备配送,如各种保温车和冷藏车。由于冷藏车在上下货时经常开关门,容易让车厢温度发生变化,导致冷藏食品变质,所以 7-11 还专门用一种两仓式运货车来解决这个问题,一个仓中温度的变化不会影响到另一个仓中的温度,需要冷藏的食品就始终能在低温下完成配送。为了确保各分店供货的万无一失,配送中心还有一个特别配送制度和一日 3 次的配送相搭配。

第三节 电子商务物流技术

电子商务环境下的物流技术是指在物流配送活动中采用的各种信息技术的总称，主要包括射频及标签识别技术、条形码技术、地理信息系统、GPS技术、EDI技术、物联网技术等。通过各类信息技术，可最大限度地降低配送成本，提高配送效率。

一、射频及标签识别技术

射频及标签识别技术又叫无线电频率识别技术，简称射频识别（radio frequency identification，RFID），是从20世纪80年代兴起并逐渐走向成熟的一项自动识别技术，随着超大规模集成电路技术的发展，射频识别系统的体积大大缩小，从而应用也越来越广泛。

（一）射频识别的基本知识

RF（radio frequency）技术的基本原理是电磁理论。RFID系统的优点是不局限于视线。射频识别卡具有读写能力，可携带大量数据，难以伪造，且又智能。近年来，便携式数据终端（portable data terminal，PDT）的应用多了起来，PDT可把那些采集到的有用数据存储起来或传送至一个管理信息系统。便携式数据终端一般包括一个扫描器、一个体积小但功能很强并带有存储器的计算机、一个显示器和供人工输入的键盘。在只读存储器中装有常驻内存的操作系统，用于控制数据的采集和传送。

PDT存储器中的数据可随时通过射频通信技术传送到主计算机。操作时先扫描位置标签、货架号码、产品数量就都输入到PDT，再通过RF技术把这些数据传送到计算机管理系统，可以得到客户产品清单、发票、发运标签、该地所存产品代码和数量等。

（二）RFID系统的组成

RFID系统在具体的应用过程中，根据不同的应用目的和应用环境，系统的组成会有所不同。但系统一般都由阅读器和标签两部分组成。

1. 阅读器

系统的阅读器有3个主要组成部分：收发模块、控制模块和天线。收发模块用于发送和接收数据信号。控制模块具有很强的数字信号处理能力，除完成控制标签工作外，还要实现相互认证、数据加密与解密、差错控制及与计算机通信等功能。天线主要是感应线圈，用于建立电磁场。若标签内不含电池，则标签工作的能量由阅读器天线建立的电磁场提供。

2. 标签

系统的标签有4个主要组成部分：收发模块、控制模块、天线和存储器。收发模块、控制模块及天线的功能与阅读器的对应模块功能相似，而存储器则用来存放数据信息。

（三）RFID 系统的种类

根据 RFID 系统完成功能的不同，可以粗略地把 RFID 系统分成 4 种类型。

1. EAS 系统

EAS（electronic article surveillance）是一种设置在需要控制物品出入门口的 RFID 技术。这种技术的典型应用场合是商店、图书馆、数据中心等地方，当未被授权的人从这些地方非法取走物品时，系统会发出警告。

2. 便携式数据采集系统

便携式数据采集系统是使用带有 RFID 阅读器的手持式数据采集器采集 RFID 标签上的数据。这种系统具有比较大的灵活性，适用于不宜安装固定式 RFID 系统的应用环境。

3. 物流控制系统

在物流控制系统中，RFID 阅读器分散布置在特定的区域，并且阅读器直接与数据管理信息系统相连，标签是移动的，一般安装在移动的物体或人身上。当物体、人流经阅读器时，阅读器会自动扫描标签上的信息，并把数据信息输入数据管理系统存储、分析、处理，达到控制物流的目的。

4. 定位系统

定位系统用于自动化加工系统中的定位及对车辆、轮船等进行运行定位支持。如在一些高速公路的收费站口，使用射频技术可以不停车收费。

（四）射频识别技术在物流管理中的应用

RFID 技术适用于物料跟踪、运载工具和货架识别等要求非接触数据采集和交换的场合，由于 RF 标签具有可读写能力，对于需要频繁改变数据内容的场合尤为适用。

我国对 RFID 的应用已经逐步普及，如一些高速公路的收费站口使用 RFID 可以不停车收费，我国铁路系统使用 RFID 记录货车车厢编号，一些物流公司也正在将 RFID 用于物流管理中。

二、条形码技术

条形码技术是最早、最成功、最常用的自动识别技术，它是在计算机技术与信息技术基础上发展起来的一门集编码、印刷、识别、数据采集和处理于一身的新兴技术。条形码技术的核心内容是利用光电扫描设备读条形码符号，从而实现机器的自动识别，并快速准确地将信息录入计算机进行数据处理，以达到自动化管理的目的。由于条形码技术具有输入速度快、信息量大、准确率高、成本低、可靠性强等特点，因而发展十分迅速，目前广泛应用于商业流通、邮电通信、物流仓储、交通运输和工业生产控制等诸多领域，尤其为物流供应链管理提供了强有力的技术支持。

（一）条形码基础知识

条形码简称条码，是由一组按特定规则排列的条、空及其对应的字符、数字、字母组成的表示一定信息的符号。条形码中的条、空分别由深浅不同且满足一定光学对比度要求的两种颜色（通常为黑、白色）表示。条为深色，空为浅色。这些条和空可以有各种不同的组合方法，从而构成不同的图形符号，即各种符号体系，也称码制，以适用于不同的场合。

1. 条形码的结构

条形码通常是一组黑白相间的条纹。其中，黑色的"条"对光线的反射率较低，白色的"空"对光线的反射率较高。因"条"和"空"的宽度不同，光线扫描设备的扫描光线便产生不同的反射接收效果，从而转换成不同的电脉冲，形成可在计算机中处理的数字信息。

2. 几种常用的码制

目前，国际上广泛使用的条形码种类有 EAN 码和 UPC 码（在超市中常见的就是这种码，它们用于在世界范围内唯一标识一种商品）、Code39 码（可表示数字和字母，主要用于工业、图书及票据的自动化管理）、ITF25 码（即交叉二维码，在物流管理中应用较多）、Code bar 码（多用于医疗、图书领域）等。上述条形码均属于一维条形码。二维条形码也在迅速发展，并在许多领域得到了应用，如 Code49、Code16k、PDF417 等。

（二）条形码的识别装置

1. 手持式扫描器

能手持、移动使用的扫描器，常用于静态物品扫描。

2. 台式自动扫描器

常固定安装，使用时将有条形码的物品在扫描器上移动以完成扫描工作。

3. 卡式阅读器

将有条形码的卡式证件插入滑槽区，自动沿轨道做直线运动，在卡片前进过程中，扫描光线将条形码信息读入。

4. 固定式光电及激光快速扫描器

一般安装在物品运动的通道边，对物品进行逐个扫描。这些扫描设备与光电转换、信号放大及计算机系统一起形成一套完整的扫描阅读系统，完成条形码信息的采集及自动识别等处理。

（三）条形码在物流领域中的作用

条形码在原材料采购、生产和货物的运输、配送、零售等供应链的诸多结点上都扮演着重要的角色，而且发挥着越来越重要的作用。

1. 物料管理

企业按照生产计划向产品物料供应商下达采购订单，对采购的物料按照行业及企业规则建立统一的物料编码，对需要进行标识的物料打印其条形码标识，这样有助于对物料的跟踪管理。

2. 生产线上产品跟踪管理

在生产任务单上粘贴条形码标签，在每一个生产环节开始时，用生产线条形码终端扫描任务单上的条形码，获取生产工艺、所需的物料和零件信息，产品下线包装时，打印并粘贴产品的客户信息条码,由此实现对各工序产品数据的采集和整个生产过程的监控跟踪,保证产品质量。

3. 产品入库管理

产品入库时,首先通过识读产品条形码标签,采集货物单件信息,同时制作库存位条形码,记录产品的存放信息,如库区位、货架、货位等,以形成完整的库存信息,从而实现对库存单件产品的跟踪管理。

4. 产品出库管理

产品出库时,通过扫描产品上的条形码,对出库货物进行信息确认,依据库存货物的库存时间进行有效的先进先出管理及批次管理,同时更改其库存状态。

5. 市场销售链管理

在市场销售链中应用条形码技术,目的是跟踪向批发商销售的产品品种或产品单件信息。通过在销售、配送过程中采集产品的单件条形码信息,记录产品的销售过程,有助于实现对销售商的分区、分级管理,保证市场健康有序地发展,促进产品的市场销售。

6. 产品售后跟踪服务管理

产品一经出库,即根据产品条形码建立产品销售档案,以记录产品信息、重要零部件信息、用户信息及产品售后维修信息。通过对以上信息的采集、反馈,准确了解、判断产品的使用情况,帮助企业制定出合理的服务战略,进一步提高产品质量及信誉度,增强企业产品的竞争力。

7. 货物配送管理

利用条形码技术,可高效、准确地完成商品的配送。配送前配送商品资料和客户订单资料下载到移动条形码终端中;送达配送客户后,调出客户相应的订单,再根据订单信息挑选货物并验证其条形码标签;确认送完货物后,移动条形码终端会自动校验配送情况,并做出相应的提示。

8. 分货拣选管理

在配送和仓库出货时,采用分货、拣选方式,需要快速处理大量的货物,利用条形码技术便可自动进行分货拣选,提高工作效率。

三、地理信息系统

地理信息系统(geographic information system,GIS)有时又称为"地学信息系统"或"资源与环境信息系统",是多种学科交叉的产物,它以地理空间数据为基础,采用地理模型分析方法,适时地提供多种空间的和动态的地理信息,是一种为地理研究和地理决策服务的计算机技术系统。地理信息系统的基本功能是将表格型数据(无论它来自数据库、电子表格文件或直接从程序中输入)转换为地理图形显示,然后对显示结果浏览、操作和分析,其显示范围可以从洲际地区到非常详细的街区地图。

（一）GIS 的组成

GIS 由 5 个主要部分组成：计算机硬件设备、计算机软件系统、地理空间数据、系统的组织管理人员及规范。

1. 计算机硬件设备

计算机硬件设备为 GIS 提供运行环境，用于存储、处理、输入输出数字地图及数据。

2. 计算机软件系统

计算机软件系统负责执行系统的各项操作与分析的功能，包括：信息数据输入和处理软件、数据库管理系统（DBMS）、空间查询、分析与视觉化工具括号数据输出软件等。

3. 地理空间数据

地理空间数据是 GIS 系统中最重要的部件，反映了 GIS 的管理内容，是系统的操作对象和原料，主要有两类数据：一类是图形数据（空间数据），以空间三维坐标（x, y, z）或地理坐标（经纬度和海拔高度）来表示；另一类是属性数据（非空间数据），是空间实体的描述数据，如名称、面积、位置等。

4. 系统的组织管理人员

系统的组织管理人员包括系统的建设管理人员和用户，是 GIS 系统设计、建库、管理、运行、分析决策处理系统中最重要的部分。

5. 规范

规范是 GIS 的标准，成功的 GIS 系统具有良好的设计计划和本身的事务规律。规范对一个企业来说是具体的、独特的操作实践。

（二）GIS 在物流中的应用

GIS 在物流领域中的应用主要是指利用 GIS 强大的地理数据功能来完善物流分析技术，合理调整物流路线和流量，合理设置仓储设施，科学调配运力，提高物流业的效率。目前，已开发出了专门的物流分析软件用于物流分析。完整的 GIS 物流软件集成了车辆路线模型、最短路径模型、网络物流模型、分配集合模型和设施定位模型等。

1. 车辆路线模型

用于解决一个起始点、多个终点的货物运输中如何降低物流作业费用，并保证服务质量的问题，包括决定使用多少辆车、每辆车的路线等。

2. 网络物流模型

用于解决寻求最有效的分配货物路径问题，也就是物流网点布局问题。如将货物从 N 个仓库运往到 M 个商店，每个商店都有固定的需求量，因此需要确定由哪个仓库提货送给哪个商店，所耗的运输代价最小。

3. 分配集合模型

可以根据各个要素的相似点把同一层的所有或部分要素分为几个组，用以解决确定服务范围和销售市场范围等问题。如某一公司要设立多个分销点，要求这些分销点覆盖某一地区，而且要使每个分销点的顾客数目大致相等。

4. 设施定位模型

用于确定一个或多个设施的位置。在物流系统中，仓库和运输线共同组成了物流网络，仓库处于网络的结点上，结点决定着线路，如何根据供求的实际需要并结合经济效益等原则，在既定区域内设立多少个仓库、每个仓库的位置、每个仓库的规模及仓库之间的物流关系等问题，运用此模型均能很容易地得到解决。

四、GPS 技术

全球定位系统（global positioning system GPS）。GPS 是 20 世纪 70 年代由美国陆海空三军联合研制的新一代空间卫星导航定位系统，其主要目的是为陆、海、空三大领域提供实时、全天候和全球性的导航服务，并用于情报收集、核爆监测和应急通信等一些军事目的。

随着全球定位系统的不断改进，软、硬件的不断完善，其应用领域不断地开拓，并开始逐步深入人们的日常生活，尤其是物流管理和运输领域。

（一）GPS 系统的组成

GPS 系统主要有三大组成部分，即空间星座部分、地面监控部分和用户设备部分。GPS 的空间星座部分中 24 颗卫星基本均匀分布在 6 个轨道平面内，轨道平面相对赤道平面的倾角为 55°，各轨道平面之间的交角为 60°，每个轨道平面内的卫星相差 90°，任何轨道平面上的卫星比两边相邻轨道平面上的相应卫星超前 30°。卫星轨道平均高度为 20 200 km，卫星运行周期为 11 小时 58 分。每颗卫星每天约有 5 小时在地平线以上。同时位于地平线以上的卫星数目随时间和地点而不同，可为 4～11 颗；GPS 的地面监控部分目前主要由分布在全球的 5 个地面站组成，其中包括卫星检测站、主控站和信息注入站。GPS 的空间部分和地面监控部分是用户广泛应用该系统进行导航和定位的基础，均为美国所控制。GPS 的用户设备主要由接收机硬件和处理软件组成。用户通过用户设备接收 GPS 卫星信号，经信号处理而获得用户位置、速度等信息，最终实现利用 GPS 进行导航和定位的目的。

（二）GPS 系统的特点

1. 全球化

GPS 实现全天候工作，全球地面连续覆盖。由于 GPS 卫星数目较多且分布合理，所以在地球上任何地点均可连续同步地观测到至少 4 颗卫星，从而保障了全球、全天候连续实时导航与定位的需要。而且能为用户提供连续、实时的三维位置，三维速度和精密时间不受天气的影响。

2. 实时定位速度快，定位精度高

目前 GPS 接收机的一次定位和测速工作在 1s 甚至更少的时间内便可完成，这对高动态用户来讲尤其重要。单机定位精度优于 10 m，采用差分定位，精度可达厘米级和毫米级。

3. 功能多，应用广

随着人们对 GPS 认识的加深，GPS 不仅在测量、导航、测速、测时等方面得到更广泛的应用，而且其应用领域不断扩大。

4. 抗干扰性能好、保密性强

由于 GPS 系统采用了伪码扩频技术，因而 GPS 卫星所发送的信号具有良好的抗干扰性和保密性。

（三）GPS 在物流中的应用

1. 实时监控

可以在任意时刻通过 GPS 发出指令查询运输工具所在地理位置（经度、纬度、速度等信息）并在电子地图上直观地显示出来。

2. 双向通信

GPS 的客户可使用 GSM 的话音功能与司机进行通话或使用本系统安装在运输工具上的移动设备的汉字液晶显示终端进行汉字消息收发对话。

3. 动态调度

调度人员能在任意时刻通过调度中心发出文字调度指令，并得到确认信息；可进行运输工具待命计划管理，操作人员通过在途信息的反馈，运输工具未返回车队前即做好待命计划；可提前下达运输任务，减少等待时间，加快运输工具周转速度。

4. 数据存储与分析

实现路线规划及路线优化，事先规划车辆的运行路线、运行区域，何时应该到达什么地方等，并将该信息记录在数据库中，以备以后查询、分析使用。

五、物联网技术

物联网是新一代信息技术的重要组成部分，IT 行业又叫泛互联，意指物物相连，万物万联，是一个基于互联网、传统电信网等的信息承载体，它让所有能够被独立寻址的普通物理对象形成互联互通的网络。

（一）物联网技术的基本知识

物联网（the internet of things，IoT），广义上指的是将各种信息传感设备，如射频识别装置、红外感应器、全球定位系统、激光扫描器等种种装置与互联网结合起来所形成的一个巨大网络。物联网技术是多学科高度交叉的新兴前沿研究热点领域，综合了传感器技术、嵌入式计算技术、现代网络及无线通信技术、分布式信息处理技术等，通过

各类集成化的微型传感器协作地实时监测、感知和采集各种环境或监测对象的信息，利用嵌入式系统对信息进行处理，并通过随机自组织无线通信网络以多跳中继方式将所感知的信息传送到用户终端。狭义上，物联网可以理解为以电子标签和EPC（产品电子代码）为基础，建立在互联网基础上的实物互联网络，其宗旨是实现全球物品信息的实时共享和互通。

（二）物联网技术在物流中的应用

1. 智能托盘

在托盘等装载设备上加装RFID标签后，有利于托盘等装载设备的管理及监控。如使用射频识别标签，标识自动化立体仓库中流通使用的托盘，对托盘进行动态跟踪，通过视频监控系统，把仓储作业中各流程的作业时间点进行信息采集及记录，实现仓储作业环节的自动化管理。目前，在烟草行业、医药行业、农产品领域及食品行业已经有很多成功应用的例子。在信息采集与管理，货物的识别、追踪和查询等方面发挥作用，保障了药品及食品的安全。

2. 智能运输

依托RFID、GPRS、全球卫星定位系统及地理信息系统等技术的集成，构建物流货运及配载信息化监控管理平台，提供实时的货物信息、导航信息及流通过程中的配货信息进行联网监测等。通过识别出货品、货箱及托盘，RFID标签使运营者及时了解销售环节，从而能识别出商品，显示出货品的来源及运输状态，最后成功将商品发送到指定目的地。

3. 智能仓储

通过在配送中心收货处、仓库出入库口、托盘、货架及其他物流关卡安装固定式RFID读写器，在货物包装箱上加装RFID标签并在搬运设备上安装移动式的RFID读写器，以及使用手持读写器，能够实现对配送中心货物的自动化的入库、盘点、分拣和出库，实现物品库存的信息化管理。企业能够实时掌握商品的库存信息，结合自动化补货系统及时进行货物的补充，提高库存管理能力。

4. 智能搬运

目前在我国汽车物流、烟草物流以及医药物流等先进的物流系统都使用了智能机器人。这些智能机器人执行自动化搬运的指令和堆垛作业指令。而激光和红外也应用于物流系统的智能搬运中，实现对机器人的引导。随着信息技术和传感技术的发展，可实现物流领域的智能作业与管理。而机器人将具备远程遥控、温感、光感等新型智能特性，将来可作为物联网作业中的一个执行者，进行高效分拣等作业。

本章小结

本章通过对电子商务物流概述、电子商务物流管理模式、电子商务物流技术等内容的讲解，使读者可以了解电子商务物流，理解电子商务物流的管理模式，熟悉电子商务物流的相关技术，更好地为电子商务的发展做好物流配送服务支持。

本章习题

1. 简述电子商务物流的功能和特点。
2. 企业自营物流模式的优势和劣势有哪些？
3. 简述第三方物流的优劣势。
4. 简述条形码技术的具体应用。
5. 简述物联网技术的具体应用。

第八章 网络营销

本章导读

互联网已经渗透到人们生活和工作的各个层面,以互联网为主要手段的网络营销在企业经营活动中也已逐渐占据主导地位。网络营销的内容和形式非常丰富且仍在快速发展之中。网络营销是借助电子商务,在传统营销的基础上产生的。经过30多年的发展,已经形成了比较成熟的理论体系和主要内容。它与传统营销有机结合,相互交融,共同构成了企业的市场营销系统。

1. 提高媒介信息辨识能力及媒介信息筛选和运用能力。
2. 积极参与实践,有效开展网络市场调研。

案例导入

小米的系统化网络营销

北京小米科技有限责任公司(以下简称"小米公司")成立于2010年4月,自创办以来保持了令世界惊讶的增长速度,2012年全年售出手机719万台,2020年出货量为1.46亿台,居世界第三。

1. 营销目标

小米的前期目标是宣传自己,利用网络拓展市场,为产品准确定位,采取差异化的网络营销竞争策略,以突出企业形象和产品特色;为产品提供有力的展示平台,以突出小米手机特色和优点以及企业的优质服务,在消费者心中树立起良好的企业形象;致力于打造顶级智能手机,以占领国内中端手机市场,并逐步走向全球。

2. 市场定位

小米手机主要在小米官网上零售,小米手机的界面MIUI首次使用了互联网来开发手机OS的模式，50万发烧友直接参与了手机的开发改进，而小米手机本身比较大众化的外观及强悍的配置也暗示了其目标市场：追求高性价比的潮流玩家将是小米手机主要面对的群体。

3. 营销方式

（1）建立门户网站。小米官方网站通过网络，将小米公司的良好形象、经营理念、公司资讯、产品信息及服务信息做出了全面的展示，通过及时有效的信息发布与客服互动，在客户心中树立起良好的企业形象，为取得更好的社会效益及经济效益打下了坚实的基础。

（2）饥饿营销。在小米手机正式发售后不久，小米公司就开始限制出售小米手机，利用消费者"得不到的才是最好的"的心理，有意降低产量，以期达到调控供求关系、制造供不应求的"假象"、维持商品较高售价和利润率，同时也达到维护品牌形象、提高产品附加值的目的。

（3）微博营销。小米团队发挥了微博营销的优势。在小米手机发布之前，策划人员通过与微博用户的互动，就使很多人表示对小米手机很感兴趣。在小米手机发布之后，又策划了转发微博送手机的活动，以及分享图文并茂的小米手机评测等。在小米手机发布之前，小米公司总裁雷军每天发微博的数量控制在两三条。但在小米手机发布之后，他不仅利用自己的微博宣传小米手机，还频繁参与新浪微访谈，出席腾讯微论坛、极客公园等活动。而雷军的朋友也纷纷在微博里为小米手机造势，这些朋友中有些是IT界的名人，他们中的每一个人都拥有着众多的粉丝，微博营销被小米团队进行了充分运用。

（4）微信营销。首先，通过微博、第三方合作及小米官方渠道等多手段结合拉拢微信粉丝；其次，通过相关活动进一步打响知名度；再次，将微信营销定位于客服而不是营销，提升其CRM管理；最后，小米更重视微信粉丝数量，通过奖品大力进行微信推广。

网络营销概述；网络市场调研；网络消费者行为分析；网络营销方式。

第一节　网络营销概述

随着电子商务的高速发展，网络营销不仅成为企业建立竞争优势的有力工具，还成为企业谋求生存的基本条件，并将成为电子商务时代市场营销的主流形式。

网络营销

第八章　网络营销

一、网络营销的概念

网络营销是以现代营销理论为基础，借助互联网、计算机通信和数字交互式媒体，运用新的营销理念、新的营销模式、新的营销渠道和新的营销策略，以达到开拓市场、增加盈利为目标的经营过程。网络营销是电子商务在营销过程中的运用，是营销领域的电子化形式。网络营销贯穿于营销的全过程，从信息发布、市场调查、客户关系管理到产品开发、网络营销策略制定、网上采购、销售及信后服务提供等都属于网络营销的范畴。

准确理解网络营销要把握以下几点。

（一）网络营销建立在传统营销理论之上

因为网络营销是企业整体营销战略的组成部分，所以网络营销活动不可能脱离营销环境而独立存在。网络营销理论是传统营销理论在互联网环境中的应用和发展。一个完美的网络营销方案，除了在网上推广，还很有必要利用传统营销方法进行线下推广。

（二）网络营销是一个管理过程

与传统营销一样，网络营销作为一种管理活动，是综合利用各种网络工具及方法，进而实现企业经营目标的一个过程，是企业整体营销的一种方法和手段。

（三）网络营销的价值

网络营销的价值在于使企业与消费者能够更便利、更有效、更充分地进行价值交换。

（四）网络营销是以互联网络为载体的现代市场营销形式

在互联网上进行的营销活动就是网络营销。因此网络营销不只是某种网络工具、某种方法，而是综合各种网络资源形成一个系统并使其发挥作用。网络营销本身属于企业整体营销系统的一个子系统。

二、网络营销的特点

互联网是"万能胶"，能将企业、团体、组织及个人跨时空地联结在一起，使他们之间的信息交换变得"唾手可得"。市场营销十分重要且本质的含义是组织和个人之间进行信息传播和交换。如果没有信息交换，那么交易就是无本之木。正因如此，互联网具有营销所要求的某些特性，使得网络营销呈现出以下特点。

（一）跨时空

营销的最终目的是占据市场份额，互联网能够摆脱时间约束和空间限制进行信息交换，使得超越时空限制进行营销成为可能，也使得企业有了更多时间和更大空间进行营销，可每周7天、每天24小时提供全球性的营销服务。

（二）媒体多形式

互联网可以传输文字、图像、音频和视频等多种信息，使得为达成交易进行的信息交换能以多种形式存在，可以充分发挥营销人员的创造性和能动性。

（三）交互性

企业通过互联网可以向客户展示产品图像、视频和相关信息，实现供需互动与双向沟通，还可以进行产品测试与消费者满意度调查等活动。互联网是企业进行产品设计、产品信息发布及服务的最佳工具之一。

（四）个性化

互联网上的促销活动具有一对一、消费者主导、非强迫性和循序渐进式的特点，是一种低成本与个性化的促销方式，避免了推销人员强势推销的干扰。同时企业可以通过多种交互方式与消费者沟通，从而建立长期的、相互信任的良好关系。

（五）成长性

随着互联网的普及应用，网民数量日益增长，网上购物的消费规模也逐渐增大，网络营销的增长率保持较高水平。

（六）高效性

网络营销能通过对计算机系统存储的大量信息进行查询与分析处理，提供有效的决策信息，并能根据市场需求及时更新产品或调整价格，因此能及时有效地了解并满足消费者的需求。

（七）经济性

网络营销通过互联网进行信息交换，改变了传统的营销方式，一方面可以节约印刷与邮递成本，还可以无店面销售，免交租金，节约水电与人工成本；另一方面可以减少由多次营销带来的损耗。

（八）技术性

网络营销是建立在以高新技术为支撑的互联网的基础上的。企业实施网络营销必须有一定的技术投入和技术支持，以改变传统的组织形态，增强信息管理部门的能力。企业只有引进营销与技术的复合型人才，才能具备竞争优势。

三、网络营销系统的功能

网络营销系统是电子商务系统的有机组成部分。一个完整的网络营销系统主要包括以下几个功能。

（一）网上调研

企业可通过在网上设立留言板、在线论坛，发放网上问卷、电子邮件等手段主动出击，取得关于产品、服务、客户等的第一手资料，也可登录其他网站，收集、整理行业市场动态、行业对手状况、市场宏观环境等的第二手资料，为新产品开发、市场开拓等企业战略决策提供依据。

（二）信息发布

由于不受时间或版面的限制，企业可向访问者发布及时、详尽的信息。通过自己的网站，企业可进行广告宣传，发布产品或服务信息，设立常见问题解答（frequently asked questions，FAQ）板块回答客户经常提出的问题，设立留言板与电子邮箱让客户留下建议与提问，并及时回答相关问题。

（三）市场开拓

通过网络营销，企业可以积极主动地开发新的目标市场，寻找潜在的客户群体；进行网上宣传和信息发布可以吸引访问者成为自己新的客户。这能使企业不断扩大市场范围，不断开拓新的市场。

（四）网上销售

对选中的产品或服务，客户可与商家直接在网上洽谈业务、协商合约、发送订单、进行在线支付。企业既可针对消费者进行直接销售，也可针对其他企业客户进行批量销售。海尔的网站就具有 B2B 和 B2C 两种电子商务模式。

（五）商务服务

商务服务包括支付结算、配送等一切与销售有关的业务。在涉外贸易中，还涉及检验检疫、融资保险、配额审批、通关申请等一系列复杂的商务业务处理。有的网站只处理单纯的销售业务，如"线上下单，线下支付"；一些大型网站已逐渐整合相关的商务业务流程，以尽量方便客户。

（六）客户关系管理

企业可将客户档案建成一个专用的数据库，其中包括客户的联系方式、客户以往的订购和支付情况、客户对产品或服务的反馈意见、客户对特殊产品或服务的需求等信息。企业通过计算机对这些信息进行处理，可自动生成客户的总体特征，自动实现对客户的定期回访，促进双方感情与信息的交流，增强客户的信任感，维护好客户关系。

（七）网络营销集成

网络营销集成是指企业依靠网络与供应商、制造商和消费者等客户建立密切联系，并通过网络收集、传递信息，从而根据客户的需求，充分利用网络伙伴的能力，完成产品设计、制造及销售的过程。

第二节　网络市场调研

满足市场需求是企业营销活动的出发点和归宿点。对于在网上开展营销活动的企业而言，只有深刻认识到网络市场的特点，准确把握网络消费者的购买行为特征，才能明确产品的销售对象，进而有针对性地制定营销策略，在充分满足消费者需求的前提下，提高网络营销活动的效率，最终实现企业的营销目标。

一、网络市场调研概述

（一）网络市场调研的含义

市场调研是指以科学的方法，系统、有目的地收集、整理、分析和研究所有与市场有关的信息，这些信息可以用于识别和界定市场营销机会和问题，改进和评价营销活动，监控营销绩效，增进对营销过程的理解。

网络市场调研与传统市场调研在程序上没有本质的区别。网络市场调研又称网上市场调查或在线市场调查，是指企业基于互联网而系统地进行营销信息收集、整理、分析和研究的过程，是目前企业经常采用的一种市场调查方法。

（二）网络市场调研的主要内容

1. 市场需求研究

研究和分析市场需求情况，主要目的在于掌握市场需求量、市场规模、市场占有率，以及了解如何运用有效的经营策略和手段。

2. 消费者购买行为研究

消费者购买行为研究的方向和内容主要包括研究消费者不同的生活方式、生活习惯、需求等，了解消费者的购买动机。

3. 营销因素研究

营销因素研究的内容包括产品、价格、分销渠道、广告策略和促销策略的研究等。

4. 宏观环境研究

宏观环境研究的内容包括政治法律环境、经济环境、社会文化环境、科学技术环境和自然地理环境的研究等。

5. 竞争对手研究

竞争对手研究的内容包括主要竞争对手及其市场占有率情况，竞争对手在经营、产品技术等方面的特点，竞争对手的产品、新产品水平及其发展情况，竞争对手的分销渠道和服务水平，竞争对手产品的价格策略、广告策略、销售推销策略等。

（三）网络市场调研的优势

1. 及时性

互联网与其他传统媒体相比，最大的特点就是能快捷地传递文字、声音、图形、图像等多媒体信息。因此，利用互联网传递图文并茂的网络调研问卷，在视觉上更能吸引被调研者。同时，网络调研问卷的发放及反馈速度也非常快，这就大大提高了调研效率。有调查表明，网络市场调研能比传统市场调研节约 26%~40% 的时间。

2. 经济性

由于网络市场调研省去了调研问卷印刷、邮寄等传统市场调研需要完成的工作，而数据的收集、录入、处理等工作也可以由网络终端系统自动完成，不需要由专门的调研人员来完成。因此，网络市场调研节省了大量的人力及物力，使得调研成本大大降低。同时，网络市场调研费用的增加项是有限的，所以与传统市场调研相比，其成本低很多。

3. 跨时空

互联网的一大特点就是可以不间断地跨时空为人们提供服务。因此，网络市场调研人员足不出户就可以将调研范围扩展到网络所覆盖的千家万户，其调研不受时间和地域的限制，这在传统市场调研中是很难做到的。

4. 交互性强

网络市场调研是一种交互式的市场调研方式，网络调研者和被调研者利用网络可以进行人性化的交流。例如，被调研者在填写有关的调研问卷时如有疑问，可随时向网络调研者咨询，网络调研者可以利用电子邮件等方式为被调研者解答疑问。

二、网络市场调研的方法

网络市场调研的方法一般有直接调研和间接调研两种。直接调研也叫一手资料的收集，间接调研也叫二手资料的收集。对于市场调研而言，获取一手资料的方法主要有访问法、询问法、观察法和实验法等，如电话访问法、邮寄询问法等。同样，网络市场调研的方法也可以根据不同的调研方式细分，如网上搜索调研法、网站跟踪法、在线调研法、电子邮件调研法、对被调研者的随机抽样调研法等。二手资料的收集相对比较容易，花费较少，来源也更广。利用互联网收集二手资料不但更加方便，速度也比传统方法快很多，而且通常可以直接从网上复制，因此大大缩短了资料采集、录入及处理的时间。收集二手资料的常用方法有网上搜索调研法、网站跟踪法和订阅邮件列表法等。

利用互联网进行市场调研，实际上已经很难严格区分一手资料和二手资料的界限。网络市场调研主要采用以下方法。

（一）电子邮件调研法

电子邮件调研法是将设计好的调研表直接发送到被调研者的邮箱中，或者在电子邮件正文中给出一个链接，单击该链接即可转到在线调研表页面，这种方式在一定程度上也可以对用户成分加以选择，节约被调研者的上网时间。如果被调研者选择适当且调研表设计合理，往往可以获得相对较高的问卷回收率。但采用电子邮件调研法的前提条件是调研者已经获得被调研者的电子邮件地址，并且预计他们对调研内容感兴趣。因此，没有用户资源的企业将无法使用这种方法。

（二）在线问卷调研法

在线问卷调研法即请求浏览其网站的每个人参与企业的各种调研。在线问卷调研法可以委托专业公司进行，在调研网站上设置调研表，用户只要在线回答问题并提交，网站服务器就可收到调研数据并提供给企业使用。在线问卷调研法被广泛地应用于各种调研活动中，这实质上就是传统问卷调研方法在互联网上的表现形式。企业网站或专业调研网站均提供在线问卷调研功能。

（三）网上专题调研法

在网络中有许多论坛及聊天室可供有共同兴趣的用户对某一问题提出看法，这可以为网络市场调研人员所利用。网上专题调研法就是在网络市场调研中，利用论坛及聊天室，选择一个主题进行开放式讨论，从而得到调研的结果。调研人员要建立专门的论坛及聊天室，或者利用比较成熟的论坛及聊天室进行调研。网上专题调研法适用于一些开放式和探索性的调研内容。

（四）网上搜索调研法

网上搜索调研法即采用搜索引擎等工具进行调研。企业利用搜索引擎或网络爬虫程序可获取海量的一手数据。例如，企业通过访问目标企业网站可查询企业产品、报价和促销等信息，通过网络爬虫程序可获得相关产品在不同时间、不同网站上的销售数据。企业利用网上搜索调研法还可以收集到大量的二手资料。

第三节 网络消费者行为分析

网络营销中的企业竞争是一种以消费者为焦点的竞争，消费者的心理变化和行为变化要求企业的营销策略必须针对这些变化而改变。具体而言，这种变化主要体现在个性消费的回归、消费者更主动了解产品信息、消费心理稳定性降低、消费者追求购物的实用性和享乐性几个方面。

一、网络消费者概述

（一）网络消费者的内涵

网络消费者是通过互联网在电子商务市场中进行消费活动的人群。人类学家很早以前就提出，人类将有一项新技术，能够对社会关系产生转变性的影响。互联网便是造就这种社会转变的新技术，它"扰乱"了企业与消费者的关系。这一新技术降低了信息收集、处理、传播的成本，强化了消费者的力量，也扭转了传统上消费者与企业间的失衡关系。因此，任何有兴趣、有动机的消费者都能扮演以往可能需要庞大资源和组织能力的角色。

（二）网络消费者的类型

网络消费者是以网络为工具，通过互联网在电子商务市场中进行消费活动的人群。进行网络购物的消费者可以分为以下类型。

1. 简单型

简单型网络消费者需要的是方便、直接的网上购物体验。该类消费者每月只花少量时间上网,但其网上交易额占其每月总消费额的一半。零售商必须为该类消费者提供真正的便利,让该类消费者觉得在网站上购买产品可以节约更多的时间。

2. 冲浪型

冲浪型网络消费者在网民中所占的比例较大,他们会在网上花费更多时间,并且访问的网页数量比其他网民多得多。冲浪型网络消费者对经常更新的、具有创新设计特征的网站很感兴趣。

3. 接入型

接入型网络消费者是刚接触网络的新手,很少购物。那些拥有知名传统品牌的公司对这类消费者持有足够的重视,因为这类消费者更愿意相信自己生活中熟悉的品牌。

4. 议价型

议价型网络消费者有一种趋向购买便宜产品的本能,eBay 网站一半以上的消费者属于这一类型,他们喜欢讨价还价,并有在交易中获利的强烈愿望。

5. 定期型和运动型

定期型和运动型网络消费者通常都会被网站的内容吸引。定期型网络消费者常常访问新闻和商务网站,运动型网络消费者则喜欢访问运动和娱乐网站。因此,网站必须保证自身站点包含这类消费者需要的和感兴趣的信息,否则这类消费者会很快跳过该网站转而访问其他网站。

二、网络消费者的购买动机

网络消费者的购买动机是指在网络购买活动中,能驱使网络消费者产生购买行为的某些内在动力。企业只有了解网络消费者的购买动机,才能预测其购买行为,以便采取相应的促销措施。由于网络促销并不是面对面的销售,网络消费者的购买行为不能直接被观察到,因此对网络消费者购买动机的研究显得尤为重要。总体而言,网络消费者的购买动机可以分为两大类:需求动机和心理动机。

(一)需求动机

网络消费者的需求动机是指由需求引起的购买动机。要研究网络消费者的购买行为必须研究网络消费者的需求动机。美国著名的心理学家马斯洛把人的需求划分为5个层次,即生理需求、安全需求、社交需求、自尊需求和自我实现需求。网络技术的发展使现实的市场变成了网络虚拟市场,但虚拟社会与现实社会毕竟有很大的差别,所以在虚拟社会中人们希望满足3个方面的需求:第一,人们出于好奇和能获得成功的满足感而对网络活动产生的兴趣需求;第二,不受时间和空间的限制且能够形成富有意义的人际关系的聚集需求；第三，对某些种类的产品或服务有相同兴趣的成员聚集在一起，形成产品信息交易网络的交流需求。

（二）心理动机

心理动机是由人们的认知、感情和意志等心理因素引起的购买动机。网络消费者购买行为的心理动机主要体现在理智动机、感情动机和惠顾动机3个方面。

1. 理智动机

理智动机是建立在网络消费者对于在线商城推销产品的客观认识的基础上的。在理智动机的驱使下，网络消费者会先注意产品的先进性、科学性和质量，然后才注意产品的经济性。这种购买动机的形成，基本上受控于理智，而较少受到外界氛围的影响。

2. 感情动机

感情动机是由网络消费者的情绪和感情引起的购买动机。这种购买动机又可以分为两种形态：一种是低级形态的感情动机，它是由喜欢、满意、快乐和好奇引起的，这种购买动机一般具有冲动性、不稳定性的特点；另一种是高级形态的感情动机，它是由人们的道德感、美感和群体感引起的，具有稳定性和深刻性的特点。在线商城提供送货服务，大大促进了感情动机的形成。

3. 惠顾动机

惠顾动机是指基于理智经验和感情，因对特定的网站、图标广告和产品具有特殊的信任与偏好而重复、习惯性地访问并购买的一种动机。具有惠顾动机的网络消费者，往往是某一站点的忠实浏览者，不但自己经常光顾这一站点，而且会向他人宣传该站点，甚至在该站点提供的产品或服务出现某种缺陷时，也能予以谅解。

三、网络消费者的决策过程

网络消费者的决策过程一般可分为5个阶段：确认需要、收集信息、比较选择、购买决策、购后评价，如图8-1所示。需要指出的是，不是任何一个网络消费者的决策过程都会严格按照上述5个阶段执行，在某些情况下，网络消费者可能会跳过某些阶段。例如，购买固定品牌服装的年轻人会跳过收集信息和比较选择阶段，直接购买喜欢的服装。与此同时，由于受某些因素的影响，网络消费者在决策过程中随时有可能放弃购买，造成购买决策的提前终止。但是这一模式依然具有重要意义，因为它全面地阐述了参与程度较高的网络消费者在购买产品时所需要进行的全部思考过程。

图8-1 网络消费者的决策过程

第四节 网络营销方式

几乎每一种常用的互联网工具和服务都有一定的网络营销作用，如Web1.0时代常用的搜索引擎、电子邮件、QQ即时通信工具等，Web2.0时代常用的博客、微博、SNS、网络视频等，Web3.0时代常用的APP、O2O、LBS、微信、短视频等，而以每一种工具为基础都会相应地产生一种或多种网络营销方法，而网络营销方法也需要借助各种网络营销工具。因此，有效利用网络营销的工具和方法，成为实现网络营销价值的基础。

一、搜索引擎营销

搜索引擎营销（search engine marketing，SEM）就是基于搜索引擎平台的网络营销，利用人们对搜索引擎的依赖和使用习惯，在人们检索信息的时候尽可能将营销信息传递给目标客户，它是目前最常见、效果最明显的网络营销方法之一。

（一）搜索引擎分类

按照信息搜索的方法不同，搜索引擎可以分为目录索引搜索引擎（search index/directory）、全文搜索引擎（full text search engine）和元搜索引擎（meta search engine）3大类。

1. 目录索引搜索引擎

目录索引搜索引擎以人工或半人工的方式，或依靠用户提交注册来搜索信息，由搜索引擎的工程师对信息进行整理分类，形成信息摘要，然后按照信息的类别归属到网站的分类树框架中。大部分的目录索引是链接站点的主页，提供目录浏览服务和直接检索服务。用户在查询信息时，可选择关键词搜索，也可按分类目录逐层查找。如果以关键词搜索，返回的结果根据一定的算法按信息关联程度排列；如果按分层目录查找，某一目录中的网站的排名则是由标题字母的先后顺序决定。目录搜索引擎主要由人工进行分类，所以它的优点是信息准确，导航质量高；缺点是信息量少，信息更新不及时。典型的目录索引搜索引擎有Yahoo、搜狐、新浪等。

2. 全文搜索引擎

全文搜索引擎也称为机器人搜索引擎，所谓"机器人"是指某个能以人类无法达到的速度不断地执行某项任务的软件程序，这里"机器人"指在网络中搜索网页信息的程序。因为该程序像蜘蛛一样在网络间爬来爬去，因此又被形象地称为"蜘蛛"程序。全文搜索引擎的搜索范围和实效性都优于目录索引搜索引擎，该类搜索引擎的主要优点是信息量大、更新及时、自动化、无须人工干预，其缺点是返回信息过多，例如返回信息常常达到数万条，用户必须对返回的信息进行再次筛选和查找。典型的全文搜索引擎有 Google、AltaVista、Excite、Infoseek、Lycos、Inktomi、百度等。

3. 元搜索引擎

元搜索引擎没有自己的数据库，在接受用户查询请求时，同时将查询信息向多个搜索引擎递交，即在多个引擎上进行搜索，将返回的中间结果进行整理，重新排序后，作为自己的结果返回给用户。由于每个搜索引擎收录的网站不同，搜索的结果也会不一样，但如果采用元搜索引擎，就可以取得同时搜索多个著名网站的大型数据库的效果，既避免了操作上的烦琐，又节约了时间。这类搜索引擎的优点是信息量大，能够综合多种搜索引擎的优势；缺点是不能充分利用元搜索引擎的功能，可能用户需要做更多的筛选工作。典型的元搜索引擎有 InfoSpace、Dogpile、Vivisimo 等。

4. 其他搜索引擎

除上述三大类引擎外，还有以下几种非主流搜索引擎：

（1）如 Hot Bot 在 2002 年底推出的集合式搜索引擎，该引擎类似 META 搜索引擎，但区别在于不是同时调用多个引擎进行搜索，而是由用户从提供的 4 个引擎当中选择。

（2）门户搜索引擎，如 AOL Search、MSN Search 等虽然提供搜索服务，但自身既没有分类目录也没有网页数据库，其搜索结果完全来自于其他引擎。

（3）免费链接列表（free for all links，FFA），这类网站一般只简单地滚动排列链接条目，少部分有简单的分类目录，不过规模比起 Yahoo 等目录索引要小很多。

（二）搜索引擎营销方式

1. 搜索引擎优化（SEO）

为了使自己公司的网站显示在搜索引擎搜索结果的前列，对网站结构和网页进行搜索引擎优化（SEO）是很有必要的。

2. 关键词竞价排名

关键词竞价排名是采用竞价方式来提高网站在有关竞价关键词搜索结果中的排名位置，价格是决定排名的重要因素，它们的搜索结果实质上是一种关键词广告，广告主根据用户的点击来付费，每次点击的价格由排名位置来决定，排名越高，广告主支付给付费搜索引擎的费用也就越高，但其可以马上得到流量，所以只能是一种作为短期目标来进行的搜索引擎营销方式。

3. 关键词广告

关键词广告是付费搜索引擎营销的一种形式，简单来说就是在搜索引擎的搜索结果中发布广告的一种方式。与一般网络广告不同之处仅仅在于，关键词广告出现的位置不是固定在某些方面，而是当有用户检索到企业所购买的关键词时，才会出现在搜索结果页面的显著位置,它是目前搜索引擎营销方法中发展最快的模式。

4. 免费登录分类目录

搜索引擎营销在 2001 年之前为免费搜索引擎营销阶段,以免费分类目录登录为主要方式。目前多数重要的搜索引擎都已开始收费,仍有少数搜索引擎可以免费登录,如 Yahoo。从搜索引擎的发展趋势来看,免费搜索引擎登录的方式已经逐步退出网络营销舞台。

5. 收费登录分类目录

收费登录搜索引擎营销与网站设计本身没有太大关系,主要取决于费用,只要缴费,一般情况下都可以登录。

二、电子邮件营销

(一)电子邮件营销概述

E-mail 最早出现于 1972 年,带来了人类通信史上革命性的变化,现在不仅成为人们生活中不可缺少的一部分,而且是一个非常重要的营销工具。研究发现,网民学历越高,电子邮件使用率越高。办公室职员、管理者、大学生等电子邮件的使用率明显高于其他人群,也是最具消费潜力和营销价值的群体。

(二)电子邮件营销的模式

1. 通过专业邮件列表服务商投放邮件广告

邮件列表(mailing list)起源于 1975 年,是互联网上最早的社区形式之一,也是互联网上的一种重要的工具,用于各种群体之间的信息交流和信息发布。专业的邮件列表服务商通常提供某类型的电子杂志、新闻邮件、商业信息等吸引用户参与,然后在邮件内容中投放广告主的商业信息。广告主可借助邮件列表服务商的用户资源开展宣传、促销等活动。

2. 利用自己建立的邮件列表发送邮件广告

拥有自己的邮件列表始终是企业的追求,越来越多的传统企业意识到使用电子邮件和互联网来维系顾客关系的边际成本是相当低的,而且,越来越多的人开始使用电子邮件,所以我们经常可以看到网站上充满了"请订阅本站 E-mail 通告"等要求访问者留下电子邮件地址的文字。

三、网络广告营销

(一)网络广告的概念

简单地说,网络广告就是在网络上做的广告,利用网站上的广告横幅、文本链接、多媒体的方法,在互联网刊登或发布广告,通过网络传递到互联网用户的一种高科技广告运作方式。

（二）网络广告的主要形式

1. 文字广告

文字广告就是以文字的形式扩大企业或产品的知名度，可以放在 Web 页上，一般是企业的名称，点击后链接到广告主的主页上。这种文字链接形式的广告通常出现在网页的一些分类栏目中。文字广告也可以通过电子邮件的形式定期传送给客户，还可以采用在新闻组或电子公告板上发布的方式。在分类广告中，往往以文字的形式出现。

2. 横幅（banner）广告

横幅广告是各广告主网络广告的首选，一般做成动画，表现的内容丰富、形式生动，广告位置明显（一般在页面的顶部、底部或醒目位置）。此广告对于品牌、产品的推广有更大的作用，适于品牌、形象宣传及促销等大型活动。

3. 按钮（button）广告

按钮广告又称为鼠标响应图标广告。这种广告可以是一个企业的标志，也可以是一个形象图表，有的就是一个按钮形状。它们都采取与有关信息超链接的互动方式，用鼠标点击它时，可链接到广告主的站点或相关信息页面上。

4. 竖幅广告

竖幅广告又称为对联广告，出现在主页面两侧。

5. 关键字广告

当广告主买下流行搜索引擎的流行关键字，凡是输入这个关键字的用户都可以被吸引到他的网站（网页）上去。

6. 画中画广告

此类广告又叫跳出广告，它出现在原有的网页上，形成画中画。

7. 分类广告

类似于报纸杂志中的分类广告，是一种专门提供广告信息服务的站点，在站点中提供按照产品或者企业等方法可以分类检索的深度广告信息，这种形式的广告对于那些想了解信息的访问者提供了一种快捷有效的途径。

8. E-mail 广告

电子邮件广告是一种重要的网络广告形式。电子邮件广告往往以邮件列表的形式发送。

9. 直播或插播广告

Internet 直播广告是模仿电视广告的形式，内容简练，精心制作，加上声音和动画，且能相互交流。插播广告是一种全屏广告，既可以在用户调用网页等待出现的间隔时间在屏幕弹出，也可以像电视广告那样在节目中间插播，广告公司制作播放一些长度为十几秒的广告，广告费用比电视广告低很多。

10. 游戏广告

游戏广告是利用互动游戏技术将嵌入其中的广告信息传达给受众的广告形式。

四、微博营销

（一）微博营销的定义及特点

微博，即微博客的简称，是一个基于用户关系的信息分享、传播及获取的平台，用户可以通过 Web 及各种渠道访问微博，以 140 字左右的文字更新信息，并实现即时分享。微博营销具有如下特征。

1. 门槛低

140 个字发布信息，远比博客发布容易，可以方便地利用文字、图片、视频等多种展现形式。

2. 多平台

支持手机等平台，可以在手机上发布信息。

3. 传播快

信息传播的方式有多样性，转发非常方便，例如利用名人效应能够使事件的传播量呈几何级放大。

4. 见效快

微博营销是投资少见效快的一种新型的网络营销模式，其营销方式和模式可以在短期内获得最大的效益。

（二）微博营销的技巧

企业在开展微博营销时应注意使用以下几个技巧。

（1）注重价值的传递和写作技巧。微博的数量数以亿计，只有那些能为浏览者创造价值的微博才具有商业价值，此时微博营销才有可能达到期望的商业目的。要想把企业微博运营得有声有色，单纯传递内容价值还不够，还必须讲求一些技巧和方法。

（2）加强互动，使微博持续发展。微博的魅力在于互动，微博互动可以拉近用户距离，即时获得反馈。因此，互动性是微博持续发展的关键。

（3）注重准确地定位和用户的质量。微博用户数量众多当然是好事，但对于企业微博来说，用户的质量则更重要。因为企业微博最终商业价值的实现，需要这些有价值的用户的参与。

电子商务概论

拓展案例

鸿星尔克,史无前例的"双向奔赴"

2021年7月,鸿星尔克成为中国人眼中的骄傲,"国货之光""国产品牌的骄傲"……所有能够表达心情的形容词对鸿星尔克扑面而来。

2021年7月21日晚,面对河南洪灾,鸿星尔克官方微博宣布捐赠价值5 000万元物资。本来这并不是特别大的新闻,因为捐款、捐赠的单位很多,不乏李宁、特步、361度和安踏等国有品牌,但为什么就鸿星尔克突然爆红了呢?

因为这是一次典型的网友们与鸿星尔克的"双向奔赴"。有网友发现其他国产品牌2020年的净利润均在几亿元至几十亿元之间,但鸿星尔克却是亏损2.2亿元,甚至2021年一季度,鸿星尔克依然亏损6 600万元。"感觉你都要倒闭了还捐了这么多!""怎么宣传下啊,我都替你着急。"刹那间,网友们以"心疼""心酸"看待鸿星尔克。一天之后,"鸿星尔克的微博评论好心酸"冲上热搜,截至2021年7月23日15时,该微博热搜已达7亿阅读次数;而鸿星尔克官方微博捐款图文转发量达22.9万次,评论数28.4万,点赞高达958万次。

此后,网友们纷纷涌入鸿星尔克直播间,鸿星尔克官方旗舰店连续在7月22~23日两日直播中,直播销售额达到2 331.7万元和5 138.4万元,观看人次最高达到7 570.5万人,仅2天多的直播,鸿星尔克的直播间销售额就破亿。以至于在7月23日凌晨1点,鸿星尔克董事长吴荣照不得不赶到直播间,向网友们致谢并呼吁网友理性消费。除了线上的火爆之外,这个热度同样延伸至线下,鸿星尔克在各地的门店也是人满为患,实实在在地演绎了一场鸿星尔克"神话"。当网友们发现鸿星尔克微博居然不是会员时,直接给鸿星尔克冲了119年会员至2140年。对于这个买不起热搜、打不起广告,没钱请流量明星,甚至直播间连空调都没有的企业,面对国家遇到困难后的决绝出手,网友们被鸿星尔克的义举所感动。

五、微信营销

(一)微信营销的概念

微信是腾讯公司于2011年初推出的一款通过网络快速发送语音短信、视频、图片和文字,支持多人群聊的手机聊天软件。用户可以通过微信与好友进行形式上更加丰富的类似于短信、彩信等方式的联系。微信软件本身完全免费,使用任何功能都不会收取费用,微信使用时产生的上网流量费由网络运营商收取。因为是通过网络传送,因此微信不存在距离的限制,即使是在国外的好友,也可以使用微信对讲。

微信营销是网络经济时代对企业营销模式的重大挑战。微信不存在距离的限制，用户注册微信后，可与周围同样注册的"朋友"形成一种联系，用户订阅自己所需的信息，商家通过提供用户需要的信息，推广自己的产品。

（二）微信营销的技巧

1. 做好数据分析，精准挖掘客户

微信营销的数据分析通常包括用户分析、图文分析、消息分析等。基于数据分析对客户进行精准挖掘，实现微信的精准营销，在充分了解客户信息的基础上，针对客户与潜在客户的偏好，针对性地进行一对一的微信营销。用户分析包括用户增长与用户属性；图文分析包括图文消息的阅读人数和次数及分享转发等；消息分析包括消息发送次数、发送人数、人均发送次数等。

2. 打造优质内容，增强粉丝黏性

用户在微信上的个性化需求更加凸显，只有有价值的内容才能成功吸引消费者的注意力，并能使消费者主动进行转发宣传，在微信上达到核裂变式营销传播效果。

3. 整合沟通渠道，形成微信矩阵

微信的本质仍然是沟通和关系，它整合了包括订阅号、服务号、多客服系统、微信群、个人微信号在内的沟通渠道，这几种沟通渠道各有倚重，互为补充，对其充分利用，则可形成微信矩阵的整合营销效果。其中订阅号注重"信息的推送"；服务号和多客服系统常作为营销者的官方客服渠道；微信群是群体传播，旨在使使用者保持活跃，增强参与感和认同感；营销者申请个人微信号与消费者进行沟通，则更具人性化。

4. 获取粉丝信任，促成效益转化

企业能通过微信与使用者建立较强的关系连接，随着微信运营的层层推进和营销者通过多种方式建立的沟通渠道，同时建立高度的信任关系，这种来用户的信任有可能转化为实实在在的经济效益。

六、自媒体营销

（一）自媒体营销的概念

自媒体营销又称社会化营销，是利用社会化网络、在线社区、博客、百科、短视频、微博、微信、今日头条、百度、搜狐、凤凰、UC等平台或者其他互联网协作平台和媒体来传播和发布资讯，从而形成的营销、销售、公共关系处理和客户关系服务维护及开拓的一种方式。一般自媒体营销工具包括论坛、短视频、微博、微信、今日头条、百度、搜狐、凤凰、UC、博客、SNS社区，内容、图片和视频通过自媒体平台或者组织媒体平台进行发布和传播。

网络营销中的自媒体主要是指具有网络性质的综合站点，其主要特点是网站内容大多

由用户自愿提供（UGC），而用户与站点不存在直接的雇佣关系。传播的内容量大且形式多样，强调内容性与互动技巧，每时每刻都处在营销状态、与消费者的互动状态；需要对营销过程进行实时监测、分析、总结与管理；需要根据市场与消费者的实时反馈调整营销目标等。自媒体的崛起是近些年来互联网的一个发展趋势。不管是国外的 Facebook 和 Twitter，还是国内的人人网或微博，都极大地改变了人们的生活，将我们带入了一个社交网络的时代。社交网络属于网络媒体的一种，而我们营销人在社交网络时代迅速来临之际，也不可逃避地要面对社交化媒体给营销带来的深刻变革。

（二）自媒体营销的推广

对于营销者而言，在找到适合自己的自媒体营销推广平台之后，接下来就是使用科学、有效的自媒体推广方法。一般来说，自媒体推广方法分为线上推广法和线下推广法。

1. 线上推广法

在进行线上推广时，可以充分利用贴吧、QQ 群和一些本地论坛。

2. 线下推广法

线下推广法主要分为与商家进行合作和线下体验活动两种。

七、直播和短视频营销

网络直播和短视频营销是移动互联网普及过程中的产物，发展势头迅猛。

（一）直播营销的概念

网络直播即指互联网直播。按照国家互联网信息办公室发布的《互联网直播服务管理规定》中的定义，互联网直播是指基于互联网，以视频、音频、图文等形式向公众持续发布实时信息的活动。直播按照表现形式，可以分为文字、图文、语音、视频 4 种，其中视频直播是最主要的形式。

网络直播营销是企业以视频、音频直播为手段，以广播、电视、互联网为媒介，在现场随着事件的发生与发展进程同时制作和播出节目，最终达到品牌提升或产品销售的目的。直播营销是一种营销形式上的重要创新，是网络视频营销的延伸，让用户有与企业零距离接触的感觉，使企业形象深入人心。这种"即时视频"与"互联网"的结合，创造了一种对企业非常有用的营销方式。它的核心价值在于聚集注意力的能力，这使其成为企业品牌提升或产品营销推广的标配。

（二）直播营销的模式

1. 企业自主创造型直播

企业通过网络直播营销可以将产品发布会搬到网上，通过直播软件或直播网站跟用户进行即时互动，让用户亲身体验新产品的魅力，既能使产品形象深入人心，同时也能使用户与企业进行平等对话，让用户感觉自己受到尊重，使用户对公司更加友好，从而促成即时成交。

2. 扩散营销型直播

视频营销的厉害之处在于传播精准，它首先会使用户产生兴趣，关注视频，再让用户由关注者变为传播分享者，而被传播对象势必是有着和他一样兴趣特征的人，这一系列的过程就是由目标消费者在做筛选和传播。

3. 事件营销型直播

事件营销一直是线下活动的热点，国内很多品牌都依靠事件营销取得了成功。其实，策划有影响力的事件，编制一个有意思的故事，再将这个事件拍摄成视频，也是一种非常好的营销方式，而且，有事件内容的视频更容易被网民传播，然后将事件的最后结局进行一场现场直播，让之前积累的关注度全部聚集在一起，并在事件营销中合理植入产品信息，这样做往往会事半功倍。

4. 与其他传媒型直播结合模式

由于每一个用户接触互联网的媒介和方式不同，单一的视频传播很难有好的效果。因此，在做直播前，企业需要通过制作一定数量的视频短片，并首先需要在公司的网站上开辟专区，吸引目标客户的关注。其次，也应该跟主流的门户、视频网站合作，以提升这些视频的影响力。而且，对于互联网用户来说，线下活动和线下参与也是重要的一部分。企业适时地把关注这些视频的用户聚集在一起，进行一场网络直播，再配合线下活动，这样就有可能将聚集的粉丝真正转化为企业的忠实用户。

（三）短视频及短视频营销的含义

短视频是视频长度以秒计，主要依托于移动智能终端实现快速拍摄与美化编辑，可在社交媒体平台上实时分享和无缝对接的一种新型视频形式。其具有性价比高、更具真实性、社交媒体属性强、能形成品牌特色等特点。短视频内容融合了技能分享、幽默搞笑、时尚潮流、社会热点、街头采访、公益教育、广告创意、商业定制等主题。短视频长度从几秒到几分钟不等，由于内容较短，可以单独成片，也可以成为系列栏目。

（四）常见的短视频营销平台

1. 抖音

抖音是由今日头条旗下研发的一款短视频应用软件，其开发者是北京微播视界科技有限公司。抖音于2016年9月上线，抖音的崛起，一是跟智能手机的普及有着重大的关系；二是抖音团队通过各种辅助的方式和手段，降低了拍摄短视频的难度。用户可以选择歌曲，通过视频拍摄快慢、视频编辑、视频特效等技术，让视频更具创造性，形成自己的作品。

2. 快手

同样作为短视频平台，快手与其他应用的不同之处在于它可以把录制的视频按照帧数进行精细剪辑。在快手中，用户可自定义的内容包括滤镜、相框、场景、配乐等。"高级"编辑是快手与众不同的地方。通过"高级"编辑，用户可以把录制的视频转化为连续的若干帧图片，并对每一帧图片进行"文字""贴纸""画笔""删图"处理。使用"高级"剪辑功能，用户可以更方便地制作与编辑视频内容。

3. 美拍

美拍是一款主打视频拍摄及编辑的应用，是一款可以直播、制作小视频的受年轻人喜爱的软件。这款以"简单易用的短视频拍摄编辑工具"为核心的高颜值、多功能"相机"，占据了短视频的先机，成了相机工具界的一股"新流"。

（五）短视频营销的模式

1. 短视频创意定制

短视频内容采用PGC（专业生产内容）和UGC（用户生产内容）等形式，按企业的要求进行内容定制生产，已成为一种具有高转化效果的营销方式。"创意内容＋短视频"形式可以最大限度地体现内容的价值，让营销信息植入得更加自然。

2. 短视频冠名

在短视频领域，企业通常可用品牌或者产品命名短视频栏目名称。基于短视频的超强流量，再加上冠名带来的多频次的品牌展示，更容易为企业在社交媒介中带来大量曝光机会，同时还能提升企业的美誉度。这种方式具有执行速度快、覆盖人群广等优势。

3. 短视频植入广告

依托于短视频达人的高人气，以贴片广告、主播口播等形式植入企业产品信息或品牌信息，可以使这些信息获得更好的曝光效果。这种方式具有易操作、到达率高、成本低等优势。

4. 短视频互动营销

这种方式通常是由企业发起某一活动，借助短视频平台和短视频达人影响力，带动用户参与活动，并由此可能引发一场覆盖全网的短视频传播风暴。短视频传播具有视觉化的优势，整个互动形式一般都具有很强的互动性、热点性和舆论性，极易形成爆点，感染目标人群。

5. 短视频多平台分发

除了美拍、秒拍这种专业的短视频平台外，优酷、腾讯、爱奇艺这类视频门户网站和一些新闻、社交客户端以及新媒体都已成为短视频传播的渠道。一般情况下，企业应在多平台投放其短视频，以提高传播效果。

6. 短视频+活动出席

邀请知名网络主播出席企业的线下活动，除了对活动进行现场直播以外，针对直播内容或者线下活动的其他精彩内容，进行内容剪辑，形成一段精彩的短视频在线上进行二次传播，目前也是短视频营销常用的一种方式。

除了以上形式，目前，短视频+电商、短视频+网综等形式也正逐渐被越来越多的企业所运用，短视频营销的方式会越来越丰富。

拓展案例

如何玩转抖音短视频营销

很多运营抖音短视频的博主都会有迷茫的时候，不论是视频的流量还是变现形式，都让博主操碎了心。那么，做抖音应该如何去玩转抖音上面的短视频营销？在操作的时候要注意一些什么？

1. 点赞量+评论量+转发量+完播率

对于抖音博主来说，视频的质量是立身之本。两段看似相近的视频，观众其实一眼可以看出哪个视频的制作更用心，哪个更随意。流量是抖音购物车的商业化基础。点赞量和评论量及转发量和完播率都是视频质量直观的评定！

2. 账号定位

知道平台和粉丝喜欢什么，什么样的视频容易被点赞，账号定位好之后，垂直输出这个方向的内容。品牌商要想制造更加吸引人的内容，定位很重要。做抖音，一定不要忘记让你的视频好看，好玩，有用。要站在用户的角度去输出视频。

3. 视频制作

视频一定要看起来高清高质，给人视觉上一种舒服的感觉。很多人都不知道用什么软件拍摄，制作，甚至在抖音上求教，浪费大量的时间和精力，所以懂得视频制作也是非常重要的。

4. 引流和变现

其实也可以将二者合为一个技能，即如何更好地利用抖音巨大的流量池，来为自己的产品引流带货！这也是抖音短视频营销核心的技能！

要注意问题如下。

1. 标题和内容设置

在抖音进行营销推广的时候，一定要注意抖音短视频的标题和内容设置，想要曝光或者是排名号，光靠视频内容是无法做到的，还需要我们进行排名优化。

2. 时间长度

一般抖音视频的长度不宜太长,视频长度上不应高超过2分钟。视频真的很长的话,可以将其分成一个个独立的小视频,这样既能保证时长不会太长,而且感兴趣的朋友会对你后期的视频会有一种期待,从而对你进行关注。

3. 视频内容质量

在抖音进行营销推广的时候,注意拍摄一定要清晰,不要过多晃动,移动速度要慢,不然会有晃动,等等。

本章小结

本章通过对网络营销概述、网络市场调研、网络消费者行为分析、网络营销方式等内容的讲解,使读者可以了解网络营销的相关知识,准确把握网络消费者的购买行为和习惯,明确自身产品定位,有效制定营销策略并实施,最终实现营销目标。

本章习题

1. 什么是网络营销?网络营销有哪些特点?
2. 网络营销系统有哪些功能?
3. 网络市场调研的方法有哪几种?
4. 网络消费者的购买动机有哪几方面?
5. 简述你所熟悉的几种网络营销方式。

第九章 电子商务大数据

在信息和数据集中的大环境下,电子商务的发展也要抓住数据这一快车,利用大数据技术的支持,来帮助企业做出科学的战略和决策。用大数据技术中数据处理和分析,各电商可以确定核心用户群,对买家信誉和消费行为进行分析评定买家信誉。相反平台和消费者也可根据商家的售出行为和服务,判断商家的产品质量和信用,这样可以促成一个尽可能规范和安全的平台,以促使电子商务的良性发展。

1. 培养创新思维能力,不断学习各种大数字运算。
2. 树立迎难而上、善于思考的优良品质。

案例导入

三顿半咖啡,以数据驱动产品创新

三顿半咖啡自 2015 年创立以来,经历多次产品迭代,凭借数据驱动创新战略,成功打造"爆款",赢得了市场。2018 年三顿半咖啡入驻天猫商城,推出新品"超即溶咖啡",并于 2019 年创造多个销售纪录,成为"双十一""双十二"的天猫咖啡品类双冠王,超过雀巢、星巴克两大"巨头"成为业界黑马。2020 年 9 月,三顿半咖啡完成过亿元的 B 轮融资,这是其获得的第 4 轮融资。

三顿半咖啡的成功来自持续且主动地挖掘当下年轻化、个性化、场景化的新消费需求,且其能不断根据反馈进行调整。产品设计初期,三顿半咖啡就注重贴近核心消费者,挖掘市场缝隙,创造新品类——抓住消费者泡咖啡的痛点及痒点,打造出在不同液体与温度中速溶的高品质咖啡。更重要的是,三顿半咖啡持续通过数据驱动推出新品,精益求精。入驻天猫后,根据平台提供的咖啡消费趋势、消费者画像、产品反

馈等，三顿半咖啡持续打磨产品。

首先，"卖什么"：三顿半咖啡根据消费者大数据分析得到的消费者需求趋于多元化，其随即更新扩张产品线，使"超即溶咖啡"在年内就从3款增加到6款，至今仍在持续上新。

其次，"卖多少"：三顿半咖啡基于天猫大数据总结出复购所需的最佳消费量，即2个月内连续消费50万杯。在"双十一"期间，其推出了24颗的盒装款，并发放消费券，吸引消费者一次性购买2盒。

最后，"怎么卖"：结合消费者的反馈，三顿半咖啡重点针对年轻人推出引流方案，通过重新设计产品外观，加大内容运营、社交裂变动作等方式。据统计，三顿半咖啡的"90后"消费者占比已超60%，同比增长超15%，新方案成效显著。

据此，三顿半咖啡建立了新品研发和促销政策的基本面，后续的新品研发、上市节奏、消费者体验也能遵循大数据指标被不断调整和优化。

电子商务大数据概述；电子商务大数据技术；电子商务大数据应用。

第一节 电子商务大数据概述

大数据（Big Data）时代随着信息技术的发展悄然来临。从资源视角来看，大数据是一种新资源，体现了一种全新的资源观。1990年以来，在摩尔定律的推动下，计算存储和传输数据的能力呈增长指数，每GB存储器的价格每年下降40%。2000年以来，以Hadoop为代表的分布式存储和计算技术迅猛发展，极大地增强了电子商务企业的数据管理能力，电子商务企业对"数据废气"（Data Exhaust）的挖掘和利用大获成功，引发全社会开始重新审视"数据"的价值，把数据当作一种独特的战略资源。

一、电子商务大数据的概念

（一）大数据的定义

随着互联网革命性地改变了商业的运作模式、政府的管理方法及人们的生活方式，信息的爆炸式增长足以引发新的变革。世界充斥着比以往更多的信息，信息总量的变化导致了信息形态的变化，"大数据"应运而生。"大数据"不同于互联网，它正在以巨大的力量改变世界，是具有较强的决策力、洞察发现力、流程优化能力、高增长率和多样化的信息资产。

大数据

对于大数据，不同的研究机构给出了不同的定义。

第九章 电子商务大数据

麦肯锡全球研究院给出的定义为,大数据是一种规模大到在获取、存储、管理、分析等方面大大超出传统数据库能力范围的数据集合,具有数据规模庞大、数据流转迅速、数据类型多样和价值密度低4大特征。

维克托·迈尔·舍恩伯格和肯尼思·库克耶在《大数据时代》中认为:首先,在大数据时代,人们要分析与某一事物相关的所有数据,而不是只分析少量的数据样本;其次,人们更倾向于接收纷繁复杂的数据,而不再执着于其精确性;最后,在大数据分析、处理与运用的过程中,事物与事物之间的相关关系比因果关系更能吸引人们的注意力。

本书对大数据的定义为:大数据是指无法在一定时间范围内使用常规软件工具进行捕捉、管理和处理的数据集合,是需要以新的处理模式进行处理的具有较强的决策力、洞察发现力和流程优化能力的海量的、高增长率的、多样化的信息资产。

(二)电子商务大数据的定义

电子商务大数据是指电子商务领域中产生的大数据。我国正日益形成以电子商务平台为中心、以电子商务应用和电子商务服务业为基础的电子商务经济体系,这些都正在为整个社会特别是电子商务大数据产业带来海量信息。

具体而言,电子商务大数据的主要来源包括以下3个方面。

(1)企业内部的经营交易信息,物联网世界中的产品、物流信息,互联网世界中人与人的交互信息、位置信息是大数据的3个主要来源。其信息量远远超越了现有企业IT架构和基础设施的承载能力,其在实时性方面的要求同样大大超越了现有的计算能力。

(2)企业内部的信息主要包括联机交易数据和联机分析数据。就数据本身的格式来讲,这些数据是结构化的,企业只能通过关系型数据对它们进行管理和访问。这些数据价值密度高,但它们都是历史的、静态的数据。通过对这些数据进行分析,企业只能知道过去发生了什么,很难预测未来将发生什么。

(3)来自社交网站,如微博、微信、QQ和哔哩哔哩等的数据。这些数据是大量的、鲜活的,代表了网民的想法,反映了他们的网络行为。这些数据虽然价值密度低,但事关未来。

二、大数据的特征

维克托·迈尔·舍恩伯格和肯尼思·库克耶在《大数据时代》一书中提出,大数据具有以下特征。

(一)规模性

随着信息化技术的高速发展,大数据的采集、计算和存储都非常复杂。大数据中的数据不再以GB或TB为计量单位,而是以PB(1024TB)、EB(1048576TB)等为计量单位。

(二)多样性

多样性主要体现在数据来源多、数据类型多和数据之间的关联性强这3个方面。第一,数据来源多,企业面对的传统数据主要是交易数据,而随着互联网和物联网的发展,产生了诸如社交网站、传感器等多种来源的数据。第二，数据类型多，且以非结构化数据为主。在传统企业中，数据都是以表格的形式保存的。而大数据中的图片、音频、视频、网络日志、链接信息等都是非结构化和半结构化的，且占大多数。第三，数据之间的关联性强，且频繁交互，如游客在旅游途中上传的照片和日志，就与游客的位置、行程等信息有很强的关联性。

（三）高速性

高速性是大数据区别于传统数据的显著特征。大数据与海量数据的重要区别表现在两方面：一方面，大数据的数据规模更大；另一方面，大数据对处理数据的响应速度有更严格的要求。实时分析而非批量分析，数据输入、处理与丢弃立刻见效，几乎无延迟。数据的增长速度和处理速度是大数据高速性的重要体现。

（四）价值性

尽管企业拥有大量数据，但是发挥价值的仅是其中非常小的部分，大数据背后潜藏的价值巨大。由于大数据中有价值的数据所占比例很小，而大数据真正的价值体现在与大量不相关的各种类型的数据中。企业如果能够挖掘出对未来趋势与模式预测分析有价值的数据，并通过机器学习、人工智能或数据挖掘进行深度分析，将其运用于商务、金融等各个领域，就能创造出更大的价值。

三、大数据的商业价值

丰富的数据源为企业打开了更多的机会之门，企业既可以从海量的信息中找到如何更精确地进行产品营销的方法，模拟现实环境并发掘新的需求，还可以提高投资的回报率，降低服务成本，发现隐藏线索并进行产品和服务的创新。不论是传统行业还是创新行业，谁能够率先从大数据的"金矿"中发现暗藏的规律，谁就能够抢占先机，取得竞争优势。

对于企业来说，大数据的商业价值体现在以下4个方面。

（一）形成商业营销模式

根据数据资产的盈利方式和经营策略的不同，企业可形成以下6种商业营销模式。

1. 租售数据模式

租售数据模式就是售卖或者出租广泛收集、精心过滤、时效性强的数据。按照销售对象的不同，租售数据模式又分为两种类型：一是作为客户增值服务，如销售导航仪的公司会为客户提供即时交通信息服务；二是把客户数据有偿提供给第三方，如证券交易所会把股票交易行情数据提供给一些做行情软件的公司使用。

2. 租售信息模式

租售信息模式一般指聚焦于某个行业，广泛收集相关数据，深度整合萃取信息，以庞大的数据中心加上专用传播渠道开展信息租售业务来盈利的模式。

3. 数字媒体模式

数字媒体模式非常具有吸引力，因为全球广告市场估值超过5 000亿美元，所以这个领域能够培育中大型企业。这类公司的核心资源是实时、海量、有效的数据，它们的立身之本是大数据分析技术，多通过精准营销和信息聚合服务盈利。

4. 数据使能模式

数据使能模式是指利用大数据分析技术提高企业生态系统的竞争优势，从而更好地服务自己的用户。这类营销模式的核心在于，如果没有大量的数据，缺乏有效的数据分析技术，这些公司的业务就难以开展。例如，以阿里金融为代表的小额信贷公司，通过在线分析小微企业的交易数据、财务数据，可以计算出应提供多少贷款、多长时间可以收回贷款等关键问题，从而能把坏账风险降到最低。

5. 数据空间运营模式

从历史上来看，传统的互联网数据中心（internet data center，IDC）就是这种模式，互联网"巨头"都在提供此类服务，但近期网盘势头强劲。从大数据角度来看，各个"巨头"纷纷嗅到大数据的商机，开始抢占个人、企业的数据资源，海外的 Dropbox、国内的 360 安全云盘和百度网盘都是此类公司的代表。这类公司的发展空间在于可以成长为数据聚合平台，其盈利模式将趋于多元化。

6. 大数据技术提供商

从数据量来看，非结构化数据是结构化数据的 5 倍以上，任何种类的非结构化数据处理都可以重现现有结构化数据的辉煌。语音数据处理领域、视频数据处理领域、语义识别领域、图像数据处理领域都可能出现大型的高速成长的公司。

（二）建立用户的忠诚度

利用人数据分析方法，商家可以通过分析用户的历史购买记录来建立模型，预测用户未来的购买行为，进而设计促销活动和提供个性化服务以避免用户流失到竞争对手那里。

在实际的市场策略中，新增用户的获取往往比对存量用户进行价值挖掘更能获得市场人员的青睐。然而，"二八定律"告诉我们，一家公司 80% 的利润实际上来自 20% 的现存用户。通过分析现存用户的购买行为习惯，聪明的商家可以将他们的市场推广投入、供应链投入和促销投入回报最大化。这种对数据价值的高度敏感和重视，以及强大的挖掘能力，能让企业得到更多用户的认可。

（三）开发新的用户资源

企业不仅可以用数据来挖掘存量用户的价值，还可以通过数据来更高效地获取新用户。对于寻找新用户来说，大数据技术正革命性地改变着数字世界中市场推广的游戏规则。

1. 社交网络信息挖掘

通过对社交网络信息的挖掘，企业能取得共赢的结果。例如，银行和航空公司可以从用户的微博信息中，发现他们是否正在考虑办理某种银行业务或订机票。企业可以从自然语言中抓取类似于"有人可以推荐可为房屋贷款的银行吗？""去上海最便宜的机票在哪里订?"等信息,并通过回复这样的问题,给用户推送合适的业务/机票信息,从而既满足了用户的需求,也使自身获得了回报。

2. 实时竞拍数字广告

美国的 Chango 公司和国内的 Uniqlick 公司正在数字广告行业中使用新的数据技术探索新的商业模式。通过了解互联网用户在网络上的搜索、浏览行为,这些公司可以帮广告主找到最有可能对其产品感兴趣的用户群,从而进行精准营销。这样的做法可以使广告主获得更高的转化率,也可以让发布广告的网站提高广告位的价值。

(四)业务与服务创新

数据不仅对于优化现有的业务有着巨大的经济价值,同时也为新业务的发掘打开了机会之门。下面介绍几个利用大数据创新的典型案例。

1. 健康领域

位于美国旧金山的 SeeChange 公司创建了一套新的健康保险模式。该公司通过分析用户的个人健康记录、医疗报销记录及其在药店的相关购买记录等数据,来判断该用户对于慢性病的易感性,并判断该用户是否有可能从一些定制的康复套餐中获利。SeeChange 公司同时设计了健康计划,并设立了奖励机制鼓励用户主动完成健康行动,且全程都通过其数据分析引擎来监控。

2. 零售领域

创业公司 Retention Science 发布了一个为电子商务企业提供提高用户黏性的数据分析及市场策略设计的平台,它的用户建模引擎具备自主学习功能,通过使用算法和统计模型来设计提高用户黏性的策略。平台的用户数据分析都是实时进行的,以确保用户行为预测总是符合用户的实际行为。同时,平台会动态地根据这些行为预测来设计一些促销策略。

3. 能源行业

Opower 公司使用数据来提高消费用电的能效,并取得了显著的成功。作为一家软件服务型创新公司,Opower 与多家电力公司合作,分析美国家庭的用电费用并将之与邻居的用电情况进行对比。订阅这一服务的家庭每个月都会收到一份具有对比性的报告,该报告会显示该家庭的用电情况在整个区域或全美类似家庭中所处的位置,以鼓励节约用电。

不论是优化现有的业务模式,还是发掘新的业务模式,大数据技术都史无前例地为企业打开了机会之门,可以个性化地服务好每一个用户。

第二节 电子商务大数据技术

在电子商务领域中,当人们提及大数据时,往往并非仅指数据本身,还指电子商务系统的数据和大数据技术的结合。所谓电子商务大数据技术,是伴随着电子商务系统中的大数据的采集、存储、分析和应用而产生的技术，是一系列使用非传统工具对大量结构化、半结构化和非结构化数据进行处理，以获得分析和预测结果的数据处理和分析技术。因此，从数据处理和分析的角度，电子商务大数据技术可以分为大数据处理架构、大数据存储、大数据分析和处理、数据可视化等方面。

一、大数据处理架构

好比普通的 Web 服务应用有其对应的服务架构一样，大数据也有其对应的处理架构，且这些处理架构和 Web 服务架构类似，都是为了满足现实的要求。Hadoop 是一种典型的大数据批处理的处理架构，是一个由 Apache 基金会开发的分布式系统基础架构。用户可以在不了解分布式底层细节的情况下，开发分布式程序。Hadoop 是一个分析和处理大数据的软件平台，是一个用 Java 语言实现的 Apache 的开源软件框架，在大量计算机组成的集群中可实现对海量数据的分布式计算。Hadoop 起源于 Apache Nutch 项目，始于 2002 年，是 Apache Lucene 的子项目之一。

Hadoop 被公认为是行业大数据的标准开源软件，它在分布式环境下提供了处理海量数据的能力。几乎所有主流厂商都围绕 Hadoop 提供开发工具、开源软件、商业化工具和技术服务，谷歌、微软、雅虎和阿里巴巴等公司都支持 Hadoop。

二、大数据存储

（一）分布式文件系统

分布式文件系统（hadoop distributed file system，HDFS）是一个高可靠性、高性能、面向列、可伸缩的分布式存储系统。

HDFS 支持流数据读取和超大规模文件处理，并能够在由廉价的普通服务器组成的集群上运行。这主要得益于 HDFS 在设计之初就充分考虑了实际应用环境，即硬件出错在普通服务器集群中是常态，而不是一种异常情况。因此，HDFS 在设计上采取多种机制来保证在硬件出错的环境中的数据的完整性。

总体而言，HDFS 要实现以下几个目标。

（1）兼容廉价的硬件设备。在成百上千台廉价的服务器中存储数据，通常会出现节点失效的情况，因此 HDFS 设计了快速检测硬件故障和自动恢复的机制，可以实现持续监视、错误检查、容错处理和自动恢复，使得在硬件出错的情况下也能保证数据的完整性。

（2）流数据读写。普通文件系统主要用于随机读写以及与用户进行交互，而 HDFS 则用于满足批量数据处理的要求。因此为了提高数据吞吐率，HDFS 能够以流数据的方式来访问文件系统数据。

（3）大数据集。HDFS 中的文件大小通常可以达到 GB 甚至 TB 级别，一个由数百台服务器组成的集群可以处理成千上万个这样的文件。

（4）简单的文件模型。HDFS 采用"一次写入多次读取"的简单文件模型，文件一旦完成写入，关闭后就无法再次写入，只能被读取。

（5）强大的跨平台兼容性。HDFS 是采用 Java 语言实现的，具有很好的跨平台兼容性。支持 Java 虚拟机（java virtual machine，JVM）的机器都可以运行 HDFS。

（二）分布式数据库

分布式数据库（HBase）的前身是 BigTable，BigTable 是谷歌的一个分布式存储系统。它使用谷歌提出的 MapReduce 分布式并行计算模型来处理海量数据，并将谷歌文件系统作为底层数据存储；使用 Chubby 提供协同服务管理，其处理的数据量可以扩展到 PB 级别且可以部署到上千台机器上；具备应用广泛性、可扩展性、高性能和高可用性等特点。谷歌的许多项目，包括搜索、地图、财经、打印、社交网站、视频共享网站和博客网站等，都存储在 BigTable 中。目前，HBase 已成为一种广泛应用于各个行业的成熟技术。

HBase 是一个面向列、可伸缩的分布式数据库，是 BigTable 的开源实现，用来存储非结构化和半结构化的松散数据。HBase 利用 MapReduce 来处理数据，能实现高性能计算；使用 Zookeeper 作为分布式协调服务来维护集群中的服务器状态；使用 HDFS 作为底层存储，当然也可以使用本地文件系统作为底层存储；Sqoop 为 HBase 提供了高效、便捷的关系数据库管理系统数据导入功能；Pig 和 Hive 则为 HBase 提供了高层语言支持。

（三）非关系型数据库

非关系型数据库（No Only SQL，NoSQL）采用的数据模型并非传统关系数据库的关系模型，而是类似于键/值对、列族、文档等的非关系模型。NoSQL 没有固定的表结构，通常不存在连接操作，也没有严格遵守 ACID 特性的约束。因此，与关系型数据库相比，NoSQL 具有灵活性和水平扩展性，可以支持海量数据存储。此外，NoSQL 支持 MapReduce 风格的编程，可以较好地应用于大数据时代的各种数据管理。NoSQL 的出现，一方面弥补了关系数据库在当前商业应用中存在的各种缺陷，另一方面也撼动了传统的关系型数据库的垄断地位。

当应用场合需要简单的数据模型、灵活的信息系统、较高的数据库性能和一般的数据一致性时，NoSQL 比较适用。通常 NoSQL 拥有灵活的数据模型，能与云计算紧密融合。

三、大数据分析和处理

下面介绍与大数据分析和处理相关的概念与原理。

（一）MapReduce

MapReduce 是谷歌的核心计算模型，它将复杂的运行于大规模集群上的并行计算性过程高度地抽象成两个函数：映射函数（Map）和化简函数（Reduce）。在 MapReduce 中，一个存储在分布式文件系统中的大规模数据集会被切分成许多独立的小数据块，这些小数据块可以被多个 Map 任务并行处理。MapReduce 框架会为每个 Map 任务输入一个数据子集，Map 任务生成的结果会继续作为 Reduce 任务的输入，最终由 Reduce 任务输出最后结果，并写入分布式文件系统。特别需要注意的是，适合用 MapReduce 来处理的数据集需要满足一个前提条件。待处理的数据集可以被分解成许多小的数据集，而且这些小的数据集可以被完全并行地处理。

MapReduce 的一个设计理念就是"计算向数据靠拢"，而不是"数据向计算靠拢"，因为在网络上移动数据成本巨大，尤其是在大数据环境下，这种成本相当惊人。因此，移动计算比移动数据更加经济。本着这个理念，在一个集群中，只要有可能，MapReduce 框架就会使 Map 程序就近在 HDFS 数据所在的节点上运行，即将计算节点和存储节点放在一起，从而降低节点间移动数据的成本。

（二）流计算

大数据包括静态数据和动态数据（流数据），与之对应，大数据计算也包括批量计算和实时计算。随着人们对大数据处理实时性的要求越来越高，如何对海量流数据进行实时计算成为大数据领域面临的一大挑战。传统的 MapReduce 框架采用离线处理计算的方式，主要用于对静态数据进行批量计算，并不适用于处理流数据，因此业界提出了流计算的概念。对于流数据的实时计算，以往只有大型金融机构和政府机构能够通过昂贵的定制系统来满足实时计算的需求。随着 Storm 等流处理框架开源，开发针对流数据的实时应用成为可能。Storm 流处理框架不但具有可扩展性好、容错性好、能可靠地处理消息等优点，而且使用简单，可以较低的成本来开发实时应用。

流计算平台能够实时获取来自不同数据源的海量数据，经过实时分析和处理，获得有价值的信息。总体来说，流计算秉承一个基本理念，即数据的价值随着时间的流逝而降低。因此，当数据出现时就应该立即对其进行处理，而不是将其缓存起来再进行批处理。但要想及时处理流数据，就需要一个低时延、可扩展性好、可靠性高的处理引擎。一个流计算系统应该能满足以下要求。

（1）高性能，这是处理大数据的基本要求，系统应能每秒处理几十万条数据。

（2）海量式，即系统支持 TB 级甚至 PB 级的数据规模。

（3）实时性，即系统必须保证一个较低的时延，应达到秒级别，甚至毫秒级别。

（4）分布式，即系统应具有支持大数据的基本架构，且必须能够平滑扩展。

（5）易用性，即系统能够快速进行开发和部署。

（6）可靠性，即系统能够可靠地处理流数据。

不同的应用场景，对流计算系统会有不同的要求。其中针对海量数据的流计算系统，无论是在数据采集层面，还是在数据处理层面都应达到秒级别的要求。

（三）图计算

在大数据时代，大数据通常是以大规模图或网络的形式呈现的，如社交网络、传染病传播途径、交通事故对路网的影响等。此外，对于许多非图结构的大数据，企业也常常会将其转换为图模型后再对其进行分析和处理。目前图的规模越来越大，有的图甚至有数十亿个顶点和数千亿条边，这就给高效处理图数据带来了挑战。一台计算机已经不能存放图计算所需的所有数据，因此需要一个分布式的计算环境。此外，已有的图计算框架和图算法库不能很好地满足大规模图的计算需求。MapReduce 的出现一度被人们寄予厚望，但是 MapReduce 作为单输入、两阶段（Map 和 Reduce）、粗粒度（以数据块为单位处理）数据并行的分布式计算框架，在表达多迭代、稀疏结构和细粒度数据时往往力不从心，不适合用来解决大规模图的计算问题，因此新的图计算框架应运而生。

针对大规模图的计算，目前主要的图处理软件有两种：第一种图处理软件主要是基于遍历算法的、实时的图数据库，如 Ne04j、OrientDB、DeX 和 InfiniteGraph；第二种图处理软件主要是以图顶点为中心的、基于消息传递批处理的并行引擎，如 Hama、Golden Orb、Giraph 和 Pregel。

四、数据可视化

数据可视化是指将大型数据集中的数据以图形图像的形式表示，并利用数据分析和开发工具发现其中未知信息的过程。数据可视化的基本思想是将数据集中的每一个数据项都表示为一个图元素，将数据集转换成数据图像，同时将数据的属性值以多维数据的形式表示，使用户可以从不同的维度观察数据，从而对数据进行更深入的观察和分析。数据可视化是大数据分析的最后环节，也是整个数据分析流程中最关键的一环。

目前已经有许多数据可视化工具，其中大部分都是免费的，可以满足企业的各种数据可视化需求。下面介绍几款典型的数据可视化工具。

（一）图表工具——大数据魔镜

大数据魔镜是一款优秀的国产数据分析软件，它拥有丰富的数据公式和算法，可以让用户更好地理解、探索和分析数据。用户利用一个直观的拖放界面就可以创建交互式的图表和数据挖掘模型。大数据魔镜提供了较大的、多样的、实用的可视化效果库。通过大数据魔镜，企业所积累的各种来自内部和外部的数据，如网站数据、销售数据、

ERP 数据、财务数据、社会化数据、MySQL 数据等，都能够得以整合并被实时分析。魔镜移动商务智能（business intelligence，BI）平台不但可以在智能手机和平板电脑上展示关键绩效指标、文档和仪表盘，而且所有图标都具有交互和触摸功能，用户可以随手查看和分析业务数据。

（二）地图工具——Google Fusion Tables

地图工具在数据可视化中比较常见，它在展现数据基于空间或地理的分布方面具有很强的表现力，可以直观地展现各个分析指标的分布区域等特征。若指标数据要表达的主题与区域有关联，就可以选择将地图作为大背景，以帮助用户更加直观地了解数据的整体情况，同时也可以帮助用户快速地定位某一区域以查看详细数据。

Google Fusion Tables 是一款能让普通用户轻松制作出专业的统计地图的软件。利用该工具，用户可以让数据表以图表、图形和地图的形式呈现，从而能发现一些隐藏在数据背后的模式和趋势。

（三）时间线工具——Timetoast

时间线是表现数据在时间维度上的演变规律的有效方式，它通过互联网技术，依据时间顺序，把一方面或多方面的事件串联起来，形成相对完整的记录体系，再以图文的形式呈现给用户。时间线工具可以应用于不同领域，其最大的作用就是把过去的事物系统化、完整化、精确化。自 2012 年脸书 F8 开发者大会上发布了以时间线格式组织内容的功能后，时间线工具在国内外社交网站中开始被大范围应用。

Timetoast 为用户提供了在线创建基于时间线的事件记载服务，以及个性化的时间线服务，用户可以用不同的时间线来记录其某个方面的发展历程、心理路程、进度过程等。Timetoast 基于 Flash 平台，可以让用户在类似于 Flash 时间轴的时间线上任意加入事件，并定义每个事件的时间、名称、图像、描述。事件在时间序列上的发展最终在时间线上显示，事件的显示和切换既流畅又简单，用户单击鼠标左键即可显示相关事件。

（四）统计分析工具——R 语言

R 语言是主要用于统计分析、绘图的语言和操作环境。R 语言是一款免费的开源软件。R 语言的原始码可自由下载使用，并可在多种平台上运行。

R 语言的功能十分强大：第一，R 语言内设多种统计学及数据分析功能；第二，R 语言的强项是绘图功能，也可加入数学符号；第三，R 语言也可用于矩阵计算，其分析速度类似于商业软件 MATLAB；第四，R 语言的功能能够通过用户撰写的套件增强；第五，R 语言有特殊的统计技术、编程界面和数据输出/输入功能。

拓展案例

北京市消协：八成受访者认为大数据"杀熟"

有关互联网消费大数据"杀熟"问题一直备受关注，2022年3月1日，北京市消费者协会发布互联网消费大数据"杀熟"问题调查结果。结果显示，八成多受访者认为大数据"杀熟"现象普遍或非常普遍，并表示有过被大数据"杀熟"经历；体验调查显示，部分平台存在新、老用户账号同时购买同一商品或服务实际成交价不同现象。

据了解，本次互联网消费大数据"杀熟"问题调查活动由北京市消费者协会发起，委托北京阳光消费大数据研究院开展完成。调查主要采用网络问卷和消费体验两种方式。其中问卷调查自2021年11月1日启动，截至2021年11月11日，通过"北京消协"微信、北京市消费者协会网及消费者网等渠道，共计收回有效调查问卷4 186份。体验调查选取了16个消费者常用的电子商务平台，共完成32个模拟消费体验调查样本。

调查结果显示，在对16个平台进行的32个模拟消费体验样本中，有18个样本新老用户账户的价格一致；有14个样本新老账户的价格不一致。其中，大多数样本是因为打折或优惠力度不同导致最后成交价格不同。而部分平台存在新、老用户账号同时购买同一商品或服务实际成交价不同现象。例如，体验人员分别通过新、老用户账号同时在飞猪旅行APP上预订同一日期"宋城千古情（贵宾票）+灵隐飞来峰（大门票）成人票"时，老用户账号显示价格360元，享受飞猪红包10元，优惠后价格为350元；而新用户账号显示价格355元，不享受任何优惠，新、老用户账号显示价格不同，享受优惠也不同。体验人员分别通过新、老用户两个账号同时在饿了么平台订购同一饭店的同样饭菜，老用户账号不仅比新用户账号少了7元"双重补贴"红包，而且配送费也比新用户少优惠0.4元。

在问卷调查中，86.91%的受访者认为自己有过被大数据"杀熟"的经历，82.37%的受访者认为互联网消费大数据"杀熟"问题普遍存在，92.33%的受访者认为大数据杀熟的原因是利用大数据技术开展差异化营销。

值得关注的是，问卷调查显示，网络购物中的大数据"杀熟"问题最多，其次是在线旅游、外卖和网约车。八成多（82.44%）受访者表示在网络购物过程中遭遇过大数据"杀熟"，七成多（76.85%）受访者在在线旅游消费中遭遇过大数据"杀熟"，反映在网络外卖（66.96%）和网络打车（63.00%）消费过程中遭遇大数据"杀熟"的受访者均达到六成多。

在受访者中，大数据"杀熟"都会以何种方式存在呢？调查结果显示，受访者认为大数据"杀熟"主要体现在6个方面，分别为：同一时间不同用户购买相同商品或服务的价格不同；多次浏览后价格自动上涨；不同用户享有不同打折优惠形式；隐藏或不送老用户优惠券；根据用户特点提供特定商品或服务；还有部分受访者认为体现为手机配置不同价格不同、默认钩选之前购买过的服务、不买时送优惠券买时却没有等形式。

针对本次调查结果，北京市消费者协会建议尽快完善相关法律法规，加大个人信息保护力度，为规范和治理大数据"杀熟"行为提供法律依据；建议有关部门应进一步创新监管方式方法，建立大数据线上监管平台，运用大数据抓取审核等方法，要求经营者事先报告平台算法、收集数据种类、数据用途等信息，并实时监控有关经营网站的价格等相关数据信息，及时对可能存在大数据"杀熟"行为做出预判。

此外，北京市消费者协会建议消费者尽量减少在互联网上留下个人信息痕迹，降低在平台使用搜索收藏等功能的频率。在网上购买商品或服务时，尽量通过不同方式在不同商家进行价格比较。如果遇到大数据"杀熟"问题，应及时通过截图或录制视频等方式保存好证据。如果与商家协商不成，可以向消费者协会或有关部门投诉举报，依法维护自己的合法权益。

第三节　电子商务大数据应用

电子商务活动存在着大量的数据，企业通过大数据技术可以对这些数据进行整理与分析，得到相应的结论，为企业的电子商务活动提供决策依据。电子商务大数据的典型应用有大数据用户画像、大数据精准营销等。

一、大数据用户画像

大数据时代已经到来，企业希望从已经积累的数据中分析出有价值的东西，其中对用户行为的分析尤为重要。利用大数据分析用户的行为与消费习惯，进而预测商品的发展趋势，在帮助企业提高商品质量的同时又能提高用户的满意度。

（一）用户画像的概念

用户画像也称用户信息标签化、客户标签，是根据用户的社会属性、生活习惯和消费行为等信息而抽象出的一个标签化的用户模型。从电商的角度来看，根据用户在电商网站上所填的信息和用户的行为，商家可以用一些标签把用户，描绘出来，这些描绘用户的标签就是用户画像。构建用户画像的核心工作就是给用户贴"标签"，而标签是通过对用户信息进行分析得来的高度精练的特征标识。图9-1所示为用户画像示意图。

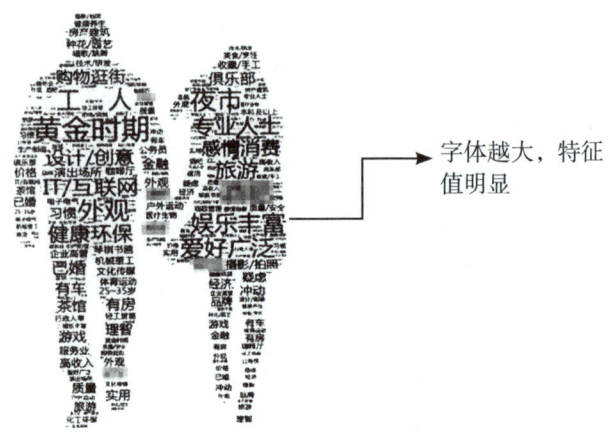

图 9-1 用户画像示意图

（二）构建用户画像的意义

（1）从企业经营战略的角度来说，好的用户画像可以帮助企业进行市场洞察、预估市场规模，从而辅助企业制定阶段性目标，指导重大决策，提升投资回报率（return on investment，ROI）；更有助于企业避免同质化竞争，进行个性化精准营销。

（2）从商品本身的角度来说，用户画像可以围绕商品进行人群细分，确定商品的核心人群，从而有助于确定商品定位，优化商品的功能点。例如，美妆类 APP 前期可大致锁定用户画像为在一二线城市、喜欢时尚、年龄在 18～35 岁的女性。

（3）从数据管理的角度来说，用户画像有助于企业建立数据资产，挖掘数据的价值，使数据分析更为精确，甚至可以进行数据交易，促进数据流通。互联网营销行业中常用的数据管理平台（data management platform，DMP）就是使用用户画像的一个好例子。

（三）用户画像的基本要素

用户画像主要从静态属性、动态属性、消费属性和心理属性等方面进行划分。用户画像的基本要素图如图 9-2 所示。

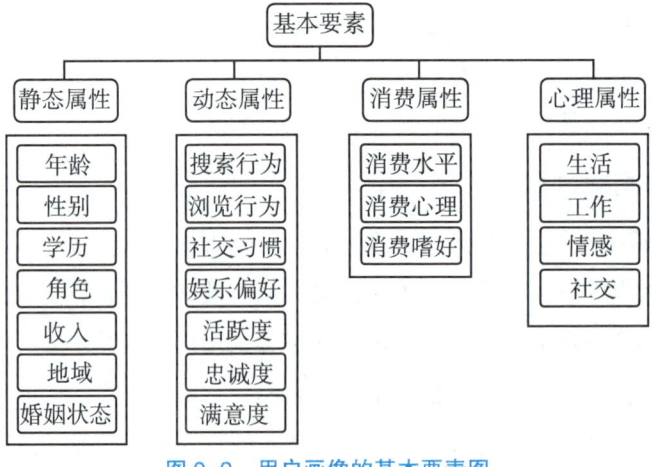

图 9-2 用户画像的基本要素图

静态属性是勾勒用户画像的基础，包括年龄、性别、学历、角色、收入、地域、婚姻状态等。

动态属性是指用户在互联网上的搜索行为、浏览行为、社交习惯、娱乐偏好、活跃度、忠诚度、满意度，这些都直接反映了用户对企业提供的内容的感兴趣程度。

消费属性是指用户的消费水平、消费心理、消费嗜好等，这反映的是用户对花钱有什么看法，如用户到底是喜欢质量好的商品还是追求品质高的商品？到底是倾向于功能价值还是情感价值？

心理属性是指用户在生活、工作、情感、社交等方面所拥有的个人价值观。

（四）构建用户画像的流程

构建用户画像的流程主要包括数据采集、数据清洗、数据标准化、用户建模、标签挖掘和数据可视化6个步骤。构建用户画像的流程如图9-3所示。

图9-3 构建用户画像的流程

数据采集：数据的来源有多种，很多企业都有自己的CRM系统，或者有智能采集系统日志的工具，常用的采集方式包括应用程序编程接口、软件开发工具包和传感器采集等。企业可以通过想要挖掘什么标签来反推需要的数据。

数据清洗：原始数据存在"脏数据"，包括数据空缺和噪声、不一致、重复、错误等问题。为了保证后期标签挖掘的准确性，避免对决策造成影响，企业必须对原始数据进行预处理，即清洗。

数据标准化：用户画像的构建需要企业有整合多源数据的能力，如一个实体可能使用多个设备，拥有多个账号，所以要把多个身份ID组合在一起，建立统一的标准，才能完整标识实体用户画像。

用户建模：通过算法模型来定义人群的用户画像，常见的方法是建立分类模型和聚类模型，如朴素贝叶斯、决策树、支持向量机、神经网络、k均值聚类算法等。

标签挖掘：通过平台来进行标签的加工和计算，通常需要部署环境，如通过Hadoop平台进行训练和学习，并进行大规模的并行计算。

数据可视化：在视觉上呈现群体或个人的用户画像，常见的呈现方式为柱状图、饼状图、表格等。企业可根据实际情况选择合适的可视化方式。

二、大数据精准营销

在移动互联网时代，用户在消费需求和消费行为方面转变迅速。在消费需求方面，用户的需求更加细化，急需个性化的商品。在消费行为方面，电子商务企业很难接触到用户，以及了解用户的需求并向其推荐商品,营销资源和营销机会极其宝贵。因此,为了降低对用户的打扰和营销成本、提高营销转化率,电子商务企业迫切需要一种更为精准的网络营销解决方案。

以企业为例,其精准营销的目标主要有3个:一是寻找目标用户,精准定位营销对象;二是在获得用户挖掘结果后,针对具体用户,提供一整套智能决策方案;三是配备完整的业务操作平台,使精准营销贯穿于从用户挖掘直至业务完成的各个工作环节,最大限度地缩短业务操作流程,实现精准营销的一站式操作。

所以,企业追求的是利用大数据平台的模型分析结果,挖掘出潜在用户,实现可持续的营销计划。电子商务精准营销的技术流程包括以下5个环节。

(一)用户信息整合及验证

该环节的核心为数据整合处理,即利用大数据平台打通内外部数据、不同业务数据、不同结构数据之间的壁垒,对数据格式进行规范化处理,形成以用户为中心的数据记录。

(二)用户及场景标签设定

根据精准营销不同的角度,设定不同类别的场景标签。该类标签与用户标签相比通常具有更好的灵活性,可以随着业务发展和精准营销场景的变换随时增减或改变。

(三)用户类型初分

对于不同类型的目标用户,精准营销模型应当给出具有针对性的营销方案,因此企业需要对大数据平台上的所有用户类型进行区分。该环节可以通过用户画像技术提供的分类标准,进行用户的标签化分类工作。建立合理的用户类型初分体系是实施精准营销的基础。

(四)用户筛选

用户筛选是指对用户质量进行筛选和把控,企业普遍利用基于大数据平台的黑白灰名单技术对用户进行判定。原则上,白名单用户属于精准营销判定的推荐用户;黑名单用户则是不能提供服务的用户;灰名单用户则为风险提示类的用户。

(五)业务统一工作平台部署

企业应通过应用程序编程接口打通数据存储层、数据处理层、算法层及高级业务层,通过门户网站、APP等渠道提供相关商品推荐和用户跟踪管理等高级营销服务。

拓展案例

亚马逊(中国)的大数据精准营销

亚马逊(中国)是目前国内最具影响力的电子商务网站之一,其在售商品目前已有100多万种,包括图书、音像、家居、家电、体育用品等。自诞生以来,亚马逊(中国)凭借独创的"精选品种、全场库存、快捷配送"的卓越模式迅速成长,赢得了超过520万名注册用户的支持,现已发展成中国十大互联网旗帜公司和最具投资价值的前100强网站。

为了更好地服务用户,早在2003年,亚马逊(中国)就建立了一套基于用户网上浏览及购买记录等信息数据的"商品推荐系统",意在向目标用户推荐其所需商品。此系统自创建以来便不断被优化,如今对数据的挖掘和分析已趋于完美。亚马逊(中国)的大数据分析平台的应用大大提升了用户的购买体验,并提高了商品销售成功的概率。

(1)分析用户的各类信息与数据。用户在网站上浏览或消费时通常会产生4种数据:即时数据、行为数据、社交数据和属性数据。即时数据即用户搜索的关键词、访问的商品页面等信息;行为数据包括用户购买的商品、关注或收藏的商品数据信息以及用户的浏览行为偏好等;社交数据主要包括用户的兴趣爱好、观点态度等;属性数据则包括用户的年龄、性别、职业及地域分布等。

亚马逊(中国)会从多个方面分析用户产生的4种数据:一是重点对用户在网站上搜索的关键词记录、访问的页面、关注的商品,直至完成购买全流程的数据信息进行采集与分析;二是重点采集和分析用户的偏好信息,包括用户的观点态度、浏览偏好以及兴趣爱好等。

(2)细分用户群体,进行群体商品推荐。企业要想提高商品的销售率,首先应了解每一类用户的需求,从而推送其可能感兴趣的商品,即实现精准营销。为了实现对目标用户群体的精准营销,对用户群体进行细分很有必要。大数据分析技术的应用可以帮助亚马逊(中国)实现这一操作。

为了对相似的购买群体进行分类,亚马逊(中国)开发了聚类模型来对每一位用户的行为数据进行分析,从而实现群体的细分。用户群体细分的目标是把每位用户分配到与其最为相似的已有细分群体中,然后利用算法分析该群体的购买历史与商品评价等信息数据,以此生成商品推荐列表,推送给该用户细分群体。

(3)分析商品属性,进行商品匹配组合推荐。在细分用户群体并进行群体商品推荐时,考虑到具有相同属性的用户可能还不是最相似的,由此得到的推荐相关性还有待进一步优化。于是,亚马逊(中国)又开发了商品到商品的协同过滤。对于某给定的商品,亚马逊(中国)通过分析商品的各种属性,利用大数据技术找出用户倾向于一起购买的商品,从而建立起一个匹配的商品表。例如,在亚马逊(中国)主页上搜索《全球能源互联网》一书,点开页面后下拉,会出现"经常一起购买的商品"组合列表。此时,亚马逊(中国)利用后台算法,向用户推荐了相关书籍《第三次工业革命:新经济模式如何改变世界》。又例如,用户搜索并选择一款咖啡机后,页面生成了包括咖啡机、咖啡粉和咖啡调糖包的商品购买组合向用户进行推荐。

（4）基于购买历史打造个性化网上商店。亚马逊（中国）通过对大数据技术的应用使得每一位用户都能浏览个性化的网上商店，这种彻底的创新基于用户的兴趣。登录亚马逊（中国）的个人账户后，主页上有一个"为我推荐"的链接，单击链接会把用户引入一个区域，亚马逊（中国）会根据用户以往的消费历史记录，利用算法寻找出相似的商品，生成用户可能感兴趣的商品推荐列表。用户可以对这些被推荐的商品进行评级，也可以查看这些商品被推荐的原因。例如，系统向用户推荐《文明之光》第三册，因为用户曾在该网站购买过《文明之光》的第一、二册。此外，用户还可以单击"改善为我推荐"来删掉一些系统推荐的已购商品，从此不再接受此类商品的相关推荐。

本章小结

本章通过对电子商务大数据概述、电子商务大数据技术、电子商务大数据应用等内容的讲解，使读者掌握电子商务大数据的概念，了解主要的电子商务大数据技术，培养大数据思维习惯，并培养分析解决实际问题的能力。

本章习题

1. 简述大数据的特征，及其商业价值。
2. 电子商务大数据技术包括哪些方面？
3. 举例说明电子商务大数据的典型应用有哪些？

第十章 电子商务法律法规

本章导读

电子商务的交易过程涉及商业、金融、电信、物流、IT和消费者等方面，任何一方面出现问题，都可能引发纠纷，这就需要有相关的立法来规范。因此，电子商务的立法问题的重要性日益突出。在电子商务发展过程中，与电子商务相关的法律和法规居较重要的地位。

素质目标

1. 提升法治思维观念，依照法治方式处理各种问题。
2. 按照法律程序依法办事，树立规则意识和责任观念。

案例导入

网购到三无食品 消费者获得10倍赔偿

齐先生在某网购平台上一家名叫"正好参草特产"的店铺购买了5件虫草茶，总金额优惠后为2 401.15元。

"我拿着虫草茶去送礼的时候，经朋友提醒，才发现该商品竟属于三无产品：产品外包装没有配料表、生产许可证编号、生产厂家、执行标准等相关信息。此外，产品里面添加药品，其宣传页面标注（也可以肉眼识别出）里面含有虫草、枣片、石斛花、石斛、灵芝、西洋参。根据《中国药典》对冬虫夏草的记载，冬虫夏草属于药品，不属于药食两用物质。铁皮石斛为中药，不能当作普通食品原料长期大量食用。"齐先生说。

"我自己也喝了三罐，倒是没有感觉身体不适，就是感觉味道怪怪的，就没有再食用了。"此后，齐先生根据《中华人民共和国食品安全法》和《消费者权益保护法》的规定，向法院提起诉讼，要求被告商店退还货款2 401.15元，10倍赔偿24 011.5元，共计26 412.65元。

案件起诉到法院以后，"正好参茸特产店"已在电商平台关闭。另外，法院查明，卫生部门规定的可用于保健食品的物品名单中冬虫夏草不得作为普通食品原料使用。

最后，法院判决，被告"正好参茸特产"食品商行退还齐先生货款2 401.15元，被告"正好参茸特产"食品商行赔偿齐先生24 011.5元。

电子商务法概述；电子商务税收制度；知识产权保护。

第一节 电子商务法概述

电子商务法是一个新兴的综合法律领域，目前世界上有几十个国家与地区已经制定、颁布了实质意义上的电子商务法，而正在酝酿、起草、审议电子商务法的国家和地区更多。

一、电子商务法的概念

电子商务法是调整电子商务信息流、资金流和物流3个环节活动中所产生的社会关系的法律规范的总称。广义的电子商务法是指所有调整以数据电信方式进行的商务活动的法律规范，其中又可分为调整以电子商务为交易形式和调整以电子信息为交易内容的两大类规范。狭义的电子商务法是指调整以数据电信为交易手段而形成的因交易形式所引起的商务关系的规范体系。

电子商务法的作用

电子商务立法的直接目的主要包括3方面。

（1）消除阻碍电子商务发展的法律障碍。例如，我国现有法律要求某些类型的交易文件采取书面形式或者交易者亲笔签名的形式，然而电子商务无法以传统方式满足这些要求，如果法律不能明确消除这些障碍，势必阻碍电子商务的发展。

（2）消除现有法律适用上的不确定性，保护合理的商业预期，保障交易安全。例如，我国现有法律没有明确规定网络上自动形成的合同是否具有法律承认的效力，是否具有约束力，使交易双方面临不确定的风险。

（3）建立一个清晰的法律框架，以统一调整电子商务的发展。我国调整电子商务的法律规范多见于许多法律文件中，这些法律文件的效力层次也不相同，因此制定一部统一的电子商务法就显得非常必要了。

从总体上判断，电子商务法是随着电子商务模式的普及推广而产生的一个独立的、主要归属于民商法体系的法律学科。

二、电子商务立法的重要性

电子商务法所涉及的内容庞大繁杂，其调整范畴在实际应用中主要包括电子商务网站建设及相关的法律问题、网上电子支付问题、在线不正当竞争与网上无形财产的保护问题、在线消费者合法权益保护问题、网上隐私保护问题、电子商务安全法律制度问题等。

（一）电子商务亟待相应法律规范

电子商务主要使用各种电子工具从事商务劳动或活动，或者说是对整个贸易活动实现电子化。电子商务是一个相当复杂的过程，它包括信息交换、售前、售后服务和销售等。用户将自己的各类供求意见按照一定的格式输入电子商务系统，该系统根据用户要求寻求相关信息然后提供给用户多种买卖选择，一旦用户确认，电子商务系统就会协助完成合同的签订和分类。这给交易管理增加了难度，同时对我国现行的法律法规提出了许多新的要求，迫切需要建立更加完备的电子商务法律规范，使我国的法制建设跟上电子商务发展的步伐。

（二）法律规范是电子商务成功运作的关键

从安全和信任的关系看，在传统交易过程中，买卖双方是面对面的，很容易保证交易过程的安全性并建立起信任关系。但在电子商务交易过程中，买卖双方是通过网络来联系的，因而建立交易双方的安全和信任关系相当困难。

买方面临虚假订单，付款后不能收到商品，或机密性丧失及拒绝服务的安全威胁。卖方则面临着中央系统安全性被破坏，客户资料被竞争者获悉，被他人假冒而损坏公司信誉，买方提交订单后不付款，虚假订单等安全威胁，同时还面临黑客的窃听、篡改、伪造的安全威胁。因此，电子商务系统对交易安全的要求极高，它要求通过对数据加密、数字签名、身份认证等技术手段采取保密性、防伪性和防抵赖性的安全措施，防止诈骗，解决电子商务交易中发生的各种纠纷，保障消费者在电子商务交易中合法权益不受侵犯。

三、电子商务立法的基本原则

一般来说，"原则"一词至少有3种不同的含义：①非法律的一般规范，从这种一般规范可以导出法律规范。②作为法律规定的法律规范的一般条款。③即使在法律文本中没有写明，亦具有法律约束力的法的一般原则。

第3种含义的原则，可以称为没有法律条文的法律原则。例如，电子商务的交易平等原则，就可作为解释其他各种条文的基准。

电子商务法的基本目标是要在电子商务活动中建立公平的交易规则，这是商法的交易安全原则在电子商务法上的必然反映。要达到交易和参与各方利益的平衡，实现公平的目标，就有必要做到如下几点：交易自治、证据平等、中立性、消费权益保护、交易安全性等。由于电子商务立法是调整新型商业活动的法律，因此需要有新的立法指导原则。

(一)交易自治原则

允许当事人以协议方式订立其间的交易规则,是交易法的基本属性。电子商务主体有权决定自己是否进行交易、和谁交易及如何进行交易,这完全体现了电子商务主体的意愿自治,任何单位和个人利用强迫、利诱等手段进行违背当事人真实意愿的交易活动都是无效的。

(二)证据平等原则

电子签名和电子文件应当与书面签名和书面文件具有同等的法律效力。电子商务中的电子文件包括电子商务合同及电子商务中流转的电子单据。在电子商务中,贸易合同、提货单、保险单、发票等书面文件将被储存于计算机内的相应的电子文件所代替,这些电子文件就应当是证据法中的电子证据。各国法律中都逐渐加入有关电子证据的规定,使电子证据取得与传统书面证据同样的法律地位。

(三)中立性原则

中立性原则是指法律应当对交易使用的手段一视同仁,不应把对某一特定技术的理解作为法律规定的基础,而歧视其他形式的技术。因此,不论电子商务的经营者采用何种电子通信的技术手段,其交易的法律效力都不受影响。从保护和促进技术发展的角度来看,中立性原则在各国电子商务立法中都有所体现,但是澳大利亚《电子交易法》将这一原则贯彻得更为彻底,使有关电子签名的规定显得与众不同。由于有关电子签名的法律规定与技术手段有密切的联系,澳大利亚《电子交易法》为了保持技术上的中立性,在对电子签名做出规定时只能采取最简化的方法,不对电子签名及安全认证技术做任何具体的规定,只在法律上承认电子签名的效力。澳大利亚《电子交易法》对电子签名采取的这种最简化的做法能否保障交易安全还有待实践的检验,这也说明中立性虽然是电子商务立法的原则,但是对这一原则的把握也要适度。

(四)消费者权益保护原则

电子商务活动的特点要求对消费者的权益进行更为有力的保护,所以电子商务法必须为电子商务建立适当的保护消费者权益的规定,还必须协调制定国际规则,让消费者可以明确对某一贸易如何操作及所应使用的消费者权益保护法。

(五)交易安全性原则

维护电子商务活动的安全成为电子商务立法的主要任务之一,电子商务法应该以维护电子商务的安全为基本原则。电子商务以其高效、快捷的特性,在各种商务交易形式中脱颖而出,具有强大的生命力,而这种高效、快捷的交易工具,必须以安全为前提,它不仅需要技术上的安全措施,同时也离不开法律上的安全规范。

拓展案例

《电子商务法》三周年影响力报告及十大电商案例发布

2021年8月28日,由北京大学电子商务法研究中心、人民网舆情数据中心共同主办的"《电子商务法》颁布三周年暨电子商务营商环境建设与平台企业合规经营研讨会"在北京举行。会上,北京大学电子商务法研究中心发布了《颁布三周年影响力报告及十大电商案例》。

十大案例从《电子商务法》颁布至今产生的判决中精选具有代表性和典型意义的案例,包括电商主体类型、服务协议与交易规则、平台治理与平台责任、平台知识产权保护、不正当竞争与数据权属争议、个人信息保护和新型电商规制7大类型。这些案例曾引发社会各界高度关注,法院相关分析、论证及判决结果也具有较强的借鉴意义和导向作用。

案例一 小程序第一案

网络服务提供者的平台属性。"通知-删除"规则应建立在网络服务提供者具有控制侵权内容并可以精确删除的基础上。被告公司提供的是小程序架构与接入的基础性网络服务,小程序内容均存储于开发者服务器上,该服务具有无差别性、技术性和被动性等特点,其性质不属于提供信息存储空间或者搜索、链接服务,故小程序服务提供者,应不适用"通知-删除"规则。

案例二 "超前点播"第一案

平台经营者不得单方面变更合同。平台经营者与用户间的服务协议和交易规则,在没有无效事由的情况下,自可有效约束二者,平台经营者不得单方面更改相关条款;即便平台在协议中设定了单方变更权,但仍受到《合同法》中公平原则、格式条款及《电子商务法》中协议修改等规范的制约,平台经营者依然不得通过单方面更改协议而不公平地、实质性地侵犯用户权利。

案例三 首例消费者因检索服务状告电商平台违约案

电子商务平台算法歧视的司法审查思路。本案确定了在审查电商平台检索服务的算法时应充分考虑电商平台的功能定位、人工智能的发展阶段等因素,并得出电商平台在精确匹配程度上应低于搜索引擎的标准。同时肯定了电商平台在提供检索服务时有一定的经营自主权。在个案审理中,即要考虑到消费者对平台推荐结果的依赖性进而严格审查检索算法的合理性,也要充分尊重电商平台的自主经营权。

案例四 滥用七天无理由规则退换货案

平台对滥用权利的用户停止服务的格式条款有效。"七天无理由退货制度"赋予了消费者退货权,但不代表其可以滥用该权利。消费者违反诚实信用原则的退货行为,构成权利滥用,平台有权利在不违反法律法规的前提下,根据平台规则对滥用权利的用户做出管理性措施。

案例五 "极限第一人"坠亡案

直播平台的安全保障义务。目前能否将有形物理空间的安全保障义务扩张到无形网络空间,适用网络侵权责任的内容来确定网络服务提供者的安全保障义务,尚存争议。但是网络空间不是法外之地,应当进行必要的规制。在适用侵权责任法第六条第一款规定的过错责任原则能够归责的情况下,不必扩大解释侵权责任法第三十七条第一款的适用范围。

案例六 同业竞争者恶意投诉案

知识产权恶意投诉的认定。本案系因通知错误造成平台内经营者损害引发的纠纷。本案从投诉行为主体、权利凭证、收到原告律师函后拒不撤回投诉等行为综合判定被告通知错误,且主观上具有过错。财产损失方面,本案考虑了网络店铺因平台处罚产生的访问流量流失、用户黏性减弱、搜索降级等无形资产损失,以及为恢复原状产生的支出等因素。此外,也需要考虑到因网店经营期间能否产生利润,受到交易价格、交易对象等众多因素影响,利润损失并不具有确定性和可预见性。

案例七 首例涉平台数据权益认定不正当竞争案

平台经营者对数据资源整体享有相应权益。数据资源整体系平台经营者投入了大量人力、物力,经过长期经营积累聚集而成,该数据资源能够为平台经营者带来商业利益与竞争优势,平台经营者对于平台数据资源整体应当享有数据权益,破坏性使用该数据资源的行为构成不正当竞争。

案例八 "共享账号"不正当竞争纠纷案

平台账号分时段出租构成不正当竞争。本案是司法实践对日趋普遍的"共享账号"行为的第一次回应。该案对以"合法使用"为名出租会员账号的行为给予了否定性评价,认为被告通过"流化技术"分时出租会员账号的行为是在侵害视频网站会员收入与用户流量的基础上为自身牟利,不具有正当性,属于不正当竞争行为。

案例九 法学博士诉某短视频平台案

平台经营者应合理收集使用个人信息。该案显示了互联网时代下,自然人的隐私权和个人信息权益保护与平台对大数据的利用之间的紧张关系。随着互联网行业的发展和技术的进步,网络场景不同,使用的技术和产品运行逻辑不同,行为的性质就可能不同,需要根据具体场景进行谨慎分析和判断。本案法院的裁判思路强调审慎、实质地判断是否构成侵犯个人信息权益,在保护个人信息权益的前提下肯定了大数据利用的合规性,强调保护缺乏个人信息控制力的信息主体的同时也反映了信息使用方从保护信息主体权利的角度合法合规地设计产品模式、开发技术应用的必要性。

案例十 GUCCI 腰带真假案

跨境电子商务零售进口商品合法性的认定。本案中,法院根据跨境电商平台提供的海外购买流程和相关凭据、进口货物报关单、知识产权备案信息等证明案涉商品具有合法来源的证据，认定案涉商品来源合法，肯定了跨境电子商务零售进口商品的合法性。该案对规范跨境电商行为具有重要意义，也提示电子商务经营者应按照《电子商务法》第二十六条，遵守进出口监督管理的法律法规，确保产品的合法性和可追溯性。

第二节 电子商务税收制度

税收是一个国家财政的主要来源，也是国家管理经济、调控市场的主要手段之一。随着互联网的迅速普及，以及在此基础上形成的全球化电子商务框架，使传统的经济贸易运作方式被彻底改变，长期以来围绕传统的经济贸易框架而形成的税收理论、税收原则和方式受到不同程度的冲击。电子商务对现行的税收制度及其管理手段提出了新的要求和挑战。

一、税收和税法概述

（一）税收的概念和种类

税收是国家为了实现其职能，凭借政治权力，依照国家法律规定的标准，对一部分社会产品或国民收入进行强制、无偿的分配取得财政收入的一种形式。税收是国家实现政治、经济、文化等职能的物质基础，是国家财政收入的重要来源。税收与其他财政收入相比具有以下3个特征。

（1）强制性。负有纳税义务的人必须根据税法规定照章纳税，无条件地履行纳税义务，否则就要受到法律的制裁。

（2）无偿性。税收是国家对纳税人的一种无偿征收。税款一经征收即归国家所有，国家对纳税人既不付出任何代价，也不偿还。

（3）固定性。税收是按税法规定的标准征税。税法规定各种税的征收对象、征收数额或比例、征收期限，国家和纳税人都必须遵守，不能擅自改变。

强制性、无偿性、固定性三位一体，是税收区别于其他财政收入的基本标志，也是鉴别某一种财政收入是不是税收的基本尺度。

按照征税对象分类，可将全部税种分为流转税、资源税、收益税、财产税和行为税。下面对其进行介绍。

（1）流转税。增值税、土地增值税、消费税、营业税、关税、证券交易税。

（2）资源税。资源税、城镇土地使用税、耕地占用税。

（3）收益税。企业所得税、外商投资企业和外国企业所得税、个人所得税、农业税。

（4）财产税。房产税、契税、遗产赠予税。

（5）行为税。固定资产投资方向调节税、筵席税、屠宰税、车船使用税、印花税、城市维护建设税。

（二）税法的概念

税法的调整对象是税收征纳关系。所谓税收征纳关系，就是代表国家的税务机关、负有纳税义务的社会组织和个人在征纳税过程中发生的社会关系。这些关系包括，国家权力机关、国家行政机关、税务机关之间的税收管理权限关系；税务机关、纳税人之间的税收经济关系；税务机关、纳税人之间的税收征收管理程序关系。

税法的构成要素即税收制度的构成要素，是指构成税收制度的基本要素，它是规范征纳双方权利与义务的法律规范的具体表现。税法的构成要素一般包括以下主要内容。

1. 征税主体与纳税主体

征税主体是指代表国家行使征税权的税务机关、地方财政局和海关。纳税主体又称纳税人，是指税法局和海关规定负有纳税义务的社会组织和个人。每一种税都有它的纳税人，同一种税可以有不同的纳税人，某一纳税人也可以成为几种税的纳税人。为防止偷税、漏税，实现税源扣缴，税法还规定有扣缴义务人。扣缴义务人是指税法规定负有代扣代缴、代收代缴税款义务的社会组织和个人。

2. 征税客体

征税客体又称征税对象或计税依据，是指征税主体、纳税主体共同指向的对象，即对什么征税。每一种税都有明确的征税对象，例如流转税类的各项产品销售收入和服务收入额、所得税类的所得额、财产税类的财产数量和价值等。征税客体是征税的前提，是区分不同税种的主要标志，也是征纳税的直接依据，只有符合税法规定的征税客体才需要征税。

3. 税种和税目

税种即税收的种类，指征什么税。税目是指各税种所规定的具体征税项目，是征税对象的具体化，例如，消费税中有"贵重首饰及珠宝玉石"税目，它的征税范围是"包括各种金银珠宝首饰及珠宝玉石"。税目和征税范围都是法律规定的。

4. 税率

税率是指应纳税额与计税依据之间的法定比例，是计算应纳税额的尺度，体现征税的深度。税率的高低直接关系到国家财政收入的多少和纳税人的负担水平和轻重。

（三）税收管辖权

税收管辖权是指一国政府对一定的人或对象征税的权力，是国家主权的重要组成部分之一。在信息革命的今天，任何经济活动不可能只在一个国家范围内完成，各国在税收管辖上很容易产生冲突，从而引发双重征税的问题。因此有必要研究各国的税收管辖原则，以找到合理的解决办法。

税收管辖权有两个基本原则，即属人管辖权和属地管辖权。属人管辖权是指主权国家有权对有本国公民身份和居民身份的人行使税收管辖权。属地管辖权是指一国对其领土范围内的一切人和物或经济活动行使管辖权。根据这两个原则，各国的税收管辖权大致可以分为来源地税收管辖权、居民税收管辖权和公民税收管辖权3种类型，其中来源地税收管辖权与电子商务征税问题紧密相关。

二、电子商务税收的法律问题

（一）电子商务对现行税制的影响

1. 电子商务对现行税收征管体制的挑战

由于电子商务的特点及电子商务税收的特殊性，电子商务中的税收问题越来越复杂，不同利益主体间的争议也变得更加尖锐。在电子商务征税的过程中如何将现存的税收原则恰当地适用于电子商务，而且保证能同时得到不同利益征税权主体的一致赞同，这是十分困难的。

首先，电子商务将对税收原则造成冲击。电子商务与传统贸易的课税方式和税负水平不一致，因税负不公而导致对经济的扭曲，因而对税收中性原则产生冲击。在电子商务交易中，产品或服务的提供者可以直接免去中间人（如代理人、批发商、零售商等），而直接将产品提供给消费者。中间人的消失，将使许多无经验的纳税人加入电子商务中来，这将使税务机关工作量增大。这无疑将影响税收的效率原则。

其次，电子商务给传统税收体制及税收管理模式带来了巨大的挑战。电子商务所带来的问题还不仅表现在是否应该对它征税的问题，更大的挑战是，如何监管由于电子商务交易产生的税收问题。如同大多数国家一样，中国税收体系及其征管手段还不足以对电子商务进行成熟和有效的管理。

2. 偷漏税严重

由于网上交易容易偷漏税，从而造成从事网上交易的公司和非网上交易公司的税负不平衡。网上交易公司税负轻，而非网上交易公司税负重，这种情况势必会造成重税负的非网上交易公司积极上网交易，进入网络贸易的"避税区"，从而造成更大税收流失。电子商务的发展除了虚拟的电子形式客观上为逃税、偷漏税提供了天然的方便外，又因为各国都有权就发生在其境内的运输或支付行为征税，所以纳税人大多选择在避税港建立虚拟公司，并通过其进行贸易，或将其作为交货地点，利用避税港的税收优惠政策避税，造成许多公司在经营地微利或亏损生存，而在避税港的利润却居高不下。目前，一些国际避税港甚至在互联网上推出了"避税服务"。今后，跨国公司利用网上贸易规避税收将更加难以防范。

3. 国际税收管辖权的矛盾

地域税收管辖权和居民税收管辖权的冲突是电子商务课税的焦点问题。世界上绝大多数国家（除少数避税港）为维护自身利益，避免财源流失，都同时实行地域管辖权和居民（公民）管辖权，并对由此引起的国际重复征税，通常以双边税收协定的方式予以减免。但电子商务的发展，将引起地域税收管辖权的争执。比如，通过互相合作的Website来提供技术服务；通过国际互联网进行千里之外的心理咨询或医疗诊断服务等。但是各国对电子商务交易所得在地域税收管辖权判定上，出于各自利益，会有很大争议。有些国家采取居民税收管辖权优先于地域税收管辖权，赞成加强居民税收管辖权。然而，居民税收管辖权也面临着挑战。虽然居民身份通常以公司注册地标准判定，但许多国家还坚持以管理和控制地标准判定居民身份。大多数国家的公司税法都允许外国公民担任本国公司的董事，还允许董事会在居住国以外召开。诸如电视会议等技术的广泛应用，使得以下情况成为可能。管理和控制中心可能存在于多个国家，也可能不存在于任何国家，这使得居民税收管辖权形同虚设。

（二）电子商务征税的难点

由于电子商务活动的虚拟性，无法像传统商业活动那样根据国界来划分其业务，业务发生的广泛性、不确定性使税收管理产生了虚拟化，从而为电子商务的纳税管辖权带来了困惑。

（1）电子商务使纳税主体多样化、模糊化和边缘化。对电子商务的交易行为课税必须首先明确纳税义务人，只有确认纳税主体后，税务机关才可以执行税收稽征。然而，利用网站进行电子商务活动的可能并非是网站所有人，也许真正的纳税义务人远在大洋彼岸，仅仅是利用网站这个媒体进行了商务活动，通过电子商务交易的内容可能由第一方提供。在目前认证机制尚未完备的情况下，要确认电子商务交易者的正确身份还存在一定的障碍。

（2）电子商务环境下的交易内容多样化。与传统交易活动不同的是，电子商务的交易内容以服务、知识内容见多，如提供咨询、下载软件或报告，贸易主题反映为信息流，其特征多以数字化形式进行传输。这种无实体的商品形式，使传统税收体系根本无法对其进行有效监控和管理。

（3）电子商务的纳税环节难以控制。由于电子商务交易对象的不易认定和控制，基于传统有形商品流通过程的流转税无法适用。

三、电子商务中的税收管理

（一）国际上对电子商务税收的管理方法

1. 保持税收中性，不开征新税种

大多数国家都同意对电子商务交易征税，并达成征税时不应该开征新税种的基本共识，即保持税收中性。欧盟在1997年的《欧洲电子商务动议》《波恩部长级会议宣言》一致通过对电子商务征税要保持税收中性，认为开通开征新税种没有必要。经济合作与发展组织国家于1997年通过的《电子商务对税收征纳双方的挑战》同样指出不开征如比特税、托宾税等新税种。

2. 区分征税对象，合理选择税种

如新加坡电子商务税收原则指出，网上销售有形物和线下销售货品等同纳税，网上提供无形服务和数字化商品按3%课税。澳大利亚对网上提供有形货物课税销售税，对网上

提供劳务等无形货物苛征劳务税。

3. 法定税收优惠，促进经济繁荣

韩国对电子商务征税，但是其《税收例外限制法》有一定的税收优惠规定，《电子商务基本法》同时也规定，对促进电子商务所必需的基础设施建设项目中支出的费用，在预算内给予部分补贴。

新加坡规定卖家从因特网上以非新加坡币取得的对外贸易所得按10%优惠税率课税，相关资本设备（是指企业用于提高生产率或者进行生产现代化改造的设备）可享受50%的资本减免。

4. 规范网络注册，线下实体登记

英国《电子商务条例》规定C2C电子商务模式中，个人卖家在网上进行货物销售时，要提供线下登记证明，真实注册机构、姓名、地址和商品含税信息（是否包括增值税和运费等）。

5. 划分税收管辖权，防止税源流失

税收管辖权的划分以属人原则和属地原则为主，各国规定不尽相同。美国早在1996年，通过《全球电子商务的选择性税收政策》中就提出以属人原则对电子商务征税，克服网络交易地域难以确定的问题。

加拿大规定提供货物或劳务的卖家居住地税务当局对电子商务模式中的卖家，负有征税义务。

6. 成立专门机构，加强税收监管

日本早在2000年就成立了电子商务税收稽查队，它隶属于东京市税务分局，分涉个人线上卖家、公司线上卖家等15个部门，涉及B2B、B2C、C2C共3种主流模式，有效地实现对电子商务征税，合理监督税收流向。同样，法国也成立专门的电子商务税收监察部门，有效地解决电子商务税收监管问题。澳大利亚整合C2C电子商务模式个人卖家、买主和税务机关三方资源，建立电子税务平台，方便电子商务税收的征管，及时便捷地进行信息交换。

为了维护市场公平竞争、提高经济资源配置效率，将电子商务纳入征管体系逐渐成为国际上的普遍做法，依法纳税也是一种新的商业模式走向成熟所必须承担的社会责任。因此从长期来看，电商全面征税将是大势所趋。

但值得关注的是，多数国家征税的同时又给予电商一定的自由发展空间。尤其在我国电商行业中小网店占比很高的前提下，更要结合实际情况考虑这一国际经验对我们的借鉴意义。

（二）我国电子商务税收管理办法

电子商务主要包括网络销售、信息交换、售前售后服务、电子支付、运输、组成虚拟企业等内容。由于其商品交易方式、流转程序、支付方式等与传统的营销方式有很大的不同，目前税法对其规定有许多不明确的地方，为开展税收筹划提供了广阔的余地。

我国目前对电子商务的税收征管很大程度上依照对传统商业的征管模式，对电子商的税务研究只是刚刚开始。借鉴国际先进经验，依托《中华人民共和国电子商务法》制定适合我国国情的电子商务税收政策已成为当务之急。

1. 《中华人民共和国电子商务法》关于税收方面的规定

《中华人民共和国电子商务法》中与电子商务税收相关的条款如下。

电商法第二十八条：电子商务平台经营者应当按照规定向市场监督管理部门报送平台内经营者的身份信息，提示未办理市场主体登记的经营者依法办理登记，并配合市场监督管理部门，为应当办理市场主体登记的经营者办理登记提供便利。同时提示不需要办理市场主体登记的经营者依照本法第一条第二款的规定办理税务登记。第十条：电子商务经营者应当依法办理市场主体登记。但是，个人销售自产农副产品、家庭手工业产品，个人利用自己的技能从事依法无须取得许可的便民劳务活动和零星小额交易活动，以及依照法律、行政法规不需要进行登记的除外。第十一条：电子商务经营者应当依法履行纳税义务，并依法享受税收优惠。不需要办理市场主体登记的电子商务经营者在首次纳税义务发生后，应当依照税收征收管理法律、行政法规的规定申请办理税务登记，并如实申报纳税。

2. 我国电子商务税收政策的发展趋势

综合来看，我国电子商务税收政策将呈现如下发展趋势。

（1）以分类登记、电子发票为核心，建立分类电子税务登记管理制度，日常监管进一步优化。应该由市场主体登记电子商务经营者的登记地税务机关负责税收征管工作。对个人销售自产农副产品、家庭手工业产品，个人利用自身技能从事依法无须取得许可的便民劳务活动和零星小额交易活动的非市场主体登记电子商务经营者，采取类似线下零星小额税款委托代征模式，委托电子商务平台经营者零星小额税款代征，并由电子商务平台经营者所在税务机关属地管理；对依照法律、行政法规不需要市场主体登记的电子商务经营者，由经营地税务机关负责税收征管。同时，推行电子发票，强化"以票控税"效力。对B2C电子商务企业，全面推行增值税普通电子发票，对B2B企业，试点推行增值税电子专用发票；对有条件的电子商务企业，实现电子发票开具与企业内部MIS、ERP或财务管理系统有机融合，打通与税务机关的数据自动传递通道；对于电商平台，电子发票开具系统可以委托有资质的第三方共建，并及时将开具信息传递到税务部门。

（2）以数据统筹、平台整合为支撑，征管能力进一步提升。由总局建立统一数据处理平台，按照标准格式接收各省电商平台数据，清分至各省税务机关统一数据处理，以便进行增值利用；健全电子商务平台数据采集工作机制，细化和明确电子商务平台经营者应当向税务部门报送的身份信息和与纳税相关的信息；参考国际的成功做法，加强与银行、网联、支付宝及微信等第三方平台的合作，通过资金流、物流等第三方信息监控，验证电子商务平台经营者所报送数据的及时性、完整性以及真实性，实现对电子商务平台的税收征管水平监控。

（3）以风险特征、专业化管理为基础，风险监控进一步加强。建立专业风险识别机构对电商生产经营行为所形成的海量涉税数据开展专业分析识别、等级排序、任务推送以及收集反馈信息、完成改进识别指标等工作。针对电子商务经营主体的不同，打造电子商务平台经营者、平台内经营者及通过自建网站、其他网络服务销售商品或者提供服务的电子商务经营者等风险特征库，精准识别税收风险，强化税源监控。

（4）以信用管理为导向，征管与国民经济深度融合进一步推进。通过运用包括从电子商务平台获取的数据在内的海量数据，可对电子商务企业的纳税信用评分，并将评分依法或依授权提供给电子商务平台。另外，税务机关还可通过统筹涉税数据，发掘数据的价值，实现征纳双方及相关第三方的多方共赢。如在小微企业向银行贷款时以纳税信用为背书。

第三节　电子商务中的知识产权保护

法律问题是电子商务所引发的问题中最为敏感的问题之一，而保护知识产权在众多法律问题中又是重中之重。对知识产权保护制度的研究是电子商务涉及的法律问题的重要方面。

一、网络作品著作权保护

（一）版权的概述

所谓版权，有时也称作者权，在我国称为著作权，是基于特定作品的精神权利以及全面支配该作品并享受其利益的经济权利的合称。版权法自产生以来，一直受着技术发展的重大影响，版权制度总是随着传播作品的技术手段的发展而不断向前发展的。近些年来，电子计算机技术以日新月异的速度向前发展，网络通信也在全球得到迅速发展，对版权法提出新的问题。

（二）版权的客体

法律上客体是指主体的权利与义务所指向的对象。版权的客体是指版权法所认可的文学、艺术和科学等作品，简称作品。计算机技术给版权的客体带来了新的内容。

1. 计算机软件

计算机软件是与计算机硬件（计算机主机及外部设备）相对而言的，对计算机软件这一概念有狭义和广义两种理解。狭义的计算机软件是指计算机程序，也就是由人们所编制的，使得计算机可以完成一定的任务的指令代码序列。广义的计算机软件除了程序之外，还包括程序的设计规划文档、程序描述文档等一系列与程序有关的文档。

将计算机软件作为作品纳入版权法的保护范围内，主要包括以下原因。

（1）计算机软件与一般的版权法上的作品有很大的相似之处。计算机程序在没有装入计算机并运行时，与一般的文字作品并没有太大的区别；他人对软件的利用所需要的手段同利用一般的作品所需要的手段基本相同，也是采用复制、翻译、改编等手段加以利用。

（2）计算机软件所需要保护的内容同版权的保护内容比较一致。复制权是版权权利的核心内容，在对计算机软件的保护中，最重要的也是防止他人对软件的任意复制，从而侵害软件权利人的利益。

（3）对计算机软件实行版权保护就能够对其提供比较充分的保护。传统的版权保护实行"自动保护原则"，而不需要履行一定的登记手续，即使有的国家版权立法需要登记，也是形式上的程序，而不像专利申请那样要进行形式审查和实质审查。因此，版权保护就能够为计算机软件提供充分的保护。更重要的是，版权保护的实质性要件只有"独创性"，而不像传统专利法所要求的三性"新颖性、创造性、实用性"那样对软件卡得过严，只要作品是权利人或其雇员独立完成的，就可以取得法律上的保护，而不需考虑该作品是否同其他作品相似。

（4）目前世界上已经建立了一个比较全面的版权保护法律体系，将计算机软件纳入版权保护体系中，能给软件提供更加及时和完善的保护。尤其是美国这样的计算机软件出口大国，更是希望以实际行动促进各国用版权法来保护计算机软件，因为如果将计算机软件纳入版权法的保护中，美国在国际市场上的软件可以通过现存的《版权国际公约》或者软件进口国的国内立法得到保护，从而克服知识产权地域性给软件保护带来的困难。

基于上述或者更多的原因，许多国家把计算机软件列入版权的客体——作品中的组成部分。1972年，菲律宾在其版权法中，第一个明文把"计算机程序"列为"文学艺术作品"中的一项。随后，美国于1980年、匈牙利于1983年、澳大利亚及印度于1984年先后把计算机程序或者计算机软件列为版权法的保护客体。1985年之后，又有日本、法国、英国、联邦德国、智利、多米尼加、新加坡等国以及我国台湾与香港地区，都把它列到了版权法之中。1990年《中华人民共和国著作权法》就已明确地将计算机软件作为作品来加以保护，并制定了《计算机软件保护条例》和《计算机软件著作权登记办法》专门对计算机软件进行保护，前者是有关计算机软件法律保护的实体性规定，后者是对计算机软件登记的内容和管理的程序性规定。可见，我国目前对计算机软件的法律保护也是通过版权保护来进行的，计算机软件在我国也是版权法保护的客体。

2. 数据库

由于计算机技术的发展，目前已经建立了许多专门的数据库，在这些数据库中储存了丰富的资料，为使用者提供了极大的方便。但与此同时，也正是由于计算机技术和网络技术的发展，使得数据库很容易被复制、剽窃，因此，对数据库的法律保护也就随着数据库的发展而越来越受到人们的重视。数据库也成为版权保护的新客体之一。

从一般意义上讲，只要是数据（信息的集合）都可以称为数据库，常见的如电话号码簿、列车时刻表、成语词典、百科全书等。但在版权保护体系中拥有一席之地的数据库不是一般意义上的数据库。根据欧盟指令、美国国内 HR3531 法案及世界知识产权组织《数据库知识产权条约（草案）》对数据库所下的定义，数据库的含义包括以下内容。

（1）数据库是一个集合，或者称汇集、汇编，数据库是信息的集合体。

（2）数据库并不是信息材料的随意堆砌，而是将这些材料经过系统的选择或有序的排列而形成的集合体。它是根据一定的目的和要求，按照一定的方式，经过一定的筛选，进行系统的编排而形成的一个信息的有机统一体，这个有机统一体作为一个整体向数据库用户提供其需要的信息。例如，特大量电话号码简单堆砌而成的电话号码簿，就不是这里所讲的受到版权制度保护的数据库。

（3）数据库作为集合的内容，是版权作品或者版权作品之外的其他信息材料。版权作品是指单独具有版权的文字作品、音乐作品、视听作品和其他任何形式的作品，版权作品之外的其他信息材料则是指不具有版权的事实或者信息资料。

（4）数据库的内容可以通过电子手段或者其他手段单独地进行访问，从而满足用户需要。根据《保护文学艺术作品伯尔尼公约》（以下简称《伯尔尼公约》）、《与贸易有关的知识产权协议》（简称TRIPS协议）和《世界知识产权组织版权条约》（简称WCT）的有关规定，数据库应当纳入版权法的保护范围中。

《伯尔尼公约》第二条第五款规定："文学或艺术作品的汇编，诸如百科全书和选集，凡由于对材料的选择和编排而构成智力创作的，应得到相应的但不损害汇编内每一作品的版权保护。"这种数据库是以作品为内容的数据库，《伯尔尼公约》将这种数据库纳入版权保护的范围内。当然，由于科技发展的限制，《伯尔尼公约》没有提及非作品信息材料的汇编是否应纳入版权保护的范围，但该公约也并没有排除由作品之外的其他材料的汇编受版权法保护的可能性。

而后来订立的TRIPS和WCT对数据库的版权保护的规定就非常明确了。TRIPS第十条第二款和WCT第五条对数据库的保护问题的规定在本质上没有什么区别，这里以WCT第五条的规定为例。WCT第五条规定："数据或其他资料的汇编，无论采用任何形式，只要由于其内容的选择或排列构成智力创作，其本身即受到保护。这种保护不延及数据或资料本身，亦不损害汇编中的数据或资料已存在的任何版权。"并且，这一条的标题特意在"数据汇编"之后的括号内加注了"数据库"的字样。数据库在版权法上的受保护对象的地位最终得到了确立。

数据库要成为版权法所保护的作品，必须满足版权法保护的作品的基本条件。依照《中华人民共和国著作权法实施条例》第二条的规定，作品是指文学、艺术和科学领域内，只有独创性并能以某种有形形式复制的智力创作成果。可见，版权法上的作品必须具备两个基本条件：独创性和可复制性。

3. 多媒体

多媒体是指将传统的单纯以文字方式表现的计算机信息在程序的驱动下以文字、图形、声音、动画等多种多样的方式展现出来的制品。

由于多媒体符合人们接受信息的自然方式，能够在最大程度上使人们同时接受更多的信息，因此受到人们广泛的欢迎。多媒体计算机也在一定程度上代表了未来计算机产业的发展方向。多媒体市场有一个美好的前景，诸多厂商争相投入多媒体产品的开发当中，以求得最大的利润。但是在这种热潮中,多媒体产业遇到了一个困难,那就是多媒体的法律保护问题。多媒体是多种技术和多种信息的融合,它给原有的知识产权保护体系带来了前所未有的挑战。许多国家和国际组织都对多媒体的知识产权保护进行了深入研究,试图把多媒体纳入现有的知识产权保护体系之中。在诸多可能的法律保护中,多媒体最可行、最核心的法律保护是版权保护。

目前,创设一类"多媒体"作品进行单独保护和对多媒体进行分项保护(局部保护)的观点都不是非常妥当的方案,在保护多媒体上达不到令人满意的效果。因此,多媒体面临的唯一现实选择就是归属于某一类版权作品,直接进入版权保护体系。版权法将其保护的客体进行了类别划分,那么多媒体应当归于何种作品类别,主要有以下几种观点。

(1)一种观点认为归属于计算机软件。当初计算机软件进入版权保护体系也几经周折,但现在计算机软件程序已经得到版权保护体系的充分认可。尤其是1994年世界贸易组织TRIPS协议第10条第1款明确做出规定,"无论以源代码或以目标代码表达的计算机程序,均应作为《伯尔尼公约》1971年文本所指的文字作品给予保护。"单纯从数字化制品这一点看,多媒体和计算机软件很是相似,但是多媒体与计算机程序在本质上有很大的不同。多媒体虽然也是数字化制品,但除了一部分是驱动程序之外,其余大部分是数字化的文字作品、录音制品、摄影作品、视听作品等,这些数字化文件很难看作计算机软件。计算机软件是作用于计算机并指使计算机完成一定任务的指令,而多媒体只是其中的程序部分完成这种功能,更多的数字化文件并不能对计算机的驱动产生任何结果。多媒体中程序部分运行的目的正是使这些非程序的数字化文件以文字、图形、声音、动画等多种多样的方式展现在使用者面前,可以说,在多媒体中,计算机软件不过是实现非程序文件的生动展示的手段和附属。可见,计算机软件和多媒体在本质上是不一样的。正因如此,至今没有哪个国家或者国际组织的法律文件将多媒体按照计算机软件对待。

(2)第二种观点认为归属于视听作品。在多媒体出现之前,视听作品是最"综合"的作品形式,它是由音乐、文字、图画和活动影像综合而成的。多媒体的所有成分都能被视听作品所包含。因此,在大多数情况下,多媒体作为一个整体,可以被视为视听作品。这一点,在实践中曾得到有关法律文件的正式认可。例如美国1995年的《知识产权和国家信息基础设施(NII)的白皮书》就持这种观点,澳大利亚和南非等国在司法实践中也采用过这一观点。但将多媒体归于视听作品并非完全没有问题,多媒体的交互性对将多媒体归入视听作品之列就是一种挑战。多媒体作品是一种交互式的作品,使用者可以自由地根据自己的需要来重新组织整个作品的结构,多媒体作品的表现方式随着使用者的意思而改变,使用者不是单纯的"观众",而是在一定程度上可以操纵或者修改作品发挥自己能动作用的使用者。软件制作者制作出的可视游戏就是很好的例子,使用游戏的人可以根据自己的思路做出不同的选择。从而使得同一个游戏即使是同一个人操作也会呈现出不同的屏幕形象,这跟传统的视听作品——电影等有着很大的区别,同一部电影的多次播放是完全不变的重复。因此,将多媒体作品归入视听作品也比较勉强。

通常认为归属于汇编作品较为合适。严格地说，汇编作品在版权法中并不同于一个作品种类，由于多媒体无法完全归于传统版权作品的分类中，并且从发展趋势看，创设一类多媒体作品不是一种受欢迎的主张，取消作品分类又不可行。为了能够确立多媒体在版权体系中的地位，使其保护有法律依据，根据多媒体兼容多种形式与汇编作品颇为相似的特点，将其归入汇编作品之中寻求法律保护是一种妥当的做法。

多媒体作为一种汇编作品，其组成的内容可能有的是受到版权法保护的作品或材料，这时汇编作品就是一种有双重版权的作品，除了可分的作品内容的版权由各自的版权人享有之外，整个多媒体作为一个整体有自己的版权人。这就涉及一个问题，即多媒体在创作过程中可能用到别人的版权作品而需要授权。多媒体作品所使用的素材数量非常大，往往由单位来制作，同时，多媒体所用材料的来源也不一样，有的材料是多媒体制作者自己创造出来的，有的材料是从他人那里获取的，还有的材料属于公共领域内的材料。因此，多媒体制作者可以根据材料的不同来源决定如何行动。

（三）网络著作权的内容

受版权保护的作品是一种具有特别性质的财产，它以最强烈和持久的方式体现出作者的个性，作者则在作品中"生存"并超越自我。因此，版权不仅是创作者有可能从作品被利用中获得经济利益，它还保护作者与作品以及作品使用的智力方面的关系和个人关系。网络环境下，版权主体、版权客体、版权权利内容、版权权利限制等都要依据作品的数字化和网络传播的特殊性而重新认识和研究。

在世界范围内，复制权、传播权、技术保护措施和权利管理信息的法律保护及数据库的特殊权利等几方面已经成为公认的网络版权保护体系中最重要的权利。其中，复制权、传播权、技术保护措施和权利管理信息的法律保护已由世界知识产权组织 1996 年形成的两个国际条约——《世界知识产权组织版权条约》（WCT）和《世界知识产权组织表演和唱片条约》（WPPT）规定下来，已逐渐被美国、欧盟等发达国家所接受，并制定了相关的国内法予以实施。

1. 经济权利

版权人享有的经济权利又可称为"著作财产权"或者"使用权和获得报酬权"，是指版权人为了其经济利益使用、收益和处分其作品的权利。版权经济权利具有可转移性、排他性、可继承性和一定程度的社会公益性。对于网络版权的权利内容，国际条约和各国立法的规定大多采取了新增有关权利内容的方法。其中，WCT 和 WPPT 最早通过立法确立了网络传播权、技术措施权和权利管理信息权。

2. 精神权利

版权中的精神权利是指版权权利人就其作品所享有的人格方面或者精神方面的权利，主要包括权利人拥有的决定披露作品、要求尊重其创作者的地位及其作品的完整性、因其信念改变而追回或者收回作品及将其作品从发行中撤回等权利。精神权利具有非经济性、身份固有性、绝对性等特征。

(四)网络上的版权侵权

1. 直接侵权

未经作者或者其他版权人许可而以任何方式复制、出版、发行、改编、翻译、广播、表演、展出、摄制影片等,均构成对版权的直接侵权。

判断某一行为是否为对知识产权的直接侵权行为时采取何种归责原则,这个问题引起了广泛的讨论和争执。在知识产权侵权案中,原告要对被告有过错进行举证往往很困难,而被告要证明自己无过错又往往很容易,如果根据过错责任的归责原则来裁判某一行为是否侵权就会使大量的权利人得不到起码的法律救济,使版权保护成为一句空话。因此,对知识产权侵权案件不分情况,一律采取过错责任的归责原则不太合乎保护知识产权人权利的宗旨,而应当对侵权案件区分情况使用不同的归责原则。

在知识产权的侵权人中,首先侵权的直接侵权人应当承担无过错的严格责任,这种严格责任无论在普通法系国家还是在大陆法系国家中都得到了明确的承认。世界贸易组织TRIPS协议中对侵犯知识产权的严格责任也有相当明确的规定。我国法律在版权的直接侵权责任问题上还没有明确的规定,根据《中华人民共和国民法通则》的有关规定,在法律没有做出特殊说明的情况下,版权的直接侵权责任只能适用一般民事责任的过错责任原则,即无过错就无责任,但按照这种理解对行为做出判断显然不利于保护版权人的合法权益,并且在司法实践中,法院也不可能因无过错而宣布盗印他人唱片的厂家"不侵权",尽管该厂家确实是不知情,并且在不知情上也无过错。因此,对直接侵权人最好考虑适用无过错责任的归责原则。

2. 间接侵权

间接侵权有两种不同的含义:其一是指某人的行为是他人侵权行为的继续,从而构成间接侵权;其二是指某人须对他人的侵权行为负一定责任,而他自己并没有直接从事任何侵权活动。前一种间接侵权责任称为帮助性侵权的责任,又称二次侵权责任。二次侵权行为依赖于直接侵权行为,是直接侵权行为的继续与扩大。后一种间接侵权责任称为代替责任,是由主人为仆人的侵权行为承担责任发展而来的,在现代社会中主要是指雇主代替承担雇员完成本职工作时产生的侵权责任,或者委托人代替承担受托人履行委托合同时的授权责任。对间接侵犯知识产权行为的归责问题,应采取"过错责任"的原则。根据这两种间接侵权的特点不同,具体归责时也有不同的侧重点。二次侵权人承担责任的前提是二次侵权人必须知道或者应当知道直接侵权人的行为是侵犯版权的行为,并继续或者扩大这种行为;代替责任人承担责任的前提则是代替责任人能够通过授权、批准、同意等活动控制直接侵权行为人的行为,并从直接侵权行为人的侵权行为中获得了直接的经济利益。

网上的间接侵权责任主要是指因特网服务提供者(ISP)和网主因用户的侵权行为承担的侵权责任。在确定ISP和网主的责任时,应当注意考察他们的主观心理状态。对于帮助性侵权的ISP和网主而言,明知故犯是他们的心理特征;对于承担代替责任的ISP和网主而言,是否从直接侵权行为中获得了明显和直接的经济利益成为衡量的关键。

二、商标与域名

（一）商标的含义

商标是指商品的生产者、经营者或服务的提供者为标明自己、区别他人，在自己的商品或服务上使用的文字、图形或者共同组合构成的标志。

（二）商标的特征

（1）商标是商品或服务的区别标记。商标不是商品的名称，也不是商品的外观设计，而是服务的提供者将自己的商品或服务，区别于其他同一商品（除商品名之外）的第二个名称。

（2）商标是表明商品来源的标记。商标、厂商名称、原产地名称、货源标记等都是标明商品来源的显著标记。其中，商标是由独特的文字词汇、图形、字母、数字、三维标志和颜色组合构成，表现商品来源的独特个性。

（3）商标是企业文化的象征和重要组成部分。商标的命名凝结着企业的追求，商标主题成为企业的象征，不仅反映出企业的精神理想，同时也能反映出国家、民族的文化传统、道德倾向和社会特点。

（4）商标是一种无形财富。一个享有盛誉的商标，意味着该商品的知名度和市场占有率，体现了巨大的市场竞争力。驰名商标的创牌过程凝聚着商品生产者和经营者的艰苦奋斗和艰辛劳动，是企业的无形财富。

（三）商标权

商标权是商标所有人依法对其使用的商标所享有的权利。《中华人民共和国商标法》的规定："经商标局核准注册的商标为注册商标，商标注册人享有商标专用权，受法律保护。"由此可见，受法律保护的商标权实际上是指注册商标专用权。根据《中华人民共和国商标法》及其实施细则的规定，注册商标专用权包括使用权和禁止权两方面。使用权包括商标所有人自己使用、许可代理人使用及转让商标等处分的权利；禁止权包括依法禁止他人申请注册，使用与该商标相同或者相类似的商标的权利。注册商标专用权受到法律保护，商标所有人可以依法行使自己的权利，对于侵犯自己合法权利的行为可以依法请求商标行政管理机关和人民法院给予惩处。

商标权属于知识产权，具有知识产权的专有性、时间性和地域性3个主要法律特征。

（四）域名的含义

美国《反域名抢注消费者保护法》对域名的定义是："域名是指由任何域名注册员、域名登记机构或其他域名注册管理机构注册或者分配的任何包括文字与数字的名称，是互联网上的电子地址的一部分。"域名作为一种资源标志符，是互联网主机的字符地址，由它可以转换成特定主机在互联网中的物理地址。域名是作为一种技术性手段建立起来的，它在本质上并不是一种知识产权，因此域名本来并不能像商标那样被作为知识产权受到保护，这就像一般的地址不能受到知识产权制度的保护一样。但是，随着域名商业价值的不断增强，人们不断认识到域名的滥用会在很大程度上侵犯、干扰和削弱商标或其他名称的价值，法律已经开始将某些知识产权的权利内容赋予域名，保护权利人利益，同时也对域名的使用做出规范性规定，防止由于域名的错误使用而产生的侵犯、干扰或削弱商标或其他名称的价值。因此，域名是网络中非常重要的无形资产，应当纳入知识产权法律制度的保护范围之中。

（五）域名的特征

域名的法律特征在很大程度上取决于它的技术特征，其主要内容包括以下几点。

1. 标识性

域名产生的基础是为了区分各个不同的组织和机构，在互联网上的不同用户是通过各自的域名来标识自身从而相互区别的。

2. 唯一性

互联网是一个开放的、全球性的网络系统，为了保证域名标识作用的发挥，域名必须在全球范围内具有唯一性，即每个域名在全球范围内都必须是独一无二的。只有这样，才能根本保证域名的标识性作用。

3. 排他性

由于域名在全球范围内是唯一的，因此，它在全球范围内也是排他的，即一个域名的出现就意味着其他域名不能使用与之相同的名称，这主要体现在域名的注册问题上。在因特网上使用域名必须首先申请注册，申请注册要遵循"先申请先注册"的原则，即只有欲申请注册的域名不与已注册的所有域名相同，才能获得有效的注册，而域名一旦获得注册，它就必然排斥此后欲申请注册的与此相同的域名。域名的排他性是其唯一性的进一步延展和保证。

从以上域名的法律特征可以看出，域名并不具有传统知识产权固有的属性，如地域性和时效性。域名与商标、商号等有着非常明显的差异，没有必然的联系。但由于域名具有重要的商业价值，因此，域名的产生往往很多来源于企业的商号和商标。因此，域名在法律性质上是与传统的知识产权有关但又没有必然联系的一种全新的权利客体，属于广泛意义上的知识产权，法律应当对此做出规定并予以保护。

（六）域名与商标的冲突

1. 域名与商标冲突的现实性

域名与商标冲突是指域名在注册时所使用的文字、图形、字母、数字、三维标志和颜色组合与商标相同，但是域名注册人与商标注册人不是同一个人，先注册的一方认为后注册的一方侵犯其合法权益的现象。域名与商标的这种冲突因为域名注册是按照"先申请先注册"原则进行登记注册，域名一旦有人进行注册，其他人就不得再使用该域名。所以鉴于域名的这种唯一性特征，许多企业在设置域名时，往往选择企业名称或者其主要产品名词来命名，有些企业则直接以公司的商标来命名，以此扩大企业的知名度和宣传效应。但是企业在域名的申请时，常常会出现抢注问题，即域名与商标的冲突问题，往往给商标所有人的权益造成不良的后果。

2. 域名与商标权利冲突的主要表现形式及解决途径

近年来，域名与商标的权利冲突不断，且呈现复杂化、多样化的趋势，要解决两者的冲突，就必须依据具体类型予以区别对待。实践中，域名与商标的权利冲突主要表现为恶意抢注域名行为、域名盗用行为、域名与商标巧合雷同、单纯的权利冲突和在后商标与在先域名的权利冲突。

（1）恶意抢注域名行为及其解决途径。域名抢注是指行为人将他人的知名或比较知名的商标、商号或其他商业标识抢先注册为域名，自己却不实际使用的行为。相对域名与商标冲突的其他类型来说，域名抢注是最常见、最典型的。在美国，早在1993年就有人将微软等知名企业的名称或商标抢注为域名。另有报道，仅仅一家香港信息公司就在互联网上抢注了600多个国内企业的商标。CNNIC管理的.cn和.com.cn域名也有大量被抢注，包括国际驰名商标（如BMW）、知名企业和机构的名称（如KFC）及特定的号码（如110）和名词（如MBA）等。

无论是国内还是国外，域名抢注一般都具备以下基本特征：第一，被抢注的域名与他人知名的商标、商号或其他商业标志相同或相近；第二，抢注大量域名而不用；第三，域名抢注人高价出租、出售域名；第四，有意阻止知名商标、商号或其他商业标志的权利人注册该域名，迫使其高价买回。

但是，权利人如何证明他人抢注的域名就是自己的商标、商号或其他商业标志呢？对于英文（中文）商标、商号或商业标志被直接抢注为英文（中文）域名，其事实认定自不必说，但对于英文（或中文）商标、图形商标或组合商标等被音译或意译为中文（或英文）形式抢注，要通过表面相同或相似性来认定抢注行为是很困难的，因此，我们只好在抢注行为本身寻找突破口。一般可以作为行为人恶意抢注行为的证据有，第一，行为人注而不用的事实；第二，行为人借与域名相同或相识的商标、商号或商业标志的知名度贩售域名牟利行为；第三，行为人有意以他人的商标、商号或其他商业标志注册为域名，并要求权利人高价赎回的言行；第四，行为人注册大量与他人商标、商号或其他商业标志相同或相似的域名的事实。

域名抢注争议的解决途径，实践中主要包括行政途径和司法途径。

用行政处理机制解决域名抢注纠纷，有方便、及时、廉价等优点。各国域名争议解决机构一般是民间机构，我国也不例外，域名争议解决机构是经由CNNIC认可与授权的机构，其主要适用《中国互联网络信息中心域名争议解决办法》。

《中国互联网络信息中心域名争议解决办法》第五条第一款规定："任何机构或个人认为他人已注册的域名与该机构或个人的合法权益发生冲突的，均可以向争议解决机构提出投诉。"第八条规定："符合下列条件的，投诉应当得到支持。被投诉的域名与投诉人享有民事权益的名称或者标志相同，具有足以导致混淆的近似性；被投诉的域名持有人对域名或者其主要部分不享有合法权益；被投诉的域名持有人对域名的注册或者使用具有恶意。"第九条规定："被投诉的域名持有人具有下列情形之一的，其行为构成恶意注册或者使用域名：注册或者受让域名是为了出售、出租或者以其他方式转让该域名，以获取不正当利益；多次将他人享有合法权益的名称或者标志注册为自己的域名，以阻止他人以域名的形式在互联网上使用其享有合法权益的名称或者标志；注册或者受让域名是为了损害投诉人的声誉，破坏投诉人正常的业务活动，或者混淆与投诉人之间的区别，误导公众；其他恶意的情形。"同时，《中国互联网络信息中心域名争议解决办法程序规则》也对争议处理有严格的期间限制，具有快捷方便的特点。

相对行政处理机制来说，司法解决是较传统的途径，也是最具法律效力的。因此，司法途径是当前最普遍的域名争议解决途径。

我国的首例正式的域名抢注案是"科龙公司诉永安制衣厂"案。1997年底，科龙公司以自己的英文商标 KELON 作为域名注册时，发现 kelon.com.cn 已被广东永安制衣厂抢先注册，该厂向科龙公司索取5万元转让费，科龙公司予以拒绝并向北京市海淀区人民法院起诉，请求法院认定被告抢注域名属恶意侵权行为。后被告自知理亏并慑于法律的威严，主动向 CNNIC 申请注销其注册的 kelon.com.cn 域名，因此原告以被告自动停止侵权为由请求撤诉。法院虽然没能就该案发表意见，但是在准许原告撤诉的裁定书中仍然提到：被告的行为属于《民法通则》规定的以合法形式掩盖非法目的的无效民事行为，理应予以禁止。另有专家指出，域名抢注行为违反了《民法通则》的诚实信用原则，属《反不正当竞争法》所禁止的不正当竞争行为，应当受到《反不正当竞争法》的制裁。该观点已得到大多数专家学者的认同。

（2）域名盗用行为及其解决途径。域名盗用行为是指自己没有商标或者商标的知名度低，于是将他人具有一定知名度的商标相同的设计抢先注册为域名，使真正的商标权人无法注册该域名。判断域名盗用是否成立，关键是看域名注册人是否存在盗用的故意和有没有可能造成商品或服务的来源混淆。如果域名注册人存在盗用的恶意且其行为有可能混淆商品和服务的来源，则应认定其域名盗用行为成立，构成对商标所有人合法权益的侵犯；如果域名注册人主观上没有恶意，也不存在混淆商品和服务的来源的可能，则不属于域名盗用，不构成侵权。而域名盗用与域名抢注的区别在于注册人是否对该域名进行实际使用。

对于域名盗用争议的解决，实践中一般按被盗用的商标是否驰名区别对待。

如果被盗用的是驰名商标，商标权人可以通过国际公约和各国驰名商标的特殊保护来制止。例如美国《联邦反商标淡化法》规定："驰名商标的所有人有权获得禁令救济，阻止他人在其商标或商号驰名以后商业性地使用这些标记，并导致这些标记所具有的特殊区别性质产生淡化效果。"当注册的域名与某人拥有的驰名商标相同或相近时，只要驰名商标所有人能证明域名注册者是在"商业性地使用"域名，并且因其使用而使驰名商标被淡化或有被淡化的可能，就可以援引上述《联邦反商标淡化法》的规定阻止其继续使用该域名。

目前，我国尚未有立法对商标淡化做出规定，因此，作为补充，国家商标局在 1998 年专门以行政性文件的方式禁止将他人的驰名商标设计为域名注册，并且由商标局出面，将国内 32 个驰名商标的英译和汉语拼音作为域名在 CNNIC 注册，预留给有关企业使用。这为我国驰名商标所有人禁止他人将其商标盗用为域名提供了一定的法律依据。

如果被盗用的是普通商标，商标权人在不同国家可能获得的法律保护是不完全相同的。例如美国的判例是将其定性为商标侵权，较典型的案例有 Comp Examiner Agency v. Juris Inc. 案。该案中，被告 Juris 是一家专门设计、制造律师事务所办公自动化软件的公司，于 1988 年将 Juris 注册为商标。当它申请注册 Juris.com 的域名时，发现已被一家面向法律市场的网络出版公司抢先注册了。Juris 公司随即向 NSI 申请挂起该域名，但该网络出版社却先发制人向法院提起诉讼，要求撤销 Juris 公司的注册商标，Juris 公司随即提起反诉。法院最终判定原告的行为侵犯被告的商标权，理由是原告将被告的注册商标注册为域名，并在上面创建网站，向被告所在的律师市场推销和宣传其商品和服务，客观上可能使消费者将其域名和被告的注册商标相联系，从而混淆这些商品和服务的来源和提供者。

我国对此没有具体的法律规定，域名注册人盗用域名，目的在于利用商标权人的商标声誉，在网络领域无偿享用或占有在先商标所有权人为自己的商标的市场知名度和影响力所付出的努力，因此，这种行为违反了诚实信用原则，是显失公平的，应当认定为侵犯商标权的，受相关法律法规的制裁。至于注册人没有主观恶意而将他人商标注册为域名使用的，则属于下文域名与商标巧合雷同讨论的内容。

（3）域名与商标巧合雷同及其解决途径。域名与商标巧合雷同是指域名注册人并无恶意地"抢注"，而由于域名的唯一性和"先申请先注册"原则，不可避免地与商标权人发生权利冲突。这类冲突虽有抢先注册的客观事实，但由于域名注册人并无主观恶意，因此不构成前文所述的"域名抢注"，也不属于"域名盗用"。

这类冲突的最大特点就是域名注册人主观上没有恶意，因此不宜直接采用强令撤销的做法，而应以协商转让为原则，由商标所有人给予域名注册人适当的补偿换取域名，以期和平解决冲突。如美国一家杂志记者乔华士以自己的英文名 McDonalds 为域名，为自己的个人网站注册了 McDonalds.com 的域名，恰好与麦当劳公司的商标相同，后来经过双方协商，乔华士同意将域名转让给麦当劳公司，条件就是麦当劳公司向一所中学捐款 800 万美元。但现实中也存在双方无法达成一致意见而涉讼的情况，对于这种情况，应当予以区别对待。

（4）单纯的权利冲突及其解决途径。除了驰名商标外，普通商标在各国都只享有相对的保护，因此就一个商标而言，很可能在不同地域或不同领域内，存在着多个权利人，这种权利的多重性与域名的唯一性之间，不可避免地会发生冲突。单纯的权利冲突就是指这种在若干商标权人就相同商标分享商标权的情况下，其中一个商标权人将与商标相同的设计注册为自己的域名，而使得其他商标权人无法再用自己的商标做域名的情况。

单纯的权利冲突是由于域名与商标之间的差异性，导致两者的权利配置不平衡而产生的，不存在行为人的主观恶意，因此也谈不上对任何人的权利侵犯。对于这类争议，解决方法主要包括先来后到原则、技术方法和否认声明。

（5）在后商标与在先的域名的权利冲突及其解决途径。域名与商标的权利冲突多表现为在后注册的域名与在先注册商标的冲突，但是现实中也存在在后注册的商标与在先注册域名发生冲突的情况，特别是在电子商务迅猛发展、网上知名域名日益增多的今天，这类问题更是不容忽视。

域名与商标、商号一样，具有表明企业身份的标识作用，但目前还没有哪个国家的法律像承认商标的在先效力一样，承认域名（对其他工业产权）的在先效力。一般来说，法律总是滞后于现实，互联网的兴起和发展的时间并不长，而人们开始意识到域名是一种财富，也不过只有短短的几年时间，因此，法律还来不及使之具有在先效力。况且，承认域名的在先效力，势必影响到很多既得利益者，想要在法律上获得承认绝非一朝一夕的事。

对于这类纠纷其实法院对这类争议的处理早有先例。例如在以色列，一家使用Yahoo-Israel作为商号的网站设计公司，于1995年将Yahoo注册为商标并在以色列顶级域名il之下注册了yahoo.il的域名，后被美国Yahoo公司告上特拉维夫法庭。尽管被告辩称它是在1995年从名著《哥列佛游记》中找到yahoo一词的，而那时Yahoo公司还没有什么名气，但是法院仍认定被告商标和商号具有误导公众、混淆视听的可能性，因此判令其将注册域名和商标转移给Yahoo公司。

另一个关于Yahoo公司的纠纷处理发生在中国。1997年苏州易龙电子有限公司在电视机、半导体等商品上注册了"雅虎"商标，Yahoo公司在异议期间向国家商标局提出异议，称"雅虎"是其网站Yahoo.com的中文音译，为公众所熟知，如果易龙公司获得此商标注册，容易对公众产生误导和发生混淆，因此主张对该商标申请不予核准。而易龙公司则辩称，其"雅虎"一词是取自明朝苏州著名文学家唐寅的"因其风流儒雅，时人谓之雅虎"，而且其商标申请在先，故应保护在先利益。后国家工商局裁定Yahoo公司的异议无效，易龙公司最终在相应商品上获得了"雅虎"商标。

两个相似的案子，却有截然不同的结果，这主要是因为前者商标权人的商标和商号具有误导公众、混淆视听的可能性；而后者商标申请人所提供的商品与域名注册人所提供的服务不会产生混淆，两者的身份也不会产生混淆，且在先域名注册人没有举证在后商标申请人具有主观恶意。

因此，一般认为，可以通过以下标准来认定商标对域名的损害：域名先于商标取得；在后商标与在先域名的文字表现相同或相近；该域名具有一定知名度；可能使公众对域名注册人和商标权人的身份产生混淆，或对两者所提供的商品或服务来源产生混淆；商标申请人存在主观恶意。

（七）协调域名与商标权利冲突的法律思考

尽管我国已经成功解决了部分域名与商标权利冲突的案子，但现行法律本身还存在不少问题，需要进一步加以完善。

1. 建立域名注册防御机制

在互联网上建立域名注册防御机制，确立有效的域名注册审查制度，即域名注册人向 CNNIC 提出域名注册申请后，CNNIC 对其进行实质性审查，如果不存在与所申请注册的域名相同或相近似的注册商标，则予以注册；如果存在相同或相近似的注册商标，则申请人负有证明其域名注册不存在引发域名与商标权利冲突的可能的举证责任，否则驳回其注册申请。

2. 规范域名行政管理机制

根据现行的域名注册管理规则，域名一旦获得注册，除非注册人主动放弃或被有权机关撤销，否则该域名将一直有效。这种制度的缺陷是显而易见的，它会直接导致域名囤积、注而不用的现象，有的是为了牟取赎金，有的是为了打击对手，这明显损害了相应权利人的利益。在行政处理机制不完善的情况下，可以通过诉讼等途径取回域名，但这对善意权利人的保护是很不利的。因此，应当规范域名管理机制，赋予域名管理机构直接审查撤销囤积和长期不用的域名的权力。

3. 完善域名争议解决机制

目前，我国虽然有《中国互联网络信息中心域名争议解决办法》《中国互联网络信息中心域名争议解决办法程序规则》等规范，但是对域名与商标权利冲突的解决还不全面、不完善，况且这些规范的立法层次低，只是一般的行业规范，其法律效力还有待商榷。尽管最高法院也出台了相关的司法解释，但是相对错综复杂的域名纠纷来说，是完全不够的。因此，应当根据现实中存在的域名与商标冲突问题，完善《中国互联网络信息中心域名争议解决办法》及其程序规则，并提高其立法层次，让其具有更高的法律强制力，使其既能成为行政机关处理这类案件的依据，也能为法院解决这类案件所适用。

4. 制定域名特别法，加强域名保护

目前国内没有关于域名的专门立法，现行立法侧重对商标权人的保护，而对域名的性质、域名的权利、域名与商标权的关系、域名与其他知识产权的关系等几乎是空白，这对域名保护是相对不利的，而学界对此也有较大分歧。因此，应当加强域名保护方面的立法，制定域名特别法，对域名给予适当的保护，赋予域名注册人相应的权利，平衡域名注册人和商标权人的利益，或者是在商标法中加入解决域名与商标冲突的规定。

5. 给予驰名商标反淡化保护

随着互联网的发展，时空距离不断缩小，网络的广泛性、普遍性、快捷性在带给我们便利之际，也悄悄地缩小了驰名商标淡化产生的时空界限。由于域名的唯一性，即使该域名的使用不会误导公众，但也会干扰驰名商标在网络的使用，从而降低了其广告价值和针对特定商品的知识性。因此，我国有必要参照美国《联邦反商标淡化法》，赋予驰名商标

权人以反商标淡化来维护其合法权益。

6. 加大普通知名商标、商号的保护力度

知名商标、商号及未注册的公众熟知的商标、商号，其知名度虽不及驰名商标，但其在一定范围内的知名，使得其被误认、被混淆、被侵权的可能性远远大于普通商标。在我国大力推行名牌战略的今天，只有在网络空间上给这些有可能成为驰名商标的知名商标、商号更有力的保护，才能防患于未然，才能更加有力地推动民族工业的名牌进程。否则，即使是知名商标、商号最终发展成驰名商标，其作为驰名商标而享有的扩大保护范围，恐怕也早已损失殆尽了。

7. 合理限制商标权人的权利，禁止域名的反向劫持

域名的反向劫持实质上是商标权人滥用其商标专有权而夺取域名注册人域名的行为。禁止域名的反向劫持是对域名权的一种保护。在网上贸易迅猛发展的时代，域名的反向劫持危害性绝不亚于域名抢注，只是受损的是域名注册人而非商标权人。

三、网上商业秘密保护

（一）商业秘密的含义

商业秘密是指不为公众知悉，能为权利人带来经济效益，具有实用性并经权利人采取保密措施的技术信息和经营信息。由此可知，商业秘密主要包括两大类：一类是技术信息，指凭经验或技能产生的，在实际中尤其是工业中适用的技术情报、数据或知识；另一类是经营信息，指具有秘密性质的经营管理方法及与经营管理方法密切相关的信息和情报。随着知识产权的发展，商业秘密已逐步被纳入其保护范围。

（二）商业秘密的特性

（1）秘密性。该商业秘密处于秘密状态，尚未公开。

（2）经济价值性。能为权利人带来实际的或潜在的经济价值或竞争优势。

（3）实用性。该商业秘密能够在实际中得到应用，而不仅仅是一种纯理论方案。

（4）管理性。该商业秘密权利人对该秘密采取了保密措施，将其作为秘密进行管理。

（三）商业秘密保护的法律形式

我国目前没有专门的商业秘密法，对商业秘密的保护主要依靠以下几种法律形式进行迂回保护。

（1）《中华人民共和国合同法》。《中华人民共和国合同法》对商业秘密保护是通过规定合同当事人对商业秘密的保密责任而实现的。

（2）《中华人民共和国侵权责任法》。《中华人民共和国侵权责任法》通过追究侵权行为人的民事责任来实现对商业秘密的保护。

（3）《中华人民共和国反不正当竞争法》。这是当前保护商业秘密的最主要的法律形式，其中规定有行政责任和民事赔偿责任。

（4）《中华人民共和国刑法》。《中华人民共和国刑法》第二百一十九条规定："侵犯权利人的商业秘密，给商业秘密的权利人造成重大损失的，处三年以下有期徒刑或者拘役，并处或者单处罚金；造成特别严重后果的，处三年以上七年以下有期徒刑，并处罚金。"

（四）网络环境下商业秘密被侵害时的法律救济途径

我国当前立法对商业秘密的保护，还存在着许多不足和空白。例如，《中华人民共和国民法通则》中只有民事侵权的一般规定，适用于具体的侵犯商业秘密的行为，缺乏操作性。而且民事侵权的基本原则是过错原则，而在网络条件下，过错的证明非常困难。又如，《中华人民共和国反不正当竞争法》主要针对经营者的侵权行为，而对企业职工的泄密、窃密行为则未加规范，对于网络条件下新出现的侵犯商业秘密的特殊侵权行为方式更是毫无涉及。再如，《中华人民共和国刑法》增加了侵犯商业秘密犯罪的规定，但只是加大了对经营者侵权行为的打击力度；对于网络环境下侵犯商业秘密是否构成犯罪也只能按传统的法律认定。再如，《中华人民共和国合同法》的特定保护对象为商业秘密中的技术秘密，它并不能涵盖经营信息，并且主要是对技术秘密在转让、许可、使用过程中的保护，而对因其他原因引起的企业技术秘密的流失无能为力。

在我国对商业秘密的侵犯，可能构成民事侵权或者是刑事犯罪，因而对侵犯商业秘密的主要措施包括：一是要求追究民事法律责任；二是要求追究刑事法律责任。同时我国工商行政管理局的公平交易局对侵犯商业秘密的行为作为反不正当竞争行为应予以行政处罚。

面对商业秘密被侵害，企业欲寻求法律救济，要做到以下两点。

（1）要证明自己确实拥有有效的商业秘密，并明确该商业秘密的范围。可以从是否具有秘密性、是否能够带来经济利益、有无合理的保密措施等方面来确定该项信息是否受到法律保护，并对上述几方面加以证明，提供可靠的书面、电子等材料辅助证明。

（2）应当尽可能证明受到侵犯的范围、程度及侵权者行为的证据等。侵犯商业秘密的人，经常辩称其商业秘密是通过合法途径得到的，因此，对其行为及损害后果的证明至关重要，这也是在法律上推定侵权者过错的依据。

本章小结

本章通过对电子商务法概述、电子商务税收制度、电子商务中的知识产权保护等内容的讲解，使读者了解电子商务立法的重要性，熟悉电子商务税收制度并严格执行纳税制度，熟知电子商务中的知识产权保护政策，从而为电子商务有序发展提供法律保障和依据。

本章习题

1. 简述电子商务立法的重要性。
2. 简述电子商务立法的基本原则。
3. 电子商务征税的难点是什么？
4. 简述商标和域名的关系。

参考文献

[1] 吴建军，彭焘，黄继杰. 电子商务项目管理与运作 [M]. 哈尔滨：哈尔滨工程大学出版社，2022.

[2] 赵如，卓晓芸，丰加颖. 电子商务与物流管理 [M]. 哈尔滨：哈尔滨工程大学出版社，2023.

[3] 叶敏. 网络营销实务 [M]. 重庆：重庆大学出版社，2019.

[4] 苑春林. 网络营销 [M]. 北京：中国经济出版社，2019.

[5] 许耿，李源彬. 网络营销：从入门到精通 [M]. 北京：人民邮电出版社，2019.

[6] 鲜军. 电子商务概论 [M]. 北京：人民邮电出版社，2022.

[7] 于丽艳，毕盛楠. 网络营销与推广 [M]. 北京：化学工业出版社，2019.

[8] 陈德人. 电子商务概论与案例分析 [M]. 北京：人民邮电出版社，2020.

[9] 鲜军. 电子商务概论 [M]. 北京：机械工业出版社，2019.

[10] 王玉珍. 电子商务概论（第 2 版）[M]. 北京：清华大学出版社，2020.